한국의 사회윤리

한국의 사회윤리

기업윤리 · 직업윤리 · 사이버윤리

김경동 · 김여진 지음

철학과현실사

* 이 연구의 일부는 대한민국학술원 2009 학술 연구 과제로 수행한 것임.

□ 머리말

얼마 전에 우연히 도서 구입을 위해 인터넷 서점을 방문했다가 눈이 번쩍 뜨이는 제목의 책 한 권을 만났다. 길만의 『사회윤리 : 사회학과 사회의 미래』(Charlotte Perkins Gilman. 2002. *Social Ethics : Sociology and the Future of Society*. Westport, CT : Praeger)라는 책이었다. 시카고에서 활동하던 사회학자요 사회운동가며 작가인 길만 여사는 20세기 초에 선구자적인 안목으로 사회학의 대중화에 앞장섰다. 그리하여 1909년부터 자신이 발행하고 편집하는 월간 잡지 『선구자(*The Forerunner*)』에 실었던 글을 모아 1914년에 초판을 출간한 책이다. 이 원고를 토대로 그 밖의 주요 논문을 수합하여 후학들이 최근에 단행본으로 새로이 세상에 선보인 작품이다. 여기에 좀 장황하지만, 편저자들의 서론의 글을 몇 문장 소개하고자 한다.

"그녀의 관점은 지적으로는 사회학과 진화론에, 그리고 실천적으로는 전 세계 어린이들의 복지에 용접되어 있다. 『사회윤리』 초판에서 길만은 이렇게 주장하고 있다. '우리는 *사회학을 이해하지 못했기 때문에* 사회적 상호 작용에 기초한, 어린아이도 알아듣고 믿을 만한 단순한 윤리조차 가르치는 데 실패했다'(강조는 편저자). 길만이 보기에 어린이들이 사랑받지 못하고, 잘 먹지 못하고, 옷도 제대로 입지 못하고, 정성스럽게 교육받지 못하고, 인간답게 훈육 받지 못하는 세상은 도대체 윤리적으로 논리에 빗나가고 인간 세상의 존재 논리 그 자체와도 어긋나는 세상이다. 이런 근본적인 전제로부터 모든 것을 유추할 수 있다. 가령 전쟁, 야만, 낭비, 종교적 편협, 과시 소비, 탐욕, 생태 환경의 퇴화, 예방 가능한 질병 그리고 가부장적 억압 등 모든 현상은 지극히 비윤리적이어서 사회가 어린이들에게 좋은 곳이 되려면 *결단코 지속해서는 안 될* 것들이다(강조는 편저자)…. 길만은 그냥 허설수로 하는 말이 아니고 진정으로 우리로 하여금 우리의 사는 방식을 바꿀 것과 미래 사회를 개선하기 위해서 사회학적 통찰을 활용할 것을 주문한다"(위의 책, ix-x).

사회과학도, 특히 사회학도에게는 이런 선구자의 예지가 참으로 감동적이었다. 용기를 얻어 사회윤리 문제를 조금은 더 본격적으로 공부할 필요가 있다는 생각을 하게 되었다. 현재 우리나라는 말할 것도 없고 전 세계가 온통 인간의 과도한 탐욕이 자아낸 부정과 비리로 인한 몸살을 앓고 있다. 서방의 주요 국가가 부도 위기를 맞이해야 하는 전 지구적 경제 위기도 그 뿌리는 세계 금융을 좌지우지하는 뉴욕의 월가를 중심으로 발생한 정당하지 못한 인간의 관행이 빚어낸 비극에 다름 아니다. 이런 거시적인 현상을 비롯하여 일상의 생활 세계에서 일어나는 사소한 질서 위반이나 끔찍한 범죄 행위를 두고 조용히 성찰해보면, 이 모든 문제가 결국은 인간 행위의 윤리적 쟁점으로 귀결함을 깨닫게 된다. 궁극에는 사람이 사람답게 잘 살도록 하자는 뜻에서 사회과학을 공부하는 처지에 사회윤리 문제는 결코 외면할 수 없는 주제임을 새삼 느낄 수 있는 대목이다.

물론, 본서의 공저자 중 김경동은 현재 출강하고 있는 KDI 국제정책대학원에서 조직행동론 강의를 하면서 경영학, 행정학 등에서 이미 기업윤리, 윤리경영, 조직윤리가 근자에 특별한 주목을 받는 쟁점으로 떠오르고 있음을 알고 이를 강의에서 언급하고 있었다. 그뿐 아니라 실천신학대학원에서도 공동체 운동 강의를 하는 과정에서 기독교의 현실적 문제점 중에 사회윤리 부문이 극도로 취약하다는 점에 주목하게 되었다. 또 다른 공저자 김여진도 한림대학교에서 사회 복지 윤리를 강의하기 시작하였다. 그런 계기를 빌미로 둘이서 한국의 사회윤리 문제를 한 번 탐구해보기로 한 것이다.

다만 사회윤리는 워낙 범위가 넓은 학문 분과인지라 그 중 우리의 전공 분야와 현실 문제 이해를 위해 유관성이 상대적으로 높은 주제에 국한시키기로 하고 기업윤리, 직업윤리 그리고 사이버윤리에 한정하기로 결정하였다. 기업윤리는 주로 김경동의 관심사에 해당하고, 직업윤리는 김여진의 직접적인 영역에 가깝다. 그리고 정보 사회의 사이버윤리는 누구에게나 중요한 이슈로 주목을 끌고 있는 현실적 요청이 있는 분야다.

마침 두 사람은 2009년도 학술원의 국고 보조 연구 과제를 공동으로 맡게 되어 일단 기초 연구에 착수할 수 있었다. 이 연구 과제에서는 주로 기업 및 직업윤리에 초점을 잡았으므로 그 연구 결과를 바탕으로 수정 보완을 하는 과정에 특별히 사이버윤리 문제도 추가하여 본서를 꾸리게 되었다. 그러나 이런 현실적인 영역의 윤리 문제를 다루기 위해서는 철학 분야의 윤리학 이론에 대한 이해가 필요하다는 생각에 실천윤리학의 이론적 관점들도 일별하여 집약적으로 서술하는 작업도 시도하였다. 그 결과 책의 성격으로는 연구보고서에서 시작하여 교재로도 사용할 수 있고, 일종의 사회윤리 교양서로도 접할 수 있는 모습으로 세상에 내어놓게 되었다. 아직은 초보적인 연구를 바탕으로 출간하게 된 까닭에 여러 모로 미흡한 점이 많다는 것을 잘 알면서도, 사회과학적 관점에서 사회윤리 문제를 비교적 본격적으로 다루기 시작한 시도는 아직 드물지 않나 하는 노파심에 그런 대로 출판을 결심한 것임을 양지하시기 바란다.

이 모든 과정의 시작이 KDI대학원과 실천신학대학원 및 한림대학교의 강의에서 비롯하였기에 각각의 대학 관계자들에게 감사의 뜻을 전하는 것이 순서일 것 같다. 그러나 본서의 바탕이 된 자료를 수집하고 정리할 수 있게 된 구체적인 계기는 대한민국학술원의 국고 보조 연구비였다. 따라서 학술원의 김상주 회장님, 박영식 부회장님과 인문사회 제5분과의 동료회원 여러분의 지원과 격려에 이 자리를 빌어 감사의 말씀을 드린다. 그리고 이처럼 부족한 저서를 기꺼이 출판해주시기로 결정한 <철학과현실사>에 심심한 사의를 표명하는 바다.

2010년 한여름 瑞草洞 寓居에서

지은이들 드림

차 례

차 례

차 례

차 례

제1장
서 론

1. 본 저서의 목적과 성격

작금의 전 지구적인 경제 위기를 겪으면서 인류는 다시 한 번 인간의 도리가 무엇인지를 성찰할 기회를 갖게 되었다고 해도 과언이 아니다. 이는 개인 차원의 탐욕이 과도하여 벌어진 현상인 동시에 사회 경제 체제의 문제이기도 하다. 그와 같은 위기적 상황의 이면에는 이미 여러 해 전부터 자본주의 시장경제 체제 속에서 기업체와 기업인들이 드러낸 행위의 도덕적인 쟁점에 대한 문제 제기가 있었음을 상기할 필요가 있다. 이는 곧 기업윤리의 쟁점으로 비화하여 오늘에 이르렀다. 이처럼 전 지구적인 차원의 문제가 주로 경제에 집중되어 전 인류에게 고통을 가져다주었으므로 관심의 초점이 대체로 경제와 관련한 행위의 윤리적 쟁점으로 쏠리는 것은 자연스러운 반응이라 하겠다.

그러나 그 배경에는 현대 사회의 총체적인 윤리 도덕의 혼란과 쇠퇴의 문제가 함께 도사리고 있다는 각성이 따를 수밖에 없는 것이 현실이다. 특히 한국 사회에서는 지난 반세기에 걸친 고도 경제 성장 과정에서 가치관의 혼선과 사회 규범의 교란이 심각해진 사실은 누구도 부인할 수 없다. 여기에 우리가 사회윤리에 대한 관심을 갖게 되는 이유가 있다. 일상생활에서 간단한 공중도덕이나 규칙 준수의 습관이 허술하고 질서의식이 부족한 사례는 다반사로 관찰할 수 있는 일일뿐더러, 특히 우리 사회에서는 소위 검찰청사 앞의 포토라인에 사회의 유력 인사가 다수 등장하는 정경을 자주 접하게 되는데, 그 중에는 기업체 대표들이 태반을 차지하는 사실도 묵과할 수 없다. 이를 바라보는 일반 국민의 심경은 몹시 착잡하고 안타까울 것이다. 그런가 하면 직업 세계에서도 남에게 서비스를 제공하든지 공장 작업장에서 물건을 만드는 일에 종사하는 사람들의 행태에서 직업 의식의 결여를 자주 경험하고 있다.

더군다나 정보화가 급진전한 가운데 인터넷이라는 통신 매체를 이용한 새로운 사회적 상호작용의 유형이 생겨났고 그러한 상호작용이 만들어내는 사이버 공간 속에서 일어나는 인간의 사회적 의사 소통을 비롯하여 각종의 사회적 행위에 특별히 윤리적인 문제가 의외로 심각하게 대두함을 목도하는 현실이다. 어쩌면 지금까지 예상치 못한 종류의 사회적 행위가 이 사이버 공간에서 윤리 문제를 안고 새로이 등장함으로써 사회윤리의 차원에서도 새로운 이해와 해결을 위한 접근을 요청하는 시대에 살게 된 셈이다.

그러므로 본서에서는 한국의 사회윤리 문제를 사회과학적

인 관점에서 분석하려는 것이 일차적인 목적이나, 사회윤리의 주제가 너무 광범위하기 때문에 주로 기업 경영 윤리와 직업윤리 그리고 정보 사회에서 새로이 나타나는 사이버 공간의 윤리 문제에다 초점을 맞추려 한다. 이를 위해서 먼저 사회윤리의 이론적 배경을 개관하고 기업 경영 윤리와 직업윤리 및 사이버윤리의 이론과 실제를 검토할 것이다. 이러한 분석에 기초하여 장차 한국의 사회윤리를 어떤 방향으로 정립·유도하며 어떤 방식으로 이를 추진할 것인지에 대한 생각을 초보적으로나마 시도하려는 것이 본서가 추구하는 목적이다.

다만 이 책에서는 다음의 두 가지 면에서 접근의 성격을 명확히 하고자 한다. 첫째는 철학에서 말하는 이론적 윤리학, 즉 사회윤리 문제를 철학적 분석 방법에 의해 접근하는 것을 주된 방법으로 삼지 않는 것이다. 사회과학적인 관점에서 사회윤리의 이론적 함의를 간략히 검토한 다음, 그러한 틀에 의하여 현실적인 사회윤리의 쟁점들을 분석하는 실천 윤리의 접근을 취하고 있다. 둘째, 그렇다고 해서 소위 철학에서 말하는 기술적 윤리학(descriptive ethics)을 추구하려는 것은 아니고 어디까지나 규범적 윤리학(normative ethics)의 테두리 안에서 실천적인 사회윤리의 쟁점을 사회과학적인 분석으로 접근하려고 한다. 다시 말해서, 가령 한국 사회에는 어떤 사회윤리 규범들이 실재하는지의 여부를 경험적 일반화의 방법으로 실증하려는 경험과학의 서술적 접근보다는, 한국 사회에 존재하는 여러 가지 보편적 사회윤리의 도덕적 원칙과 규범에 비추어 현실 생활 속에 실천으로 나타나는 윤리적 행위에는 어떤 문제점을 발견할 수 있는지에 대한 분석을 시도하려는 것이다(Carroll, 2006, xvii ; 梅津光弘, 2002 ; Gilman, 2004).

2. 사회윤리의 의미

일반 개념으로서 윤리는 사람이 마땅히 행해야 하는 도리를 가리킨다. 여기서 사람은 개인일 수도 있고 집단일 수도 있다. 사람으로서 마땅히 행한다는 말은 어떻게 사는 것이 인간에게 걸맞은 인간다운 삶인지, 사람다운 모습이란 어떤 것인지에 대한 일정한 관념을 전제한다. 따라서 어떤 인간이 되고자 노력해야 하는가를 묻는 질문을 내포한다. 결국 윤리는 인간다운 삶을 위한 행위를 판단하는 원리와 기준을 암시한다. 윤리학에서는 이 기준을 도덕성이라는 또 하나의 일반 개념과 연결 짓는다. 도덕적으로 인간 행동을 인도하는 옳고 그름, 좋은 것과 나쁜 것, 선과 악, 공정과 불공정, 정의와 부정의, 임무와 의무, 도덕적 책임과 가치관 등에 대한 판단을 다룬다. 인간의 도리라 함은 이 모든 것을 규정해주는 원칙 내지 규칙을 내포한다(진교훈, 2003 : 20 ; Carroll, 2006 : xvii ; Hartman and DesJardins, 2008 : 10 ; Shaw, 2008 : 5).

이와 같은 윤리가 문제되는 것은 인간에게만 해당한다. 이런 것을 가릴 수 있는 존재는 이성을 지니고 의식이 작동하는 인간밖에 없기 때문이다. 금수에게 윤리를 적용하는 것은 불가능하다. 그래서 사람이 사람답지 못한 행동을 하면 금수만도 못하다고 핀잔하는 것이다. 그런데 여기에 개인 윤리와 사회윤리의 구분 문제가 등장하며, 이는 곧 개인과 사회 사이의 불가피한 긴장 관계에 대한 이해를 요청한다. 사람으로서 개인은 생물학적으로나 심리학적으로는 뚜렷한 개성을 지니는 독립적 개체다. 따라서 독자적 개인으로서 일단 존중하고 인격으로서 권리를 인정해야 한다는 사상이 생겨났다. 그러한 전제 위에서 인간의 행위를 도덕적으로 평가하는 개인 윤리가 성립할 근거는 있다.

그러나 인간의 삶이나 행위는 단지 개인으로서만 이루어지거나 의미 있는 성질의 것이 아니고 반드시 사회가 개입한다는 사실이 중요하다. 의식도 실은 사회적 형성 과정을 거쳐 유효하게 작용할 수 있게 되며, 인지와 심미, 판단을 가능케 하는 의식의 내용을 이루는 문화도 사회화 과정에서 습득하는 것이다. 그뿐 아니라 인간이 행동할 때는 사회적 상황 내지 맥락 안에서 주어진 사회적 규범을 준수하는 방식으로 이루어지며 이를 위반할 때는 일정한 사회적 제재가 가해진다. 요는, 인격적 개체로서 인간의 발달과 일상적 행위는 사회의 구조적 조건, 조직의 원리, 제도적 규범 등의 영향을 받는다는 점에서 사회적 결정의 소산이다. 사회적 · 문화적 결정론(socio-cultural determinism)의 관점이 여기에 성립한다. 그러므로 윤리적 행위는 순전히 개인의 수준에서만 규정할 수 없는 면이 있다. 반드시 사회가 개입하게 마련이다. 따라서 윤리 문제는 결국 사회윤리의 문제라고 할 수 있다(황경식, 2008 ; Gilman, 2004).

그러나 인간은 전적으로 사회가 결정하는 존재만이 아니고 인간이 사회에 영향을 미치는 측면도 무시할 수 없다. 우선 사회 구조와 조직 원리와 제도와 그 콘텐츠를 이루는 문화도 실은 인간의 창조물이다. 그리고 그것들을 사람들은 수시로 바꾸면서 사회를 꾸려간다. 이렇게 보면 사회 문화적 현상은 인간의 목적론적(teleological) 행위의 소산으로 간주할 수도 있다. 여기에 인간의 윤리적 행위가 동시에 개인적이면서 사회적인 문맥의 연결고리를 찾게 된다. 어떤 행위를 하든 그것은 사회 문화적 테두리 안에서 행하는 것이므로 개인에게만 전적으로 책임이 있다고 할 수 없는 여지가 있다. 그러면서 동시에 개인은 사회 문화를 만들고 바꾸는 주체이기도 하므로 궁극에는 개인에게 행위의 책임이 귀속할 수도 있는 것이다(황경식, 2008).

물론 윤리를 분석적으로는 개인 윤리와 사회윤리로 구분할 수 있다. 가령, 어떤 사람이 개인으로서 매우 착하고 순결하여 도덕적으로 흠이 없다거나 매우 악랄하고 부도덕한 행위를 한다면 이는 개인 윤리의 차원에서 평가한 것이고 그 평가 기준은 그러한 개인의 특성이 자신의 인간적인 안녕과 자아 완성 내지 자아 발전에 긍정적인 효과가 있는지의 여부가 될 것이며, 그런 이유로 그 사람을 칭찬하거나 징벌하려는 책임 또한 개인 각자에게 귀속한다. 그런데 이러한 순결과 선함이라는 덕목이 다른 사람들과 맺는 관계에서 타인에게도 긍정적인 결과를 초래하여 사회의 조직 원리나 구조적 작동에 기여한다면 이는 곧 사회윤리의 영역으로 간주하게 되며, 그 판단은 그러한 덕목이 사회 발전이나 진보에 어떤 기여를 하느냐는 기준에 의해 내릴 것이다. 그뿐 아니라 사회를 구성하는 개인들은 도덕적으로 우월한 사람들일지라도 그들이 구성하여 자율적으로 작동하는 사회는 비도덕적일 수 있다는 명제도 성립하기 때문에 개인 윤리와 사회윤리는 구분할 필요가 있다(진교훈, 2003 : 221-225 ; Gilman, 2004 ; Hartman and DesJardins, 2008 ; Niebuhr, 1932).

사회 생활을 하는 인간이 마땅히 행해야 하는 길을 도덕과 윤리로 판단하지만 실제 생활 속에서는 따라야 할 규칙을 얼마나 잘 준수하느냐를 가지고 판가름하게 된다. 사회마다 공동생활에서 지켜야 할 여러 가지 규칙을 설정해놓고 있는데, 이를 통틀어서 사회학이나 인류학에서는 사회적 규범(social norms)

이라 일컫는다. 가장 보편적인 것이 민습(folkways)이다. 사람들이 일상적으로 다른 사람과 상호작용할 때 가벼운 마음으로 지키는 규범으로, 이를 어기더라도 제재(sanctions)가 비교적 가벼운 예의범절이나 에티켓 같은 것이 이에 해당한다. 다음은 평소에 지키기를 기대하는 규범이지만 이를 어길 때는 상당히 엄하고 무거운 벌칙의 제재를 가하는 규범을 가리켜 원규(mores)라 한다. 이런 원규는 대개 법률이라는 문서화하고 제도적으로 정당화한 규범의 형태로 설정하게 된다. 남을 해치거나 남의 것을 훔치거나 사회 질서를 교란시키는 행위를 지칭한다. 그 밖에도 심지어 유행(fashions)이나 도락(fads) 같은 것도 사회적 규범으로 간주한다(김경동, 2008).

대체로 표면상으로는 이 같은 사회적 규범을 잘 준수하면 윤리에 어긋나거나 도덕적으로 문제가 되지 않을 수 있다는 것이 사회 생활의 현상적인 특성이다. 다시 말해서 동기나 개인 각자의 덕성이나 인격과는 무관하게 일단 법을 잘 지키고 일상적 규범을 별로 어기지 않으면 거기에는 윤리나 도덕의 잣대를 굳이 적용하지 않더라고 그런 행위는 무난하게 받아들이는 것이 사회적 관행이라는 말이다. 하지만 현재의 사회적 규범을 적절하게 따른다고 해서 그것이 반드시 윤리적으로 합당하고 도덕적으로 적정하다고 판단할 수 있느냐 하는 문제는 별개의 분석이 필요한 철학적 쟁점이 될 수 있다. 가령 편의상 자신이 규범을 지킴으로써 자신에게 큰 불편이 없게 하려는 동기가 개입할 수도 있고 남들 보는 데 체면을 지키기 위한 행위일 수도 있다. 법을 지키면 그것이 곧 윤리적으로 옳고 선하다는 판단에는 한층 더 엄격한 철학적 분석이 따라야 할 여지가 있다는 말이다.

다만 사회학의 관점에서는 사회가 윤리적으로 선하고 도덕적으로 정의로운지를 판단하는 한 가지 현상적인 기준으로 사회 구성원들이 사회적 규범을 얼마나 잘 지키는지 관찰하는 방법이 있을 수 있다. 적어도 현상으로서 규범 준수의 실제를 검토해보면, 어떤 시대 어떤 사회에서든지 일부 구성원은 일부 규범을 항상 위반하며 살아간다는 것은 하나의 철칙에 가까운 사실이다. 바꾸어 말하면 사회적 규범이란 대다수 구성원이 통상적으로 지키기는 하지만 반드시 준수하지 않는 사람들은 언제나 존재한다는 말이다. 따라서 한 사회의 윤리적 특성을 사회과학적 접근에서 서술적으로 평가하려 할 때는 법과 규범을 준수하는 인구의 비율, 정도, 수준 같은 사실적 증거를 활용할 수 있다. 그런 사실적 자료에 기초해서 한 사회가 비교적 도덕적 윤리적으로 건전하다는 결론을 내리는 정도는 무리가 따르지 않을 수도 있을 것이다. 그러나 이 또한 피상적 관찰에 불과하고 철학적 천착의 문제는 그대로 남는다.

본 저서에서는 일단 개인이나는 집단, 조직체의 행위를 윤리와 도덕의 기준으로 평가하는 틀이 사회적으로 주어진다는 관점에서 출발하여 사회윤리 문제를 다루고자 한다. 규범 준수의 윤리적 근거라든지 사회적 행위의 책임 귀속 문제 같은 것은 다른 맥락에서 논의할 철학적 담론의 주제로 남겨두려 한다. 오히려 우리가 다루는 사회윤리의 대상은 개인, 집단, 조직체의 행위가 집단, 조직체, 공동체, 사회에 대해서 어떤 긍정적 혹은 부정적 영향을 미치는지를 주요 판단 기준으로 도입하는 접근을 취하려고 한다. 따라서 그러한 판단의 기준을 일종의 '삶의 가치(life values)'로 규정하려는 것도 한 가지 사회학적 의의가 있다고 보려는 것이다. 사회윤리란 궁극에는 사회적인 삶의 가치를 다루는 영역이 된다. 여기서 삶의 가치란 사회 생활을 영위하는 사람들의 삶이 가치 있는 삶이 되어야 한다는 명제를 전제한다. 그리고 사회적 존재로서 인간의 목표는 자신의 개인적인 삶의 가치 실현은 물론이지만, 그것을 넘어 당연히 집합적인 유익을 추구하는 것도 포함하므로 사회의 구성원 모두가 그처럼 가치 있는 삶을 살 수 있도록 서로 돕는 일이 중요해진다(Gilman 2004). 그러한 가치 있는 삶의 내용은 간단히 다음과 같은 가치 체계로 집약하고자 한다. 이를 도식적으로 요약하면 [그림 1-1]과 같다.[1)]

[그림 1-1] 삶의 가치 체계

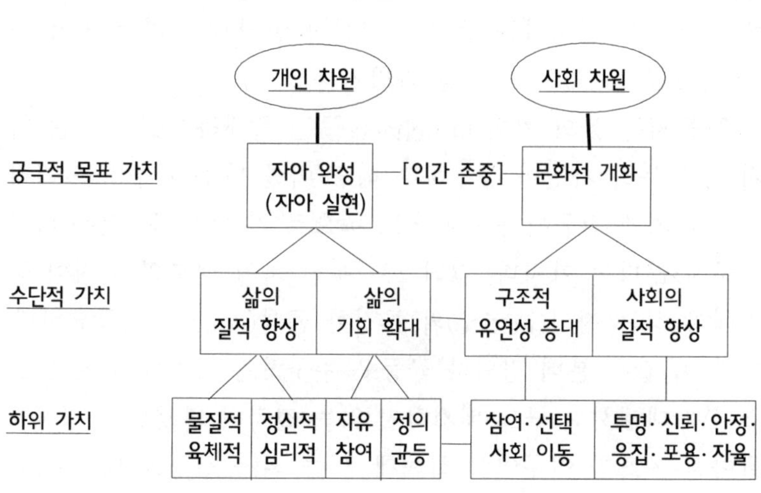

먼저, 삶의 가치 체계에서 가장 핵심적인 궁극적 가치는 인

1) 여기서 말하는 삶의 가치 개념은 김경동의 사회 발전 이론에서 깊이 다루기 때문에 간단히 요약만 소개한다. Kim(1973) ; 김경동(2002). 그리고 추가로 사회의 질에 대해서는 정진성 외(2009) 참조.

간 존중이다. 사람이 사람다운 사람으로 살아가고자 하는 이유는 인간의 가치 자체를 중시하기 때문이며, 이러한 인간 존중의 가치는 모든 사람들이 함양하고 실천할 것을 요구한다. 그러한 전제 위에 인간의 가치 있는 좋은 삶은 개인의 수준에서 보면 각자 타고난 잠재력을 충분히 발현하여 자아 실현(self-acutalization) 내지 자아 완성(self-fulfillment)에 이르는 것이 궁극적 목표가 될 것이다. 이를 위해서는 다음의 삶의 가치를 최소한 필요로 한다.

① 첫째는 삶의 질(quality of life)을 향상시키기를 희망하는 가치다. 이는 경제적 자원으로 인간의 물질적 삶의 조건과 육체적 건강을 담보하는 동시에 정신적 안녕과 심리적 안정 또한 확보할 수 있는 가치를 가리킨다.

② 둘째는 삶의 기회(life chances)를 확대하기를 원하는 가치다. 아무리 자원이 풍부하다 해도 이를 나누어 누리는 원리가 지나치게 집중된다든지 어느 쪽으로 기울어지는 것은 바람직하지 않다는 가치다. 그러므로 우선 자원 배분의 원칙이 공정해야 하는 정의(justice)와 공정한 균등(equity)이 중요하다. 다만 이 같은 분배 정의나 균등을 추구하는 과정에서 혹은 그 결과에 대해서 누구도 배제하지 않는 절차와 과정을 적정하게 밟아서 목표를 이루어야 하는데, 이는 의사 결정에 대한 자유로운 참여(participation)와 선택의 자유(choice of selection)를 포함하여 인간으로서 누려야 할 기본적인 자유를 보장하는 사회적 조처를 요구한다.

다음으로, 사회의 차원에서는 인간 존중의 핵심 가치를 실현하려면 사회 구성원들이 집합적으로 사회가 펼 수 있는 모든 역량을 마음껏 발휘하여 최고 수준의 문화적 개화(cultural flourishment)를 성취하는 것이 궁극 목표다. 여기에는 그에 걸맞은 사회 구조적 특성과 사회의 질(social quality, quality of society)을 요구한다.

① 사회의 구조적 특성으로는 삶의 질적 향상을 위한 자원의 창출과 배분의 결정 과정에서 구성원의 참여와 의사 표시, 선택, 사회 이동의 길이 자유롭게 열려 있으며 그럴 가능성이 큰 구조적 유연성(structual flexibility)을 요한다.

② 사회의 질적 향상에서는 투명한(transparent) 사회, 믿을 수 있는 신뢰(trust) 사회, 안전하고 안정적인(safe-secure) 사회, 응집력 있는(cohesive) 사회, 관용하고 포용하는(tolerant-inclusive) 사회, 그리고 자율성을 인정하여 힘을 실어주는(empowered) 사회를 요구한다.

이상의 가치 체계 접근은 개인, 집단, 조직체의 행위를 윤리적 판단 대상으로 삼는 분석을 시도하는 데 비해, 사회윤리의 또 다른 한 가지 측면은 사회적 집단, 조직체, 제도는 어떻게 조직하고 구조 짓는 것이 윤리적으로 정당한지를 다룬다. 행위 자체가 아니고 조직체를 형성하여 운영하는 조직 원리와 구조적 성격이 분석의 초점이 되는 접근이므로 그러한 조직 원리의 작동과 구조적 과정의 결과가 사회에 어떤 영향을 미치는지, 그 사회적 함의를 윤리적인 관점에서 다루게 된다. 여기에 기업체를 비롯한 각종 공적 사적 조직체의 사회적 책임(social responsibility)의 쟁점이 떠오르는 계기가 있다(Hartman and

DesJardins, 2008). 그런데 이때도 그러한 책임의 판단 기준은 역시 위에서 제시한 삶의 가치 체계로 귀착함을 알 수 있다.

본 저서에서는 이 같은 인간의 삶의 가치 체계를 사회윤리의 판단 기준으로 일단 전제하고 인간의 행위 중 도덕적 함의가 뚜렷한 것을 중심으로 그러한 가치 실현에 도움이 되는지의 여부에 대해 분석하려고 한다. 이에 앞서 우선 개략적이나마 그러한 도덕적 행위의 의미를 밝히려는 윤리학의 철학적 이론의 기초를 살펴볼 것이다. 그런 다음에 구체적인 영역으로서 기업 부문을 중심으로 경영 윤리와 직업윤리를 다루고, 특히 현대 사회에서 각광을 받고 있는 사이버윤리의 쟁점과 현상을 분석할 것이다.

제2장
사회윤리의 철학적 이론 개관

윤리학의 전통은 매우 다양하고 복잡하며 상호 연관되기도 하고 경쟁적이기도 하다(Shaw, 2008 : 44). 여기서 그 모든 이론들을 소개하는 것은 무의미하고 불가능하다. 오히려 사회윤리의 이해를 위해 가장 중요하다고 여겨지는 대표적인 이론들만 개관하려고 한다. 먼저 아래 [표2-1]에서 요약한 것처럼, 윤리 이론의 체계를 일목요연하게 파악하는 데 도움이 될 만한 도식적 개요부터 소개하면서 시작한다(梅津光弘, 2002 : 12-21 ; Snoeyenbos, Almeder & Humber, 2001 : 15-43 ; Shaw, 2008 : 42-82).

① 윤리학에는 기술윤리학이 있음을 앞서 언급한 바 있다. 이는 주로 윤리학 자체의 역사를 서술하는 윤리학사, 또는 윤리적인 현상과 문제의 실증적 연구를 수행하는 학문 분야로서 인류학이나 사회학 내지 심리학과 교육학의 접근을 지칭한다.

② 특히 20세기에 활발해진 영역으로서 주로 영미 철학계에서 두드러진 분석 철학의 방법으로 윤리적 명제의 개념 분석 또는 윤리적 정당화의 논리적 의미 분석 등을 시도하는 일종의 메타윤리학이 있다.

③ 세 번째 규범윤리학이 우리가 주된 관심사로 삼는 분야다. 이는 기업 경영 윤리 같은 실천윤리학 혹은 응용윤리학의 기초로서 직접적인 영향을 미치는 분야다. 여기에 속하는 학파 또는 사상 조류에 대해서는 하나씩 따로 해설하고자 하므로, 여기에 그 내용을 열거하지 않고 다만 [표 2-1]에만 싣는다.

그러면 이제부터 이들 이론을 하나씩 개관하기로 한다.[1)]

1. 결과주의

어떤 행위를 그 맥락과 분리시켜서 그것의 선악, 바르고 나쁨, 옳고 그름(善惡, 正邪, 義不義)을 판단하기란 곤란하므로, 그 행위의 결과를 관찰하든지 아니면 그것의 동기라든가 그에 대한 합의 같은 것을 점검하든지 하는 수밖에 없다. 이때 행위의 결과로만 도덕적 판단을 하는 것이 마땅하다고 주장하는 이론이 결과주의 이론이다. 행위의 도덕적 정의는 그 결과만이 결정한다. 결과가 좋으면 도덕적으로 옳은 것이고 나쁘면 잘못된 것이다. 덧붙여 결과의 좋고 나쁨 사이의 비(比)를 비교하여 옳고 그름을 판단한다. 그리고 대체로 행위의 결과가 좋고

1) 여기서 요약하는 개관은 주로 다음의 자료를 참조한 것이다. 진교훈(2003) ; 김태길(2004) ; 황경식(2008) ; 梅津光弘(2002 : 12-21) ; Snoeyenbos, Almeder, & Humber (2001 : 15-43) ; Hartman(2005) ; Carroll(2006) ; Hartman and DesJardins(2008) ; Shaw (2008 : 42-82).

나쁨의 척도는 인간에게 즐거움(쾌락, pleasure)과 행복을 가져다주도록 이익을 극대화하는지의 여부와 그 양적 질적 차이라고 보는 것이다. 여기서 그것이 '누구를 위한' 결과인가를 묻게 된다. 그 행위의 수혜자가 자기 자신인지 아니면 관련자 모두인지 따질 때, 자기 자신을 위한 것이면 이기주의가 되고 여러 사람을 위한 것이면 공리주의를 주창하는 것이 된다.

1) 윤리적 이기주의

윤리적 이기주의에 의하면 주어진 상황에서 선택 가능한 대안 가운데 행위자의 이익을 가장 잘 증진하는 행위만이 도덕적으로 옳다. 여기서 행위자는 개인 또는 집단, 조직체, 사회

[표 2-1] 윤리 이론의 분류

① 기술윤리학(Descriptive Ethics)
- a) 윤리학사(History of Ethics)
- b) 인류학·사회학적 접근(Anthropological-Sociological Approach)
- c) 심리학·교육학적 접근(Psychological-Educational Approach)
- d) 기타 유사 학문 분과의 접근

② 메타윤리학(Metaethics)
- a) 자연주의(Naturalism)
- b) 직관주의(Intutitonism)
- c) 비인지주의(Noncognitivism)
- d) 기타

③ 규범윤리학(Normative Ethics)
- a) 결과주의(Consequentialism)[2)]

2) 결과주의, 비결과주의를 결과론, 비결과론이라고도 한다. 어떤 학자들은 사회윤

• 윤리적 이기주의(Ethical Egoism)
  ▸개인 중심적 이기주의(Personal Egoism)
  ▸비개인적 이기주의(Impersonal Egoism)
• 공리주의(Utilitarianism)[3)]
  ▸양적 공리주의(Quantitative Utilitarianism)
  ▸질적 공리주의(Qualitative Utilitarianism)
  ▸행위공리주의(Act Utilitarianism)
  ▸규칙공리주의(Rule Utilitarianism)
  ▸제한적 이기주의(Restricted Egoism)

b) 비결과주의(Nonconsequentialism)
• 칸트의 의무론(Kantianism/Deontology)
• 사회계약론(Social Contract Theory)
  ▸권리론(Theory of Rights)
  ▸정의론(Theory of Justice)
• 기타 비결과주의
  ▸신학주의(Theologism) 또는 종교와 도덕
  ▸황금률(the Golden Rule)
  ▸윤리적 상대주의(Ethical Relativism)

c) 덕 윤리(Virtue Ethics)

적 집합체일 수 있다. 다시 말해서 무엇이 옳고 어떻게 행동해야 할지 판단하는 기준은 행위자 자기 이익의 추구다. 도덕철학자들은 윤리적 이기주의를 개인 중심적 이기주의와 비개인적 이기주의로 구분하기도 한다. 전자는 각기 자신의 이익을 추구해야 하지만, 다른 사람들이 어떻게 행동해야 하는지에 대

리의 이론적 관점을 목적론적(teleological) 이론과 의무론적(deontological) 이론으로 크게 양분한다. 목적론은 행위의 윤리성을 결정 행사의 결과(개연적)를 검토하여 결정하므로 [표2-1]에서는 결과주의와 맞먹는 것으로 해석할 수 있다. 의무론은 행위의 결정 행사 과정을 중시하여 윤리성을 결정하는 것이므로 칸트의 의무론이 대표 이론이라 할 수 있고, 이런 뜻에서 비결과주의학파에 속한다고 보는 것이다(Hartman, 2005 : 6).

3) 공리주의를 철학에서는 공리설, 경영학에서는 공리론으로 변역하기도 한다.

해서는 함구한다. 이에 비해, 후자는 누구나 각각 자신의 이익이 행동을 인도하도록 해야 한다는 주장이다.

그런데 이러한 이론은 인간의 본성이 기본적으로 자기 중심적이라는 인간관에 기초한다. 이 같은 인간관을 심리학적 이기주의(psychological egoism)라 한다. 다만, 만일 이런 심리학적 이기주의가 옳다면 윤리적 이기주의는 불필요하게 된다. 본래 인간은 도덕적으로 옳고 그른지에 대한 판단 기준(자기 이익 추구)을 제시하지 않아도 본성에 의해 그런 행동을 하게끔 이미 정해져 있기 때문이다. 따라서 심리학적 이기주의 인간관을 그대로 받아들이면 따로 윤리적 이기주의를 주장할 필요가 없다는 말이다. 결국 인간의 본성이 과연 이기적이냐 하는 쟁점과 만난다. 인간 본성 자체가 무엇인지에 대해서는 아직 확실한 근거에 입각한 결론을 얻었다고 보기는 어렵지만, 적어도 사람들은 어떤 맥락에서든 항상 자기 중심적으로만 행동하지 않고 자기를 희생하면서 남에게 유익한 행위를 할 줄 안다는 것은 역사적으로나 경험적으로 밝혀져 있다. 그러므로 심리학적 이기주의는 윤리적 이기주의의 근거가 될 수 없다.

여기서 윤리적 이기주의자라 해도 단기적 이익 추구만 목표로 하지 않고 장기적 시야에서 자기 이익을 추구할 때는 목전의 희생도 감수한다는 사실과 만난다. 이때 장기적 이익을 합리적으로 계산하는 부담이 있기는 하지만, 적어도 다른 사람의 이익에는 관심을 두지 않고 자신의 이익만 계산하면 된다는 점이 장점이라 할 수 있다. 이처럼 각자가 자신의 이익을 잘 계산해서 챙기면 장기적 결과는 모두에게 유익할 수 있다는 주장을 하게 된다. 그리고 윤리적 이기주의는 절대적 도덕적 원칙(moral principles)의 준수 대신에 자기 이익 극대화라는 도덕적 판단의 척도에 의지하므로 때로는 복잡한 의사 결정을 내려야 하는 맥락에서는 행동에 융통성을 발휘할 수 있는 이점도 있다.

그러나 이 이론에는 심각한 맹점이 있다. 첫째, 위에서 지적한 대로 윤리적 이기주의가 심리학적 이기주의에 근거하는 한 그 논리적 근거는 이미 취약하다. 둘째, 자기 이익만 추구하는 과정에서 융통성을 발휘한 결과 직관적으로 도덕적 원칙에 어긋나는 옳지 못한 행위를 저지를 수 있다는 허점을 면할 수 없다. 셋째, 이기주의가 규정하는 도덕적으로 옳은 행위, 즉 각자 자기 이익만 극대화하면 된다는 원리가 때로는 인간 사회의 보편적인 가치나 도덕 원칙을 위반할 때도 있다는 한계가 있다. 결국, 윤리적 이기주의는 사실상 도덕 이론이 아니라는 주장도 나온다. 사회 생활을 영위하는 인간은 사회 생활을 질서 있게 유지하기 위해서는 자기 이익의 극대화라는 기준을 완화하여 다른 사람들에게도 유익하게 행동하며 살아야 한다는 사실에 비추어 도덕적 원리는 인간에게 목전의 자기 이익을 희생할 것을 기대하기도 하기 때문이다. 이것이 도덕성 내지 윤리의 가장 본원적인 존재 이유가 되기도 한다.

결국 실제 상황에서는 도덕적 결정 행사 과정에서 이익과 행위 결과의 계산이 개입하는 한 행위자의 불편부당과 무사공평한 중립성(impartiality)을 요구하게 되는데, 윤리적 이기주의는 이 점에서 실격이다. 따라서 이 문제를 풀기 위한 대안적 관점이 등장하는 계기가 생긴다. 거기서 우리는 공리주의와 만난다.

2) 공리주의

한마디로 공리주의는 '최대 다수의 최대 행복'이라는 간단한 명제가 집약한다. 어떤 행위가 결과적으로 그로 인해 영향을 받는 모든 사람들에게 가장 큰 행복을 초래하면 그것이 도덕적으로 옳다. 각 행위의 개연성 있는 장단기적 결과를 최선의 방법으로 차근차근 계산하고 평가해서 가장 큰 행복을 가져오리라 예상하는 행위 결과를 선택해야 한다는 주장이다. 이때 소위 비용(손해)과 편익(혜택)(cost-harm/benefit)의 상대적 계산을 하게 된다.

여기에서 한 가지 지적하고 지나갈 것은 양적 공리주의와 질적 공리주의의 견해차다. 공리주의의 대표 주자로는 벤담(Jeremy Bentham)과 J. S. 밀(John Stuart Mill)을 든다. 최대 다수의 최대 행복을 강조한 벤담의 이론에서 한두 가지 문제점을 지적하게 되는데, 그 하나는 민주주의 원칙에서 다수결 절차가 소수자의 권익을 유린하고 저들의 희생을 무시하는 결과를 초래한다면, 그처럼 단순한 '수의 논리'에는 한계가 있다는 문제다. 또 한 가지는 공리주의가 본래 인간의 최대 행복이란 곧 쾌락의 관점에서 규정하고 있는데, 이때 과연 행복 또는 쾌락이 무엇인지를 묻지 않으며 행복을 단순히 양적으로 따져서 행복의 수량적 증가만 고려하는 데는 문제가 있다는 것이다. J. S. 밀이 바로 이 같은 공리의 질적인 측면을 강조한 사람이다. 그는 정신적 쾌락이 육체적 쾌락보다 질적으로 더 좋은 것이며 교육의 확충으로써 질 높은 공리의 증대를 추구해야 한다고 주장하였다.

공리주의 이론에는 몇 가지 관점이 있는데, 우선 행위공리주의와 규칙공리주의를 비교한다.

(1) 행위공리주의

행위공리주의에 따르면 어떤 행위가 효용을 극대화할 때만 그것이 도덕적으로 옳다. 그 행위의 영향을 받는 모든 사람들을 위한 비용(손해)에 대한 편익(혜택)의 비(比)가 어떤 대안적인 행위의 비용 대 편익의 비보다 클 때만 그 행위는 도덕적으로 옳다는 말이다. 그런데 이 이론은 혜택/손실의 비가 무엇인지를 정확하게 가려낼 수 있어야 하고, 그에 대한 양적 계산이 가능해야 하며, 장기적 분석에서 모든 가능한 대안과 행위의 장기적 결과를 전부 제대로 예측할 수 있어야 하는 기술적인 과제를 부담으로 안고 있다.

만일 이 같은 과제를 감당할 수만 있으면 몇 가지 이점도 있다. 첫째, 공리주의는 윤리적 이기주의와는 달리 어떤 특정 개인의 이익에만 치우치지 않는 무사공평한 중립성을 견지할 수 있다. 둘째, 편익과 비용을 객관적으로 분석할 수 있는 기초를 제공하므로 갈등이나 딜레마를 객관적으로 해소하는 데 유익하다. 셋째, 복잡한 상황에서 결과를 가지고 판단하기 때문에 비교적 현실성 있고 융통성 있는 접근을 허용한다.

그러나 행위공리주의에도 문제점이 있다. 첫째, 편익과 비용이라는 것을 인간의 행복과 불행이라는 주관적이고 좀더 광의의 개념으로 해석하려면 계산과 측정의 문제가 발생한다. 계산을 할 수 없으면 공리주의는 무의미해질 수 있다. 둘째, 어떤 행위가 비록 효용의 관점에서는 좋은 결과를 초래할지는 모르지만, 그것이 일반적인 옳고 그름의 기준에서 볼 때는 옳지 않을 수도 있는 것이다. 넷째, 행위공리주의는 자칫 정의와 행복(편익, 혜택, 효용)의 배분의 고려를 간과할 수 있다. 아무리 최대 다수의 최대 행복을 추구한다 해도 어떤 행위의 결과는 개인과 상황에 따라 효과가 다를 수 있고 그로 말미암아 혜택의 배분에서 차등과 불평등이 발생할 수 있는 것이다.

(2) 규칙공리주의

이상의 비판에 대해 적어도 일부는 해소할 수 있다는 주장이 규칙공리주의의 논리에서 나온다. 가령 "C의 상황(circumstances)에서 A라는 행위(act, action)를 하라"는 규칙이 있고, 다른 어떤 대안적 규칙보다는 이 규칙을 따르는 행위의 결과가 더 좋다면 그 행위는 도덕적으로 옳다는 논리다. 이때 특정 규칙에 부합하는 행위가 도덕적으로 옳은 이유는 어떤 다른 대안적 규칙보다 그 규칙이 효용을 극대화하기 때문이다. 이 논리가 단순한 행위공리주의 논리보다 유리한 점은 적어도 주어진 상황에서 행위를 결정할 때 그 행위를 정당화하기 위해서는 적정한 규칙만 잘 선택하면 도덕적으로 문제가 없기 때문이다. 동시에 이렇게 함으로써 윤리 이론에 공리적 효용뿐 아니라 도덕적 규칙도 수용할 수 있다는 이점도 있다. 이처럼 규칙공리주의는 일종의 혼합이론인데 이는 공리적 표준을 개인 행위에 직접 적용하기보다는 개인의 행위를 지도하는 도덕적 원칙에 간접적으로 적용하는 셈이다.

그러나 규칙공리주의도 허점은 있다. 효용을 극대화하는 도덕적 규칙을 내세우려면 반드시 효용을 극대화하는 규칙임을 사회가 수용해야 하는 문제다. 이 논지는 예를 드는 것이 좋겠다. 가령 규칙공리주의자가 "노예 제도는 채택하지 말아야 한다"는 도덕적 규칙은 효용을 극대화한다고 주장할 때, 다른 대안(노예 제도 채택)으로도 효용 극대화가 가능하다는 최소한의 예외를 허용해야 하는 문제가 발생한다. 즉, "노예 제도가 효용을 극대화할 때를 제외하고는 노예를 두지 말아야 한다"는 규칙을 주장하게 된다는 말이다. 이와 같은 조건부 규칙은 결국 있으나마나한 규칙이 될 수 있을 뿐더러 사실상 그런 규칙을 주장하는 논리 자체가 일반적 도덕 관념과도 어긋나는 문제가 있는 것이다.

(3) 제한적 이기주의

공리주의 논의에서 다루어야 하는 또 한 가지 쟁점은 인간의 자기 중심적 이익과 효용의 상관 관계 문제다. 자기 이익 추구와 다수의 공리적 편익 혹은 사회의 공적 이익 추구 간에는 양립 불가한 모순이 있을 수 있는데, 이 둘 사이에 양립 가능하다는 논리를 제시하는 이론이 제한적 이기주의다.

애덤 스미스(Adam Smith)의 이론이 원조다. 개인 각자가 모두(보편적으로, 예외 없이) 소위 '보이지 않는 손(invisible hand)'의 지시를 따라 자기 이익의 추구에 나서면 그 과정의 결과로 공공 이익 또는 총체적 효용을 보장한다는 논지다. 다만 여기서 제한적 이기주의가 전제하는 조건이 있다. 비록 자기 이익을 추구하더라도 그 과정에서 국가의 법률이나 기존의 경쟁 규칙을 위반하지 않아야 한다는 것이다. 이런 뜻에서 이 이론은 이기주의론이지만 거기에 일정한 제약을 둔다는 뜻으로 제한적 이기주의라 한다.

이 이론의 장점은 첫째로 준법을 중시한다는 것이고, 둘째는 자기 이익을 추구하되 사회 전체의 이익, 즉 공리적 효용을 극대화하는 맥락에서 경쟁을 한다는 논리다. 단순한 윤리적 이기주의는 자기 이익의 추구 자체가 도덕적이라고 보는 데 비해, 제한적 이기주의는 공리적 효용이라는 기준으로 자기 이익의 추구를 정당화하는 것이다.

하지만 여기에도 문제점은 있다. 첫째, 법과 규칙만 준수하면 도덕적으로 옳다는 논리에는 모든 법과 규칙이 항상 정당하고 옳다는 전제가 성립해야 한다. 그러나 현실은 반드시 그렇지 못할 수 있다. 법이나 규칙 자체가 잘못 정해져 있을 수도 있고, 또 자기 이익 달성을 위해 일반적으로 용납하기 어려운 법이나 규칙을 제정하고자 하는 행위가 있을 수 있다. 둘째, 제한적 이기주의는 스미스의 보이지 않는 손을 굳게 믿기 때문에 도덕적으로 옳은 행위는 자기 이익과 사회적 공공 이익을 동시에 달성하는 데 기여할 수 있다는 '이중결과론'을 주장하지만, 실제로는 그러한 결과를 항상 기대할 수 없다는 한계가 있다. 셋째, 제한적 이기주의가 제시하는 세 가지 조건을 다 구비했다 해도, 현실적으로 행위 자체가 도덕적으로 옳지 않을 수도 있다.

2. 비결과주의

이제부터는 비결과주의 이론을 개관하기로 한다. 먼저 이 조류에도 다양한 관점이 있지만 그 중에서도 가장 두드러진 철학자인 임마누엘 칸트(Immanuel Kant)의 이론을 살펴보고 그 밖의 몇 가지 관점들을 정리할 것이다.

1) 칸트의 의무론

칸트의 의무론은 결과주의 이론이 근거하는 조건부 도덕적 행위의 두 가지 전제를 부인하는 데서 출발한다. 첫째는 도덕적 사유, 판단 및 원칙은 과학적 지식이 제공하는 경험적 사실에 기초하지 않는다. 둘째는, 행위의 정당성은 결과가 결정하지 않는다. 칸트에 의하면 의무의 기초는 인간 본성 자체나 세상의 상황적 조건에서 찾을 것이 아니라 인간의 이성이 자연적으로 드러내는 선험적인(a priori) 것이다. 가령 우리가 정서적인 감정, 행동 성향 또는 자기 이익과 같은 충동이나 타산이 개입하는 동기에서 선행을 한다면 비록 그것이 결과적으로 누군가에게 좋은 행위라 할지라도 반드시 도덕적으로 옳은 것은 아니다. 반드시 의무감(sense of duty)에서 행한 것이라야 도덕적으로 가치 있는 행위다. 그리고 그러한 의무감은 인간의 선의(선한 의지, good will)를 전제한다. 인간의 선한 의지만이 도덕적으로 옳고 좋은 것이며 윤리적 행위의 정당화 근거가 된다. 이 같은 선의와 의무감은 이성적 인간이 선천적으로 타고난 필연적인 특질이다. 결과보다는 순수한 동기를 중시하는 이론이다.

그러면 우리의 의무를 결정하는 것은 무엇이며, 도덕률이 우리에게 요구하는 것을 어떻게 알 수 있는가? 이런 질문이 내포하는 의무감으로서 동기와 선의에 의지하는 행위의 명제를 설명하기 위해서 칸트는 그의 윤리학에서 핵심적 요소인 '무조건적 명령(Kategorischer Imperativ, Categorical Imperative)'

이라는 개념을 도입한다.[4] 이 말은 "만일 ~라면, ~해야 한다(if so and so, then should or ought to so and so)"는 형식의 명제처럼 어떤 가설적(hypothetical) 조건을 전제하지 않는 무조건 "~해야 한다(sollen)"는 형식의 언명으로 표현한다는 뜻을 지닌다.

이 개념을 이해하기 위해서는 격률(格率) 혹은 공리적 준칙(maxim)과 보편화 가능성(universalizability)이라는 개념들과 만나게 된다. 격률이란 사람들이 어떤 행위를 하기로 결심하는 과정에서 형성하는 원칙(규칙)으로서 행위의 주관적 원칙 내지 지침을 일컫는다. 칸트의 무조건적 명령이 뜻하는 것은, 어떤 행위든지 그 행위를 지시하는 격률(원칙)이 자신의 의지에 의해 보편적인 자연 법칙이 되게끔 행동할 때만이 도덕적으로 옳다는 것이다. 여기서 보편적 자연 법칙이란 가령 만유의 법칙처럼 자연과학적인 법칙에 맞먹는 것으로서 언제 어디서나 타당하며 객관적인 성격을 띤 것을 의미한다. 이 말은 어떤 행동 지침이든 앞서 지적한 대로 "만일 ~라면"이라는 식의 가설적 조건이 붙지 않고 특정 개인의 특수 목적이나 욕망 또는 행위의 결과에 상관없이 모든 이성적인 존재(즉, 인간)에게는 필연적으로 해당하는 법칙이라는 말이다. 또한 보편적 법칙이란, 만일 어떤 도덕적 법칙이 자신에게 타당하다면 다른 모든 이성적 존재에게도 보편적으로 타당해야 한다는 것을 전제하며, 아울러 합리적으로 공명정대하게 생각하는 이성적 존재인 사람들이라면 누구나 예외 없이 그것을 수용할 것임을 요청한다. 보편적 수용의 원칙을 말한다.

---

4) 이 말은 흔히 '절대적 명령' 또는 일본 철학자들이 쓰는 '정언명법(定言命法)'으로 번역하기도 한다.

칸트의 무조건적 명령의 또 한 가지 중요한 요소는 인간성 원칙이다. 이성적인 인간으로서 우리는 자신의 인격과 아울러 다른 모든 사람들의 인격에 예외 없이 존재하는 인간성을 언제 어디서나 항상 그 자체 목적으로 삼아 존중해야지 그것을 어떤 목적을 위한 수단으로 삼지 말아야 한다는 원칙이다. 인간은 본래적으로 이성을 지닌 존재이므로 내재적 가치가 있는 존재이기 때문에 자신이나 타인의 인간성은 그 자체 존중받아야 하는 것이다. 자신이 다른 사람들로부터 대접받고 싶은 방식으로 다른 사람들도 대접해야 한다는 황금률에 해당한다고 하겠다.

이러한 칸트의 의무론에 대해서도 비판적 견해가 없지 않다. 첫째, 그의 윤리 도덕 이론이 지나치게 엄격하고 이상주의에 치우쳤다는 것이다. 우선 동기에서 의무감 아닌 동정심, 습관적 행동 성향 등의 작용을 무가치한 것으로만 보아야 하는가라는 문제 제기가 있을 수 있고, 특히 여러 면에서 복합성이 커진 현대 사회에서는 동기나 가치관의 다양성을 무시하기도 어려운 점을 고려해야 한다. 둘째는, 무조건적 명령 또한 예외를 전혀 허용하지 않는 보편성 원칙을 지나치게 엄격하게 적용하는 문제가 있다고 한다. 현실적으로는 무조건적 명령에 대한 대안적 규칙도 선택할 여지는 두어야 하므로 그의 무조건적 명령은 사실상 윤리적으로 옳은 행위를 지시하는 충분조건이기보다는 필요조건에 그칠 소지가 없지 않다. 필요조건에 불과하면 그 어느 대안을 취할 수 있고, 그 결과 칸트의 무조건적 명령 자체가 무효가 될 수 있다.

그리고 셋째, 인간을 수단으로 이용하지 말아야 한다는 명제는 실생활에서는 구분하기가 쉽지 않을 때가 있다는 비판이다. 가령 경영자가 근로자를 돈으로 사서 일을 시키는 행위는 어느 것에 속하는지를 물을 때, 분명 수단으로 인간을 이용하는 면이 없지 않지만 다른 각도에서 보면 근로자가 생존을 위해 또는 삶의 질적 향상을 위해 돈을 받고 일을 하기로 자기 의지로 결정한 것이지 반드시 이용당하는 위치에 있는 것만은 아닌 것이다.

하여간, 칸트의 의무론적 윤리 이론은 단순히 결과로써만 도덕적 판단을 하지 않고 확고한 표준에 의해서 판단할 수 있는 이론을 제공하는 것으로서 의미가 있고, 인간의 선의와 의무감의 중요성과 인간성의 존중이라는 측면에서 도덕적 판단이나 의사 결정에 인간주의적 요소를 주입한다는 특징을 인정할 만하다.

2) 사회계약론

사회윤리를 다루는 데에서 사회 생활이 성립할 수 있는 근본적이고 핵심적인 요소인 사회적 협동을 가능케 하는 암묵적인 협약이나 약속을 근거로 도덕적 규칙이나 윤리적 규범을 이해하려는 사상 조류를 사회계약론으로 간주한다. 일반적인 의미로 사회 계약이란 사람들이 공동으로 합의하여 일정한 형식의 사회 조직을 구성하는 행위를 뜻한다.[5)]

사회계약론 자체는 주로 사회 내지 정치 철학의 영역에서 사회나 국가(정부)의 성립 근거를 자유로운 행위자로서 인간의 의지에 의하여 구축하는 것으로 해석하되 어디까지나 사람들 상호간의 합의(약속)에 기초를 두는 이론적 조류다. 그런데

5) 사회 계약은 대개 social contract의 번역어지만, 학자에 따라서는 contract 대신에 compact 혹은 covenant라는 단어를 쓰기도 한다.

이것이 사회윤리에서 문제가 되는 데에는 특수한 쟁점이 개재한다. 그것은 주로 그처럼 합의로 사회를 구성하고 협동하는 사람들의 권리와 그러한 사회적 체제가 자아내는 정의의 문제가 그것이다. 따라서 본서는 사회계약론 자체의 논의보다 권리와 정의를 중심으로 사회윤리의 관점을 점검하는 데 집중하기로 한다.

(1) 권리론

위에서 검토한 칸트의 의무론에서 마지막으로 강조한 내용은 인간을 수단으로 이용하지 말라는 절대 명령이다. 그 근거는 바로 인간의 존엄성에 대한 존중이다. 인간은 다른 사람이 자기 마음대로 다룰 수 없는 내재적 존엄성을 지닌다. 이 존엄성을 남이 침범하고 짓밟는 행위로부터 지켜주는 것이 다름 아닌 인간의 도덕적 권리(moral rights)다. 사회윤리에서 권리론은 이러한 의무론적 전제에서 출발한다. 한 사람의 권리는 곧 다른 사람의 의무기도 하기 때문이다. 그러한 권리를 정당화해주는 원천은 인간의 본성에 대한 가정에 있다.

인간은 자유롭게 이성적인 선택과 결정을 할 수 있는 역량을 소유한다. 단순히 본능과 조건 지음에 의해서만 행동하는 것이 아니라 인생을 어떻게 살 것인지, 어떤 목적을 추구할 것인지에 대한 자유로운 선택과 결정을 내리는 자율적(autonomous) 존재이므로 인간을 단순한 수단으로 취급하는 것은 인간성 자체를 부정하는 것이다. 이처럼 자율적인 존재인 인간은 당연히 자기 뜻대로 행동을 선택하는 자유는 기본 권리로 특별한 보호를 받을 자격이 있다. 그런데 모든 인간 개체는 이런 본성을 지니므로 각자는 동등한 대우와 배려를 받을 권리도 기본적으로 갖는다. 여기에 권리와 정의가 사회윤리의 핵심 쟁점으로 떠오르는 배경이 있다.

우선 권리에는 어떤 것이 있는지 살펴보기 위해 한 가지 분류 틀을 [그림 2-1]처럼 요약할 수 있다(Snoeyenbos, Almeder & Humber 2001, 52). 이들을 하나씩 개관해보자.

어떤 특정한 법적 제도적 혹은 합의에 기초한 계약적 권리와는 무관하게 위에서 지적한 몇 가지 인간 본성에 기초하여 인간으로서 존중받아야 할 것으로 인정하는 권리는 도덕적 권리다. 윤리와 도덕의 고려 사항에 바탕하여 사람들을 어떻게 다루고 대우해야 하는지를 지시하는 권리다. 이는 법적, 제도적, 계약적 권리의 기초가 되며 때로는 중복하기도 하지만, 이들이 반드시 도덕적으로 인정받는 권리와 일치하지 않을 수가 있다.

회사의 종업원에게는 법률이 정하는 바에 따른 여러 가지 법적 권리가 있는가 하면, 해당 조직체의 제도적 장치에 따라 회사의 최고 경영자용 특별 지정석에서 오찬을 즐기는 권리처

[그림 2-1] 권리의 유형

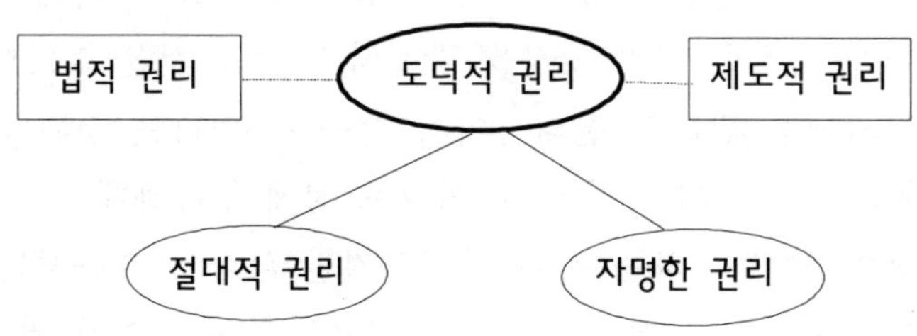

럼 특별한 사람들에게만 인정하도록 정해놓은 권리가 있고, 또

노사 간 협의나 단체 협약에서 정한 종업원의 권리가 있다. 이런 것이 꼭 서로 일치하지 않을 수 있다는 말이다. 그런데 도덕적 권리에는 절대적 도덕적 권리와 자명한 도덕적 권리가 있다.

절대적 도덕적 권리 : 생명, 행복, 자유, 자아 개발 등과 같은 가치가 개입할 때는 누구도 이를 위배할 수 없는 상황이 있을 수 있다는 뜻에서 절대적이라는 말이다. 그런데 현실적으로는 이런 권리조차도 논란의 대상이 될 수 있다. 생명 존중이라는 절대 가치를 인정한다 해도 정당방위에 의한 살인, 정당성 있는 전쟁 또는 남을 위한 희생적 죽음 같은 행위를 도덕적으로 정당하지 못하다고 재단하기는 어려운 면이 있다. 따라서 실제 생활의 맥락에서는 절대적 권리의 보호는 실현하기 어려울 수 있다.

자명한 권리 : 어떤 개인(A)이 특정한 권리를 주장할 때, 다른 사람이 그 권리를 침해하기 위한 적절한 정당성을 제공할 수만 있으면 그 사람은 그 권리 행사를 정당하게 방해할 수 있고, 그렇지 못하면 방해를 할 수 없다고 할 것 같으면, 이 개인(A)의 권리는 절대적 권리가 아니고 자명한 권리라고 한다. 자명한 권리는 자명한 의무라는 개념과 맞물려 있다. 나의 권리는 타인의 의무와 상관이 있거나 상응하게 되어 있다. 이때의 의무는 대개 적절한 권리 행사를 방해하지 않는 것을 의미한다. 여기서 자명한 권리가 절대적이지 않을 수 있다는 것과 자명한 의무가 절대적이지 않을 수 있다는 점에 주목하게 된다. 당연히 해야 할 의무라는 것은 자명하지만 상황에 따라서는 절대적으로 수행할 수 없는 의무가 있듯이, 당연히 지킬 권리로서는 자명하지만 맥락에 따라서는 절대적으로 위배할 수 없는

것은 아닌 것이다.

다시 도덕적 권리로 돌아와서, 일반 개념으로서 인간의 권리를 규정하면, 내가 어떤 행동을 할 수 있도록 혹은 남이 어떤 행동을 하게끔 할 수 있도록 내가 부여받은 권한(entitlement)을 가리킨다. 이런 권리는 특정한 법이나 정치적 제도가 부여한 권한에 의지하지 않고 근본적으로 주어진 권리일 수가 있다. 이것이 곧 도덕적 권리다. 물론 도덕적 권리도 어떤 특별한 관계나 역할, 상황 등에서 나올 수도 있다. 누구와 약속한 것이면 그 약속 이행은 내게는 의무지만 상대방에게는 권리다. 그런데 이 같은 특정 관계나 상황에 구애받지 않은 도덕적 권리를 우리는 인간이 누릴 수 있는 기본권으로서 인권(human rights)이라 일컫는다. 인권은 몇 가지 특성이 있다. ① 인권은 보편적이다. ② 인권은 기본적으로 평등한 권리다. ③ 인권은 양도, 포기할 수 없다. ④ 인권은 자연권이다. 여기서 자연권이란 인간 본성에서 추론할 수 있다는 의미라기보다는 법이나 제도에 의존하지 않는다는 뜻에서다.

권리에는 또한 소극적 권리(negative rights)와 적극적 권리(positive rights)가 있다. 인간이 추구하는 결정적으로 중요한 이해 관심에는 외부의 간섭으로부터 보호받고 자유로울 권리를 포함한다. 이것이 소극적 권리다. 반면에, 다른 사람들이 내게 제공하기를 요구할 수 있는 일정한 혜택과 기회를 누릴 권리도 그 같은 이해 관심에 속한다. 적극적 권리를 말한다.

이 같은 권리론에 대해서도 비판이 있다. 첫째, 자명한 것처럼 보이는 사안이라도 문화와 시대에 따라 자명하지 않을 수 있고 때로는 거짓일 수도 있다. 따라서 자명하다는 기준은 도덕적으로 건전한 원칙을 제시하는 데 가장 신뢰할 만한 것이

못 될 수 있다. 둘째로는, 오늘날처럼 복합적인 사회에서는 권리와 원칙이 서로 모순적이고 갈등적일 여지가 많다. 일정한 도덕적 원칙에 대해서도 사람들은 옳고 그르다는 판단이 다르고 동의하지 않을 수도 있다. 다만, 이런 도덕 원칙에서 갈등이 발생할 때는 이를 해소하기 위한 길로서 세 가지를 제안할 만하다. ① 두 가지 모순적인 원칙이 갈등적인 것은 사실이 아니고 두 권리를 모두 충족할 수 있음을 보여주는 방법이 있다. ② 두 가지 권리를 모두 충족하지 못하면 권리의 우선 순위를 매겨서 순차적으로 처리할 수도 있다. 이처럼 순서를 정할 때는 권리 주창의 사례가 발생하는 맥락을 세밀하게 검토하는 것이 중요하다. ③ 타협을 제안하는 것도 한 가지 해소법이다. 두 가지 권리의 일부를 각각 양보하고 해결책을 강구하는 접근이다.

(2) 정의론

정의도 사회의 조직 원리를 논하는 데서는 근본적인 쟁점 사안이므로 윤리 도덕의 논의에서 제외할 수 없는 요소다. 플라톤(Plato)과 같은 그리스의 철학자들은 인간 관계에서 가장 으뜸가는 덕목을 정의로 간주하였다. 그러나 정의롭고 정의롭지 못함이 곧 옳고 그름과 선하고 사악함을 뜻하지는 않을 수 있으므로 이를 구분하여 다룰 필요가 있다. 대체로 정의라는 말과 유사한 개념으로는 공정(fairness), 평등(equality), 공과(desert), 권리 등이 있다.

첫째, 정의는 흔히 사회의 구성원들을 공정하게 대우하는지 또는 손해를 공정(공평)하게 보상하는지 등에 관여한다. 이때 문제는 '공정'의 의미를 정확하게 알아야 하며 사안에 따라 적절한 기준이 다를 수도 있다는 점이다. 아리스토텔레스(Aristotle)에 의하면 어떤 의미 있는 차이가 없는 한 비슷한 사건은 유사한 방식으로 다루어야 한다는 것이 정의의 형식적 원칙이며 이는 공평무사와 일관성을 요청한다. 하지만 이 원칙은 그러한 공평무사를 적용하는 상황에서 차이가 나타나게 되면 문제가 있다. 가령 재판장이 비슷한 사건에 대해 유사한 판결을 내림으로써 법 행정상으로는 자의적으로 재단하지 않았음으로써 공정하게는 했을지 모르지만, 거기 적용한 법률 자체가 정의에 어긋나는 것일 수도 있으므로 반드시 정의로운 판결이라고 주장할 수가 없다.

둘째, 평등도 자주 정의와 연관성을 갖는다. 사람들을 정의롭게 다루는 것은 대개 인간의 근원적인 도덕적 평등을 반영한다. 그러나 모든 사람은 평등하다는 도덕적 전제 자체로써 정의와 자원 분배 간의 직접적인 관계가 성립하지는 않는다.

셋째, 정의는 평등하고 공평무사한 대우 외에도 사람들이 공과에 따라 어떤 보상이나 대우를 받을 자격이 있는지, 제대로 받는지의 문제와도 관련이 있다.

넷째, 인간의 권리를 다룰 때 동시에 고려해야 할 사항 중에 하나는 정의의 문제다. 어떤 사람의 도덕적 권리를 침범하면 이는 곧 부정의다. 밀(J. S. Mill)은 정의롭지 못한 행위와 기타의 부도덕한 행위를 구별하는 기준은 어떤 사람의 도덕적 권리를 침해하는지의 여부라고 하였다.

정의에는 세 가지 유형이 있다. ① 응보적 정의(Retributive Justice)는 인과응보, 선행과 악행에 대해서 그에 상응하는 보상과 제재를 부과하는 원칙에 입각한 정의다. ② 보상적 정의

(Compensatory Justice)란 손해를 입힌 데 대해서는 변상으로 원상복귀를 꾀해야 한다는 정의다. 이는 앞의 응보적 정의의 상대 개념이다. 그리고 ③ 배분 정의(Distributive Justice)가 있다. 이는 어떤 자원의 분배가 공평한지를 가리는 정의다. 이 중에서 정의의 문제를 다루는 사회윤리의 영역에서 가장 까다로우면서 중요한 것이 바로 배분 정의다.

이제 정의론의 몇 가지 관점을 개관하기로 한다.

공리주의적 정의론: 공리주의에서도 정의에 대한 관심이 있다. 앞서 잠시 J. S. 밀의 정의론이 다른 사람의 권리를 침해하지 않아야 한다는 도덕적 명제와 관련이 있음을 시사하였다. 그에게 정의는 사회적 복리를 증진하는 덕목이며 이를 지지하는 데 불가결한 규칙이나 권리의 관점에서 사회적 효용과 연관을 갖는다. 일반적으로 공리주의자들이 보기에는 다수의 행복, 즉 공리적 효용을 극대화하는 것이 곧 정의-부정의를 규정하는 궁극적 잣대가 된다. 특히 경제적 배분 정의 문제에 관해서는 종업원의 참여를 증대시키고 한층 더 평등한 소득 분배가 사회적 복리 혹은 행복을 증진하는 것으로 간주하는 경향이 있다. 요컨대, 상대적으로 평등하게 자원을 분배하면 전체의 행복을 증진할 것이라는 사상이다.

자유의지론적 정의론: 한편, 자유의지론(libertarianism)에서는 전반적인 사회적 복리를 위해서 누군가는 자유를 제약받을 용의가 있어야 한다는 공리주의자들의 명제를 거부한다. 자유의지론은 정의와 자유를 거의 동일시한다. 여기서 자유란 각자 누구의 간섭도 받지 않고 자신의 선택에 따라 살아간다는 뜻으로 이해한다. 가령 그 누구의 권리도 침해하지 않고 획득한 재화, 화폐, 재산 등에 대해서는 권한(entitlement)을 인정할 수

있고 그처럼 권리를 인정받을 수 있는 자원을 배당받는다면 그것이 정의로운 배분이다. 정당한 수단으로 획득한 것이면 그것으로 무엇을 하든 자유다. 그리하여 부자라고 해서 재산을 선한 목적으로 사용하도록 강요하는 것은 정의롭지 못하고 비도덕적이다. 다만 자선 사업에 기부하는 것도 자유며 선한 일이므로 권장할 수는 있다.

(3) 롤즈의 정의론

존 롤즈(John Rawls)의 정의론은 20세기 철학계에서 가장 많은 논의의 대상이 된 이론이다. 롤즈 이론의 특징은 사회계약론의 관점에서 주로 배분 정의의 문제에 초점을 맞추고 전개하면서 소수파나 사회적 약자의 권익을 옹호하는 시각에서 공리주의를 극복하는 이론을 구축하는 것이다(Rawls, 1971). 그가 말하는 배분 정의는 단순히 물질과 경제적 자원의 배분에 국한하지 않고 자유, 권리, 권력, 명성, 기회 등 인간의 삶에 관련하는 모든 사상(事象)의 척도와 그에 관계하는 가치 단위의 배분을 논하는 면에서 특이하다는 평판을 받는다. 경제적인 부(富)의 공정한 배분만을 다룬다면 이는 사회주의, 공산주의에서 추구하던 것이지만, 롤즈의 정의론은 권력의 공평한 배분도 문제시한다는 점에서 사회주의와는 선을 긋는다. 구소련권의 공산당 지배 사회주의 사회에서는 경제적 부의 평등을 위해서는 권력의 불평등을 용인했다는 사실로 말미암아 실패한 사회주의 실험으로 낙인찍히는 점을 고려할 때, 롤즈의 관점에서는 사회주의 국가 체제를 비판적으로 볼 수밖에 없다.

또한 롤즈는 공리주의적 효용이나 시장의 경쟁 원리만 지나치게 중시하는 자본주의 체제에 대해서도 불만이 있다. 공리성의 원리에서는 소수파나 사회적 약자의 권익을 무시한다는 문제가 있으며, 여러 모로 자기 책임도 아닌 탓에 불리한 위치에 놓이게 된 사람들은 시장 원리에서 배제당하는 불이익을 감당해야 하는 한계가 있음을 지적한다. 이러한 관점에서 그는 두 가지 정의 원칙을 정립한다.

제1원칙(자유·평등의 원칙) : 모든 사람은 다른 사람의 자유 체계에 저촉되지 않는 한에서 가장 광범위하고 총괄적인 기본적 자유・평등의 권리를 갖는다.

제2원칙(공정 기회 균등의 원리) : 사회경제적 불평등은 다음 두 가지를 감안한 상황에서만 허용할 수 있다.

(a) 공평한 기회 균등의 조건 아래, 모든 사람들에게 열려 있는 지위나 직무와 관련한 불평등(공정 기회 균등의 원리)

(b) 가장 불우한 처지의 사람들에게 돌아갈 수 있는 이익이 최대가 되도록 하는 조건 아래의 불평등(격차의 원리)

위의 제1원칙에 따라 남의 자유를 침해하지 않는 한 자유를 최대한 누릴 수 있다면 결과적으로 불평등은 불가피하다. 그러므로 적어도 불평등의 정도를 줄이게 하는 조건을 제시하는 것이 제2원리다. 여기서 우선 중요한 것은 현재의 불평등은 인정하되 장차 미래에는 현재 불리한 위치의 사람도 현재 가장 유리한 처지의 사람의 위치를 향유할 수 있는 기회가 공평하게 주어진다는 조건이라면 이를 감수할 수 있다. 이것이 (a)에 해당하는 공정 기회 균등의 원리다. 그렇더라도 현재의 불평등 정도가 가능하면 가장 불리한 사람에게 배당할 수 있는 이익이 최대가 될 수 있도록 조처해서 격차를 줄여야 한다는 것이

(b)에 해당하는 격차의 원리다.

이러한 두 가지 기본 원리를 정당화하기 위해서 롤즈는 다음과 같은 논지를 편다. 여기서 그는 전통적인 사회계약설의 논법을 채택하여 만일 만인이 처음부터 아무도 자각하지 않는 자연스러운 원초적 상태(original position)에서 계약을 맺는다면 이 두 가지 원리를 선택하지 않을 수 없다는 것이다. 여기서 원초적 상태란 각자의 지위, 능력, 가정 배경, 재력, 체력, 계급 등에 대해서 전혀 알지 못하는 '무지의 베일(the veil of ignorance)'을 가상한다. 그리고 그런 상태에서는 어떤 원칙도 미리 정해놓은 것이 없어야 한다. 물론 원초적 상태에서도 기본적으로 사람들은 자기 이익에 따라 선택하겠지만 무지의 베일은 모든 편견을 배제하기 때문에 결국은 평등과 공정성이 보장되는 두 가지 원칙을 따를 수밖에 없다는 말이다. 그리고 마지막으로 강조할 것은 롤즈의 정의론의 원칙은 가장 불리한 위치에 있는 약자에게 최대의 기대할 수 있는 혜택이 돌아가도록 하는 배려를 전제한다는 점이다.

롤즈의 정의론에서 핵심적인 것은 사람들이 타고난 배경이나 자질, 자라난 환경과 같은 것 때문에 사회 생활에서 유리하거나 불이익을 경험해야 하는 것은 공정하지 못하므로 어떻게 해서든 그런 요인의 사회적 결과를 최소화하는 것이 옳다는 주장이다. 사회란 상호간의 이득을 위해 협동하는 과정이기 때문이다. 이런 면에서 그의 정의론은 공리주의는 물론 자유주의적 정의론과도 차이가 있다.

롤즈의 정의론이 뛰어난 통찰력을 지닌다는 점에서 상당한 호응을 얻기는 하지만 여기에 대해서도 비판적 논의가 없지 않다. 우선 소위 좌파(사회주의적)의 견지에서는 불평등을 원초적으로 용인한다는 공격이 있는가 하면, 또 자유주의적 우파에서는 그의 격차 원리의 논리에 따라 기존의 사회적 차별이 자의적이라는 이유로 이를 철폐하는 시책으로 장려하는(인종 차별, 성 차별, 학교 차등 폐지, 누진과세 등) 각종의 평등화, 평준화 정책은 사실상 대중 영합적 포퓰리즘에 불과한 악평등 조장책이라는 비난도 받고 있다. 그뿐 아니라 방법론적으로도 원초적 상태의 가정은 과거 계몽주의 시대의 산물이며 무지의 베일 같은 상황은 현실 사회에서 실질적으로 작동하는 능력, 재력, 지위, 권력 등의 요인을 백지화해야 하는 무리를 범하는 가설에 불과하다는 비판도 있다.

그럼에도 불구하고 그의 정의론은 적어도 자유주의 사회에서 자유와 평등을 어떻게 조화롭게 균형을 이루도록 하느냐의 문제에 대한 중요한 시사점을 담고 있다는 점에서 의미 있는 기여를 한다는 것이 일반적인 견해다.

3) 기타 비결과주의

위의 주요 비결과주의 이론 외에도 주요 이론은 아니지만 몇 가지 검토할 가치가 있는 관점을 간략히 소개한다.

(1) 신학주의 또는 종교와 도덕

인간의 윤리적 행위를 인도하는 도덕적 표준이 어디에서 연유하는지, 그 원천을 따질 때 가장 흔히 제시하는 것이 종교다. 종교 중에도 신(god)의 관념이 없는 불교나 도교 혹은 유교 같은 예도 있으며, 기독교와 이슬람 등 종교처럼 신을 상정한 예도 있으나, 모든 종교는 일단 인간의 윤리적 생활을 규정하는 도덕률을 제시하며 과거 전통적인 사회에서는 종교가 윤리 규범을 제공하는 거의 유일한 근거이기도 하였다. 특히 신을 상정하는 종교에서는 인간 행위의 옳고 그름을 판단하는 기준이 '신의 뜻' 내지 '신의 명령'에 따라 규정하는 규범과 규칙이다. 이런 뜻에서 이 같은 윤리 이론은 신학주의라고도 한다.

이 같은 신학주의적 종교적 윤리관은 우선 일단 그 종교를 믿기만 하면 행위의 옳고 그름을 판단하는 거의 최종적인 규범을 제공하므로, 결과적 선악이라든지 정의 문제라든지 하는 등의 다른 고려를 요하지 않고도 행동할 수 있다는 이점이 있다. 또한 종교를 공유하는 사회에서는 신의 뜻에 따라 한다고 주장하는 데 대해 거의 모두가 인지하고 있으므로 쉽게 동의하게 되므로 유리하다. 그리고 종교는 강력한 동기 부여를 제공하는 힘이 있다. 하지만 이런 이론에도 다음과 같은 약점은 있다. ① 신의 존재 자체를 믿지 않는 사람이 있다. ② 종교에도 여러 종류가 있다. ③ 같은 종교에서도 도덕 규준에 대한 해석이 다를 수 있다. ④ 종교의 윤리 기준은 대개 일반적이어서 특수한 상황에서 요하는 특정한 행위 판단에는 유효하지 않을 수 있다. ⑤ 사람들의 윤리적 행위가 항상 종교적 규칙이나 신의 명령에 따르지 않고 습관이나 인격적 수양 등에 의해 일어날 수 있다. ⑥ 소위 신의 명령이라는 이론은 신이 명령하므로 옳고 그르다는 의미인데, 신의 명령이 아니라도 행위 자체의 옳고 그름은 판단이 가능하다는 논리도 성립한다. 하여간 종교가 윤리의 기초로서 중요한 요소기는 하지만, 모든 도덕률이 필연적으로 종교에 근거한다는 이론에는 한계가 있다.

(2) 황금률

“자기가 하고 싶지 않은 일은 남에게도 베풀지 말라(己所不欲 勿施於人).” 『논어』의 「안연(顔淵」편에 나오는 공자의 말씀이다. “자신에게 괴로운 일로 남을 괴롭히지 말라”는 경구는 불교의 자비를 이르는 말이다. 서양에서는 『성경』에 의거하여 “남이 네게 해주기를 원하는 대로 남에게 행하라”는 소위 황금률이 유명하다.

이 원리를 일상생활에서 적용하면 몇 가지 유익함이 있다. 먼저 황금률은 수많은 문화의 여러 원천에서 강조한 것이므로 일단 채택하는 것이 좋다고 인정할 만하다. 다음, 이 원리에 의하면 자신이 어떻게 대우받기를 알기 때문에 그대로 남에게도 하면 된다는 행동 지침이 명백하므로 실천이 쉽다. 또한 내게 유익한 방식을 타인에게도 적용하므로 일정한 수준에서 공정성을 유지할 수 있다는 이점도 있다. 그러나 내가 원하고 원하지 않는다는 것이 반드시 모든 사람의 욕구나 호오(好惡)와 일치한다는 보장이 없으므로 이로 인한 갈등이 일어날 가능성을 배제할 수 없다는 단점도 있다.

(3) 윤리적 상대주의

윤리적 상대주의 혹은 규범적 상대주의 윤리론(Normative Ethical Relativism)은 사회와 문화에 따라 도덕률이나 윤리적 기준이 상이하다는 점을 주목한다. 따라서 윤리적 판단의 기준은 상대적일 수밖에 없다는 것이다. 윤리적인 쟁점에 대해서도 의견차가 있을 수 있다고 한다. 그러나 의견차가 있다고 해서 모든 견해가 반드시 동등하게 옳다고 할 수는 없는 법이다. 우선 이런 사고를 채택하면 인간의 도덕적 진보나 윤리적 개선을 기대하기가 어렵다. 시공간적으로 상대적인 윤리를 굳이 개선할 필요가 없기 때문일 터다. 그리고 자기 사회에서 옳다고 인정하는 원칙이지만 보편적인 기준에서 옳지 못한 것이면 당연히 비판도 하고 개선도 도모해야 하는데, 상대주의는 이를 묵살하게 된다. 더구나 다른 사회의 잘못된 관행을 보고도 도덕적 평가를 할 수 없다면 사회윤리는 의미가 없다. 다만 다른 사회와 문화의 윤리 문제를 다룰 때는 순전히 자신의 문화에서 주장하는 윤리 기준만 고집하려 하는 태도는 유보하고 일단 열린 마음으로 바라보는 자세는 필요하다. 그렇다고 모든 윤리 지침이 상대적이라는 주장 자체는 문제가 분명히 있다.

3. 덕 윤리

덕(德) 윤리 혹은 덕의 윤리는 위에서 개관한 윤리·도덕적 상대주의가 만연해진 현대 사회에서 윤리학의 새로운 관심사로 떠오르는 철학적 담론 체계라 할 수 있다. 상대주의에 빠지면 자칫 모든 도덕적 판단이나 윤리적 행위가 주어진 시대의 사회 문화적 상황에 따라 달라질 수 있다는 윤리의 무정부주의 상태를 자아내기 십상이라는 데 대한 우려의 소산이라 할 만하다. 본래 덕의 윤리는 동서를 막론하고 고대 사회의 윤리에서 핵심을 차지하던 관념이다. 그러다가 근대화 이후 특히 계몽주의 시대를 거치면서 공리주의와 의무 윤리의 이론에게 자리를 내주게 된 것이다.

공리주의나 의무론이 윤리적인 규칙과 원리에 초점을 맞추고 개인이든 집합체든 무엇을 어떻게 해야 옳을지 결정할 때는 어떤 원리에 따라 어떤 규칙을 준수해야 하는지를 다루는 데 비해, 덕의 윤리는 인간이 옳게 살고 바르게 행동하려면 어떤 사람이 되어야 하는지를 묻는다. 따라서 인간으로서 선하고 완벽한 삶을 살자면 어떤 인격적 특질이나 덕성을 갖추어야 하는지를 논하는 것이 주안점이다. 아리스토텔레스의 윤리에서는 행위가 중심이 아니라 행위자가 중심이므로 행위의 규칙 대신에 인간의 성품과 성향의 덕목을 중시한다. 이를 밝히려면 동시에 인간이란 무엇인가, 어떤 존재인가 하는 인간 본성에 관한 담론을 요한다. 인간성(personality) 또는 '사람됨'이라는 것은 인간으로서 정체를 가리키며 이는 곧 인간에게 근본적이고 지속적인 성향, 소원, 신념, 가치관, 태도 등이 그것을 구성하는 기본 요소들이다.

그러므로 덕 윤리에서는 윤리적 행위를 정당화하는 근거도 다르다. 개인이 윤리적 행위를 하는 이유 혹은 동기도 결국은 이러한 성향, 소원, 신념, 가치관, 태도 등으로 구성하는 인격, 사람됨의 성품이다. 성품이 착하고 동정심이 많고 감정이입을 쉽게 하는 사람은 이타적인 행위를 할 소지가 크며 남을 배려하고 겸손하며 선심을 잘 쓰는 성품의 사람은 물질적인 욕심의 유혹에 쉽게 굴복하지 않는다. 그런 행동을 하게 하는 어떤 성품이 덕이 되는 이유는 무엇인가? 아리스토텔레스에 의하면 성품이 행복 추구를 위한 필수조건이기 때문이다. 이처럼 덕의 윤리는 개인을 중심으로 전개하는 것 같지만 실은 아리스토텔레스나 그를 계승한 중세의 아퀴나스 모두 안정적이고 통일적인 사회를 상정한다.

또한 덕 윤리가 강조하는 것은 인간성 또는 인격의 정의적(情誼的) 정서적인 면이다. 행위의 동기로서 이해 관심, 욕망, 소원 등은 이미 인간성의 일부로 깊이 배태되어 있어서 성품에서 우러나 행위를 표출하는 것이다. 아울러 이처럼 성품이 인간 행동에서 중요한 역할을 할뿐더러 성품을 일찍부터 교육이나 제도적 사회적 사회화로써 형성할 수 있으므로 덕 윤리는 그와 같은 덕성을 육성하는 방법, 수단, 절차에 관심을 갖는다. 만일 어떤 특성 내지 성품이 의미 있고 가치 있고 만족스러운 인간의 삶을 방해한다면, 그 기제에 대한 이해를 도모하여 우리 모두 행복한 삶을 책임질 수 있는 방법을 모색해야 한다.

그뿐 아니라 덕 윤리에서는 실생활 속에서 어떻게 행동해야 할지를 처방하되, 그냥 일반적으로 좋다 나쁘다는 식의 불분명한 것이 아니고 구체적으로 어떻게 살며 어떻게 행동해야 할지에 대한 지침을 제공하려 한다. 여기서 중시하는 정직 같은 덕목을 두고 하나의 딜레마 상황에 봉착했을 때 정직한 사람, 덕을 갖춘 사람이면 이런 때 어떻게 말할까, 행동할까, 나도 그런 행동할 용기가 있는가 등의 질문을 하게 한다. 나아가 덕 윤리는 완벽한 인간적인 삶을 이상으로 삼기 때문에 이를 성취하기 위해 필요한 덕목, 덕성을 어떻게 형성하며 그 과정에 어떤 집단이 어떤 영향을 어떻게 미치는지도 검토한다. 우리의 삶에서 어린 시절 가정에서 부모를 비롯하여 학교에선 선생님, 교회, 친구 집단, 대중 문화 등은 물론 직장, 정부 등 각종의 제도까지 포함하는 사회화 주관자들이 있고 이들의 영향이 크다. 이런 상황에서 발생하는 윤리적 딜레마도 각자가 희망하고 추구하는 덕성이나 성품, 제도, 사회가 요구하는 성품과 행위 사이에서 생성하므로 이 문제도 다룰 수 있어야 한다.

더군다나 현대 사회에서는 사회 자체가 급변할 뿐 아니라 변질하여 다원화하고 세분화하여 안정적 통일성을 확보하기 어렵다. 그런 사회에서는 자연히 최소한의 도덕적 의무를 요구할 수는 있으나 도덕적인 성품을 품어서 그에 의하여 윤리적으로 옳은 행위를 하라고 요구할 수는 없다. "반드시 해야 하는 것(must do)은 아니지만 해야 하고(should do) 하는 것이 좋다(nice to do)"는 정도의 요구밖에 할 수 없다. 도덕적으로 해야 할 이유는 충분히 있으므로 권유 사항이기는 하지만 도덕적 의무 사항으로 요구하게끔 되어 있지는 않다는 것이다.

그리고 성품의 문제는 기본적으로 개인의 수준에 머무는 덕목이므로 사회의 수준에서 이를 실현하는 일은 별개의 문제로 그리 쉬운 과제가 아니다. 동기 부여의 문제가 있기 때문이다. 특히 오늘날과 같은 대규모의 도시적 대중 사회에서 과거 소규모 촌락 공동체 같은 맥락에서 적용하던 덕목을 그대로 실천하려 할 때는 거의 불가능한 일로 보일 수 있다. 그러나 최근의 덕 윤리학자 슬로트(M. Slote)는 이 문제에 대한 천착에 임하고 있다. 슬로트(황경식, 2009)에 의하면, 개인이 수행하는 행위가 정의롭기 위해서는 다른 사람에 대한 보살핌(care)과 공감 혹은 감정이입(empathy)의 기본적 동기가 기초가 되어 주어야 한다. 마찬가지로 한 사회의 법이나 제도가 정의롭기 위해서는 그것이 동료 시민들을 아끼고 배려하는 마음에 기반해야 한다. 사람들은 같은 사회의 구성원들을 보살피고자 하는 마음을 가질 수 있을 정도로 덕스러울 수 있다는 것이다. 사사롭거나 소규모 공동체의 특수 관계에서 갖는 보살핌과는 다는 차원에서 인도주의, 애국심 같은 데서 연유하는 보살핌과 감정이입이 현대 도시 대중 사회에서도 가능하다는 것이다. 이는 마치 유교의 '수신제가치국평천하(修身齊家治國平天下)'의 덕목처럼 각자 자신에게서 비롯하여 점차 그 관계의 범위를 넓혀가면서 동질적인 덕을 베풀 수 있다는 원리와 닮아 있다. 그래서 스로트의 인도주의적 보살핌의 덕 윤리를 센티멘털리즘(sentimentalism)의 덕 윤리라 부른다는 것이다(황경식, 2009 : 263-264).[6]

4. 사회윤리 분야의 실천적 쟁점

지금까지는 주로 사회윤리의 철학적 이론을 개관하였거니와, 이제 이 주제를 마무리하기 위해서 일반적으로 사회윤리 분야에서 중점적으로 다루는 주제들을 개괄적으로 소개하고 아울러 사회윤리의 실천적 규준도 개관한다. 지면의 제약을 고려하여 여기에는 주제들만 나열하고 해설은 하지 않는다.[7]

1) 윤리학의 철학적 주제

먼저 철학 분야에서 사회윤리의 문제로 부각시키는 주제부터 정리하면 다음과 같다.

① 보편적 가치 윤리
② 종교와 도덕의 관계

6) 덕 윤리의 철학적 문제점에 대한 논의는 생략하고 황경식(2008) 및 황경식(2009) 참조 요망.

7) 여기에 소개한 쟁점 사항들의 원천은 다음과 같다. 진교훈(2003) ; 황경식(2008) ; Carroll(2006) ; Mappes and Zembaty(2007).

③ 도덕적 가치와 인간의 심성
④ 한국의 전통적 도덕 관념
⑤ 분배 정의
⑥ 소유와 자유
⑦ 자유주의와 공동체주의
⑧ 자유와 간섭

2) 응용 사회윤리의 쟁점

다음으로는 응용 사회윤리 분야에서 집중적인 관심의 대상으로 취급하는 쟁점들은 아래와 같은 내용을 담는다.

(1) 생명 관련 쟁점

① 인공 임신 중절
② 안락사 및 의사의 보조 자살 : 자비로운 치사의 도덕성 문제
③ 사형 제도
④ 줄기세포 및 유전자 연구의 도덕성 문제

(2) 인권, 자유, 정의, 사회

① 언론 자유, 혐오성 연설, 외설물 및 정부의 통제와 검열
② 전쟁과 테러와 시민의 자유 및 인권
③ 세계의 기아와 빈곤의 쟁점
④ 마약 중독과 통제
⑤ 성차별 등 시민권의 차별과 국제적 차별

⑥ 성과 혼인 및 가족 윤리
⑦ 준법의 근거와 시민 불복종
⑧ 기업 경영 윤리와 직업윤리
⑨ 주거 윤리
⑩ 민주 시민 의식
⑪ 문화 예술과 윤리
⑫ 청년 문화와 윤리 의식

(3) 생태계와 지구 환경

① 지구 환경과 생태계 윤리
② 동물 애호 문제

이처럼 사회윤리 분야의 관심사가 워낙 다양하고 광범위하므로 본서에서는 그 중에서 주로 기업 부문과 직업 그리고 정보 사회의 사이버윤리 문제에 한정시키려고 한다.

3) 사회윤리의 실천적 규준

이 같은 쟁점들에 대해 판단할 때 기준은 어떤 것인가? 여기에서는 간단히 사회윤리의 실천 규준으로서 핵심적인 요소만 제시하고 이후 구체적인 사안에 대해 평가할 때 적절하게 적용하는 보기를 예시할 것이다(추병완, 2001).

① 해악성 기피 내지 금지(nonmaleficence) : 남에게 피해를 입히지 않는다.

② 존중(respect) : 타인의 인간 존엄성, 권리, 사생활 등을 존중한다.

③ 준법성(compliance) : 법과 규칙을 지킨다.

④ 책임성, 투명성(accountable transparency) : 해명이 가능하고 책임 소재가 분명하도록 투명하다.

⑤ 정직성(integrity) : 정직과 진정성으로 부정에 타협하지 않는다.

⑥ 사회 정의, 공정성(social justice, fairness) : 정의롭고 공정하다.

이러한 실천 규준들은 제 각기 위에서 요약한 윤리학 이론의 관점들을 부분적으로 반영하는 것임을 알 수 있다. 가령, ①~④의 항목들은 주로 결과주의적 쟁점으로 간주할 수 있다. 모두가 타인에게 관련 있는 행위를 다루며 이로써 여러 사람들의 행불행에 영향을 미치는 것이라고 할 것이다. 이에 비해 ⑤의 쟁점은 주로 비결과주의의 의무론이나 덕 윤리를 반영하고, ⑥은 그 중에서도 정의론을 직접 표상한다고 볼 수 있다. 물론 나머지 항목들도 근원적으로는 인간의 윤리적 동기라든지 덕성과 관계가 없는 것은 아니지만 직접적으로 이를 지목하는 내용은 아니라는 뜻이다.

제 3 장
한국 사회윤리의 쟁점

1. 한국의 사회윤리[1]

지금부터는 우리의 주제인 기업윤리, 직업윤리, 사이버윤리를 본격적으로 다루기에 앞서, 한국 사회에서 사회윤리의 문제가 어떤 것인지 간략하게 점검하기로 한다. 그러한 전반적인 사회윤리에 대한 문제 제기를 한 다음 초점을 좀더 특정화하기 위한 사전 초석으로 간주하면 좋을 것이다. 따라서 이 주제에 대해서는 자세한 해설은 하지 않고 개관만 하고자 한다.

1) 문제 제기

지난 반세기에 걸친 고도 경제 성장에 힘입어 우리나라는 2008

1) 이 부분에서 다루는 한국 사회윤리의 검토는 김경동(2007) 제6장의 내용을 축약, 수정한 것임.

년 현재 GDP 규모로 세계 15위의 위치에 서게 되었으나(『조선일보』, 2009. 7. 7, A6) 부패 인식 지수(Corruption Perception Index)는 180개국 중 40위를 점하였고(『조선일보』, 2009. 4. 13, A12), 국제 사회에서 아직도 부끄러운 별명 부패공화국(ROC, the Republic of Corruption)를 떼지 못하고 있다. 비록 개인의 단편적인 인상이지만, 얼마 전 우리나라에서 20여 년을 살아온 한 일본인 사업가가 한국 사회와 한국인을 비판하는 책을 써서 화제가 된 적이 있었는데, 그가 '맞아 죽을 각오'라는 제목으로 꼬집은 핵심은 '도덕성 마비'와 '부정부패'로 요약할 수 있다. 재일 한국계 작가의 최근 저서는 아예 『한국 : 윤리붕괴 1998-2008』이라는 제목을 달고 있다. 여기서 저자는 '자기중심주의적인 민족주의', '외모 중시와 허식 문화', '허언과 허세의 사회 관습' 그리고 '윤리 붕괴의 길에서 달리는 한국' 등의 장(章) 제목을 담고 있다(吳善花, 2008).

지난 1997년에 불어닥친 외환 금융 위기로 국제통화기금(IMF : International Monetary Fund)의 지원 아래 관리를 받아야만 하는 국치(國恥)의 상황에 처하게 된 배경에는 정치권을 비롯하여 공직 사회, 금융 기관, 기업체들의 지배 구조와 그에 따른 회계 문제를 위시한 거의 총체적이라 할 만한 부정부패와 비리가 주요 원인으로 작용하였다고 할 수 있다. 더욱 한심한 것은, 이러한 부정을 저지르고 범법을 한 사람들이 형사처벌을 받으면 자기는 "운이 나빠서" 혹은 "연줄(빽)이 없어서" 걸려들었을 뿐 속된 말로 "먼지 털어서 걸리지 않을 사람이 어디 있나" 하는 태도를 보인다는 점이다. 게다가 과거 부패기능론에 의하면 "부정부패가 보편화되어 있는 국가에서는 부패가 경제 성장의 윤활유로서 순기능을 할 수도 있었다"는 식의 논리로 자칫 부패 옹호론마저 주장하는 형편이다. 이런 상황에서는 부패가 만연하고 고질적으로 존속하는 기업체나 국가가 성장을 지속할 수 없고 후진성을 면할 수 없다는 점을 상기시킬 수밖에 없다.

2) 한국 사회윤리의 현주소

(1) 사회윤리 문제의 일반적 특성 개관

한국의 사회윤리 문제를 개관하기에 앞서 우리 사회가 안고 있는 윤리적인 문제점의 일반적인 특성부터 간략하게 살펴볼 필요가 있다. 여기에는 다음과 같은 요소들을 지적할 수 있을 것이다.

① 가치관의 황폐 : 황금만능, 물질지상, 출세 지향, 권력 추구, 정신 가치 경시, 정신 황폐화, 도덕성 마비

② 규범 질서의 난맥 : 목표지상주의 집착에 의한 편법주의, 무규범(anomie, normlessness), 무권위, 무원칙, 무질서(기초 질서 무시), 무염치, 무례 만연

③ 책임 의식 부재 : 국가 운영, 기업 경영, 사회 관리에서 책임지는 사람 없는 상황, 무성의, 불성실, 불철저한 적당주의로 인한 부실

④ 합리성 결여 : 무상식, 무분별, 무자각, 무절제, 무경위(無涇渭), 무리, 무모한 의식과 행동, '떼쓰기' 식 행동('떼한민국')

⑤ 신뢰성 붕괴 : 부정직, 신용 불량, 상대방 위해, 상대의 친절 악용 등 불신과 냉소주의 만연

⑥ 공정성 결여 : 특권과 자원 배분상의 불공정으로 인한 불

평불만 야기, 불공정 경쟁에서 억울한 패자 양산

⑦ 공익 정신 부족 : 선공후사(先公後私), 선우후락(先憂後樂)의 공익 정신 결여, 솔선수범의 노블레스 오블리주(noblesse oblige) 정신 부족

⑧ 사회 의식 결핍 : 사회적 무감각 증세, 남을 먼저 생각하는 공동체적 사회 의식 불감증, '남이야' 식 자의적 행동

⑨ 목적 중시 절차 무시 : 목적이 중요하고 정당하다는 명분 아래 수단의 합리성과 절차적 합법성을 소홀히 하는 성향

⑩ 그러나 무엇보다도 가장 심각한 문제점은 이 같은 질서 교란과 규칙 위반에 대한 사회적 무관심 내지 죄의식의 결핍

(2) 부조리의 성격

사회윤리와 관련해서 우리 사회의 주된 부조리 현상의 성격을 간추리면 대략 다음과 같다.

① 사회 전반에 만연한 부정부패

② 비리에 대하여 갖는 책임 회피 의식

③ 부정한 행동을 하는 사람들이 죄의식을 느끼지 않는 '도덕적 마비 상태'

④ 이 모든 부조리의 가장 기본적인 성격으로서 다반사의 '규칙 위반'

(3) 부조리의 대표적 유형

구체적으로 문제가 되는 부조리의 모습은 어떤 것인가?

①첫째, '정경 유착'이다. 이는 잘못되면 한 국가의 근간을 흔들어놓는 심각한 부조리다. 본래 정치와 경제는 서로 밀접하게 얽혀 있어서 정치가 잘 되어야 경제가 순탄하고, 경제가 잘 뻗어야 정치도 안정을 찾는다. 그런데 정경 유착은 경제가 경제 원리대로 운영이 되지 않고 정치 논리가 좌우하게끔 하므로 경제가 망가지게 되고 결국 국가에 손해가 온다.

②둘째, 관치 경제, 관치 금융의 비리다. 관료들이 민간 부문의 경제 운영에 지나치게 간섭을 하는 관치 경제는 근원적으로 부정과 비리가 싹틀 소지를 안고 있다. 관치 경제의 전형적인 폐해가 관치 금융이며 이런 관행은 비단 부조리만 낳는 것이 아니라 국민 경제에 타격을 주는 결과를 가져온다.

③셋째, 일상적인 업무와 관련해서 민원, 인허가, 규제 감독 등의 부서에서 일과 관계있는 민간으로부터 일정한 상납금을 받고 편의를 봐주는 형식의 부조리다. 소위 '인정(人情)'이라는 이름의 '급행료' 형태로 뇌물을 주고받는 관행은 민간 기업 부문에서도 행해지며 심지어 학교에서조차 '촌지'와 교원 채용과 입학에 관련한 금품 수수가 일어나기도 한다. 이런 유형의 비리는 종류도 다양하고 일상적으로 수없이 일어난다고 보아야 할 것이다.

④넷째, '화이트 컬러 범죄'의 한 유형으로 공직자나 회사원의 공금 횡령, 비자금 조성에 의한 정치 자금, 뇌물 공여 등의 부조리도 있다.

⑤다섯째, 일상생활에서 가장 보편적으로 자행되는 사소한 규칙 위반과 질서 교란 행위들은 바로 사회적 기초 수준에서 일어나는 부조리다. 교통 규칙 위반, 새치기, 쓰레기 함부로 버리기, 침 뱉기 등과 같은 경범 행위들인데, 이런 것이 별 거 아

니라는 의식이 팽배하다.

이 같은 사회윤리와 관련된 의식과 행태는 사회를 구성하는 주요 부문별로 앞서 제2장 말미에 제시한 사회윤리 실천 규준의 관점에서 검토할 필요가 있다([그림 3-1] 참조).

이제는 이 그림에서 제시한 세 가지 주요 부문의 윤리 문제를 개관하려니와 이 중 시장 부문은 기업 경영 윤리 및 직업윤리를 다룰 때 따로 취급할 터이므로 뒤로 미루고 나머지 두 부문, 국가와 시민사회 부문에만 논의를 국한한다. 이 중에서도 국가 부문의 공무원 윤리 문제는 직업윤리의 일부로 언급하게 될 터이고, 사이버윤리도 별도로 검토한다는 점을 미리 밝혀둔다.

[그림 3-1] 사회 주요 부문의 사회윤리 영역

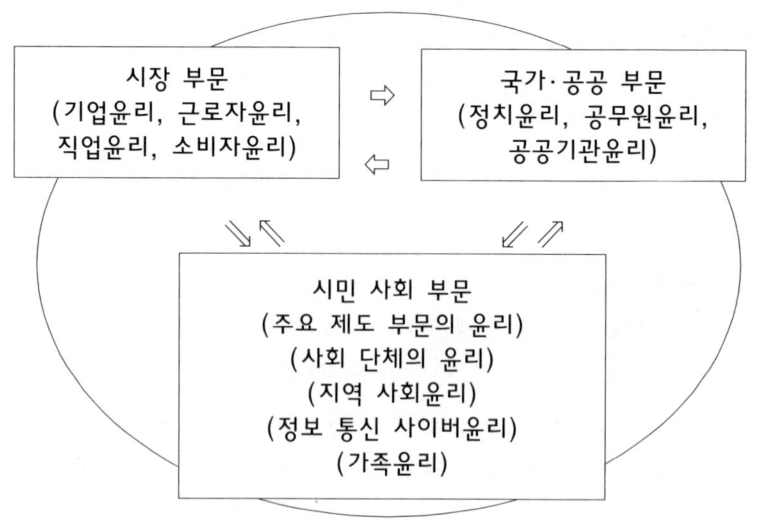

(4) 국가 공공 부문

국가 부문의 윤리 문제는 상당 부분 시장 부문의 기업 경영 윤리와 중첩하고 연관성이 있다는 점에 유의하면서 주요 내용을 간추린다.

가) 정치 윤리

① 정치 자금 조성의 비리(준법성, 투명성, 정직성)

② 비민주적이고 부실한 정당 정치로 인한 비리 및 공작 정치(공정성, 정직성, 준법성, 존중)

③ 취약한 삼권 분립 아래의 미숙한 의회 제도 내의 선출직 공직자의 부적절한 행위(책임성, 준법성)

④ 선거 과정의 인신 공격(character assassination), 흑색선전, 허위 사실 유포 등 선거 운동 비리, 선거 자금 부정(해악성, 준법성, 사회 정의, 투명성, 정직성, 존중)

⑤ 정치인의 특권 의식, 권력 남용, 규칙 무시, 준법 의식 결여, 편법적 경쟁, 인사 개입(준법성, 책임성, 공정성, 정직성)

⑥ 정치인의 실언, 식언, 망언, 말 뒤집기, 거짓말, 공약 불이행(정직성, 투명성)

나) 관료 윤리

① 뇌물 수수, 배임, 공금 유용, 공공 자산 및 예산 낭비 등 재산상의 부정(정직성, 준법성, 투명성, 책임성)

② 권력 남용, 특권 의식, 적당주의 편법, 형식주의 무사안일,

복지부동, 부처이기주의, 인사 비리 등 업무상 비행(책임성, 정직성, 투명성, 준법성, 사회 정의)

다) 기타 공공 기관의 공직 윤리

① 공기업 분야의 불공정 관행, 조세 비리, 횡령, 예산 낭비, 비효율적 방만 경영(정직성, 준법성, 책임성, 투명성)

② 기타 공공 기관(연구소, 부처 산하 기관 등)의 무사안일, 업무 중복, 비효율적 운용(책임성)

(5) 시민 사회 부문

① 제3섹터(the Third Sector)로서 시민사회의 제도 부문(교육, 과학, 문화, 언론, 연예, 종교, 의료, 복지, 여가 등)에서 자행하는 부정, 비리, 불공정, 불균등의 문제(정직성, 준법성, 책임성, 투명성, 사회 정의)

② 시민사회의 자발적 부문(Voluntary Sector)의 애드보커시(advocacy) 시민 운동 단체, 이익 집단, 직업 중심의 전문 단체, 자원 봉사 기관 등의 부정, 비리, 불공정, 불균등의 문제(책임성, 정직성, 투명성, 사회 정의)

③ 지역 사회의 지역이기주의, 님비(NIMBY, Not In My Back Yard) 현상, 이웃 간의 무관심과 불목 등 문제(책임성, 공정성, 존중)

④ 일상 생활 세계의 기초 질서 무시와 기본 규칙 위반(준법성, 존중)

⑤ 사이버 공간의 ID 도용, 차용, 무단 복제 · 이용, 유언비

어, 흑색선전, 비방 욕설, 사이버 범죄, 사이버 테러 등 문제점(해악성, 정직성, 책임성, 준법성, 공정성, 존중)

⑥ 가족 성원 간 윤리적 규범상 변화

3) 한국 사회윤리 문제의 뿌리

(1) 역사적 배경과 급격한 사회 변동의 여파

어느 사회나 부정과 부패는 있다. 다만 근대화 과정에서 사회 생활을 합리화하고 법대로 사는 법을 정착시킨 곳은 질서를 존중하고 규칙을 지키는 선진 사회로 발전하였다. 이것이 합리화의 핵심인 동시에 사회윤리가 바로 서는 기본이다. 이에 비해 우리나라는 불행한 역사와 급격한 변동의 충격으로 왜곡이 일어난 셈이다.

① 근대화 이전의 왕조 시대에 이미 탐관오리에 의한 부정부패의 역사가 뿌리 깊었고 이를 시정하고 합리화하려는 노력이 있었으나 극복하지 못한 것이 식민지가 되는 원인이었다.

② 일제 식민지 정책은 조선의 관리와 인민을 철저히 부패시켜서 역이용하려 했다.

③ 광복 후 혼란기를 거치며 정상화할 겨를도 없이 전쟁이 발발하여 극한적 생존 경쟁의 와중에서 기존의 모든 질서를 일거에 무너뜨리는 무서운 위력으로 혼란을 가중시켰다.

④ 거기에 편승한 정치 세력과 관료들의 부정부패 일소를 명분으로 4.·19학생혁명운동, 5·16군사쿠데타가 일어났으나 두 번의 쿠데타는 더 근원적인 규칙 위반이었다.

⑤ 이후의 고도 경제 개발 과정에서 기업에 대한 특혜, 정치 자금 형성, 정경 유착, 관치 경제, 관치 금융의 부조리가 생성되었다.

⑥ 소위 민주화 세력도 정권 장악 후에는 부정과 비리에서 자유롭지 못하였다.

⑦ 특히 이념적 교조주의와 독선으로 법보다 상위에 있다는 착각을 초래하고 목적을 위해서는 수단을 가리지 않는 질서 파괴의 원천이 되었다.

⑧ 정보화의 밀물이 닥쳐와 혼란은 더욱 가중되고 있다.

요는 한국 사회가 지난 한 세기여에 걸쳐 매우 급속하고 격렬한 변동의 소용돌이 속에 역사의 단절을 경험하는 과정에서 기존의 가치·규범 체계와 전통이 퇴색하는 반면에 이를 대치할 새로운 외래 문화의 토착적 재편이 미완성 상태에서 뚜렷한 목표와 기준을 찾지 못한 채 국민의 가치관에는 심각한 교란이 일어났다. 규칙 준수나 질서 존중보다는 편법주의와 '전부 아니면 전무(all-or-nothing)'의 제로섬 게임(zero-sum game)에 의한 극한 경쟁의 가치관, 규칙대로 행동하고 질서를 지키면 손해만 본다는 왜곡된 의식이 팽배하게 되었다. 현재 우리의 문명사적 특징은 과거의 농경 사회 전통, 일제 식민지 유산, 미국의 지아이 군사 문화(GI culture)에다 대중 문화의 발호 그리고 오늘날 정보 사회의 사이버 문화까지 우리의 의식과 행동을 좌우하는 지경에 이르러 혼란이 심각해진 것이다.

이 같은 급격한 사회 변동 속에서 변화된 국내외의 환경에 적합한 새로운 제도적 법률적 시스템의 개편이 미처 따라가지 못하는 문화적 구조적 지체(cultural-structural lag) 현상으로 혼돈은 더욱 심각해지고 있다. 이런 때 국가 발전의 목표도 뚜렷하지 않고 도덕적으로 정당한 사회의 구심점도 부재하니 나라의 진로나 방향 감각의 상실이 심각하다. 모두 자기 중심적 목표를 지향하고 자의적인 잣대로 판단하는 무질서가 만연하며 목소리를 크게 내고 우기면 통하는 세상('떼한민국')이 되었다. 그 와중에도 쉽사리 변하지 않고 끈질기게 오늘의 삶에 영향을 미치는 전통적 요소들이 존재한다. 그 하나는 한국 사회에 특이하게 두드러진 몇 가지 주요 사회 조직 원리요, 다른 하나는 가산제적 지배와 천민자본주의 유산이다.

(2) 한국 사회의 전통적 조직 원리

한국 사회의 조직 원리와 인간 관계의 전형에는 윤리적 문제가 제기될 소지가 깃들어 있다. 본래 전통적인 원리들인데 여기에서 근본적인 변화를 경험하지 못한 채로 현재까지 영향을 미치는 요소라 할 수 있다. 이들은 긍정과 부정의 양면성이 있어서 시대가 혼란할 때는 대체로 부정적인 방향으로 흐를 확률이 높아진다.

① 정서주의(Emotionalism) : 인간 관계의 합리성에 지장을 줄 소지가 있는 '기분파 인생'이라는 속어가 지목하는 감성주의는 한국인의 독특한 정서적이고 감성적인 성향을 반영한다. 이런 감성 우세는 예술 분야에서는 탁월한 재능을 발휘하는 원동력이 될 수 있지만, 합리성을 요구하는 학문이나 인간 관계에서는 상대적으로 수월성을 확보하기가 어렵다.

② 인정주의(Personalism) : 정서주의의 발로로서 모든 인간

관계를 정의적(情誼的)인 것으로 만들고자 하며 사무적이고 비인격적이고 수단적인(instrumental) 상호작용보다는 친밀한 '인간적인' 상호작용을 선호한다. 합리성을 요하는 인간 관계나 사회적 관행에서는 인정이 부정부패로 변질할 소지를 배제하기가 어렵다. 과거에 뇌물이나 아랫사람에게 주는 팁(tip)을 '인정'이라 불렀던 관행을 이미 언급하였거니와, 인정주의가 따뜻한 인간 관계를 가리키면서 동시에 비합리적 행위의 온상이 될 수 있다.

③ 연고주의(Connectionism) : 인정주의적 성향은 자연히 혈연, 지연, 학연, 직(職)연, 군(軍)연, 기타 동시대 경험자(cohort) 중심의 특수 관계, 즉 연줄을 중시하며 보편주의적 평가보다는 특수주의적 이해 관계에 기초한 정실주의에 쏠려 특혜와 부정 비리를 유발할 수 있다. 이러한 연고는 오늘날 사회적 자본(social capital)의 한 종류로 매우 중요한 것이라는 관념이 있지만, 이때 보편주의를 지향하지 못하고 연고에 의거한 특수주의로 폐쇄적 관계망이 생기면 자칫 파당주의(패거리, factionalism)로 흐를 수 있다는 것이 문제다.

④ 집합주의(Collectivism) : 유교적 전통의 집단 중심적 성향, 특히 강력한 가족주의(Familism)가 작용하여 가족이기주의, 집단이기주의로 발전하기 쉽고 인정주의, 연고주의와 조합하면 특혜와 부정 비리를 조장할 여지가 크다. 또한 집단 중심의 사고와 관행은 개인의 이니셔티브(initiative)라든지 창의성을 억제하는 결과를 초래할 수도 있다.

⑤ 위계 서열적 권위주의(Hierarchical Authoritarianism) : 한국 언어의 존댓말처럼 인간 관계의 상하 구별이 뚜렷한 위계 서열적 원리가 지배하고, 거기에 중앙 집권적 전통으로 말

미암은 권위의 집중과 배타적 엘리트주의를 특색으로 하는 권위주의가 만연하며, 특히 가부장적 상하 남녀 관계와 남존여비의 권위주의, 이로 인한 특권 의식의 팽배가 문제가 된다. 이는 비단 개인 간의 사회적 상호작용에서 뿐 아니라 조직체 안의 인간 관계에서 상하 위계 질서를 강조함으로써 개성을 표현하기가 어려워지는 문제가 있다.

⑥ 지위 · 권력지향성(Status-Power Orientation) : 권위주의의 여파로 감투를 매우 좋아하는 지위 및 권력 지향적 성향이 강하게 작용한다. 권위주의적 권력의 집중과 그에 따른 특권의 증가는 자연히 사람들로 하여금 지위 상승에 관심을 쏟게 하고 거기서 누리는 권력을 남용하기 쉬운 문제가 발생할 수 있다.

⑦ 평등주의 평준화 의식(Egalitarian Leveling Tendency) : 권위와 지위 및 권력을 선호하면서도 다른 한편으로는 모든 사람이 다 똑같아야 한다는 모순된 강박 관념이 강해서 남이 잘되는 것을 견디지 못하고 자신의 상대적 조건을 두고 불평불만이 팽배한 것도 한국 사회의 한 특징이다. 이른바 평준화 의식이라고도 할 수 있는 이런 성향으로 말미암아 교육 부문에서 자주 드러나듯이 잘못하면 만사에서 하향 평준화를 유도하는 우를 범할 수도 있다.

⑧ 도덕주의적 폐쇄성(Moralistic Closed-mindedness) : 스스로 도덕적인 인간이 되려 하기보다 남의 행동에 대해 엄격하면서도 자신과 가족, 패거리, 연고 집단의 행동에는 관대한 도덕주의적 성향 탓에 내부적(in-group)으로는 의리를 중시하나 외집단(out-group)에 대해서는 폐쇄적이고 배타적이며 적대시와 보복의 태도를 드러내기도 한다. 이는 앞에서 지적한 연고주의와도 일맥상통하는 것으로 여기에 도덕적 판단의 폐

쇄성이 곁들이는 것이 특징이다.

⑨ 형식주의적 의례주의(Formalistic Ritualism)와 명분론(Pretext) : 유일신 사상과 죄의식이 결여한 세속주의적 동양사회의 윤리관에는 내면적인 죄의식(guilt)보다 외적인 수치심(shame) 내지 체면(face)과 명분을 중시하는 성향이 강하다. 따라서 형식적으로 의례와 명분을 내세워 자신의 부정을 정당화하려는 경향이 생길 수 있다.

⑩ 극단적 양분법적 흑백 논리(Extreme Binary Mentality) : 한국인의 의식에는 만사를 '이것 아니면 저것(either-or)'으로 흑백을 분명이 갈라 대립적으로 사고하려는 성향이 있다. 이렇게 갈라놓으면 중간 지대를 허용하지 않고 중도를 회색분자로 낙인찍는 극단적 배타주의를 배태할 수 있다.

(3) 가산제적 지배와 관료주의의 유산

가산제적 지배(patrimonial domination)란 막스 베버(Max Weber)가 중국에서 서양식 근대 자본주의가 발달하지 못한 요인을 정치 경제적 여건에서 탐색하는 과정에서 밝혀낸 특수한 지배 구조를 일컫는다(Weber, 1951). 이 이론을 한국의 전통적 지배 구조에다 적용한 것은 미국의 사회학자 노먼 제이콥스(Norman Jacobs)다(Jacobs, 1985). 이는 기본적으로 가부장적(patriarchal) 가족 지배의 원리를 사회 전반의 조직 원리로 거의 그대로 전치하여 가산 국가적 정치, 가산 관료적 지배, 가산 세습적 경제로 구성한 유형이 된 것이다. 따라서 통치자와 신하(막료)의 관계는 부자간의 부권과 효성에 따른 인격적 무조건적 복종 관계로 확대하여 절대적 충성에 대한 은사의 관계가 된다.

기능적으로는 신하란 통치자의 행정을 돕는 보조자로서 통치자의 자의적인 요구와 인사권이 좌우하는 위치에 있고 녹봉으로 서비스를 보상하며 이직과 동시에 보상은 끝난다. 이들 관료 집단은 통치자를 대신하여 전체 신민과 제도와 집단을 통제하는 막강한 힘을 발휘하지만, 관료 집단 간 갈등은 통치자의 환심을 사서 특권을 누리기 위한 경쟁의 모습으로 나타날 수는 있으나 통치자에 대한 도전은 허용하지 않는다. 이 같은 중앙 집권적 정치 경제의 구조를 관리하는 집단이 관료 조직체며, 그러한 지배 구조 아래 통치자는 백성을 먹여살릴 도덕적 의무가 있는 반면, 생산과 유통, 비축, 소비, 상공업과 무역 등 경제 전반도 정치가 간여한다.

우리 사회에 남아 있는 정치 문화의 중앙 집권적 성향, 국가주의, 정치중심주의, 관료주의적 엘리트주의, 지위 · 권력 지향성, 권위주의, 도덕주의, 명분 중시의 형식주의, 결벽성, 저항성, 보수성, 배타적 폐쇄성, 사대주의, 법치보다 인치, 보스 중심 패거리 정치, 집합주의적 연고주의 파벌, 인정주의적 의리, 극한 경쟁과 보복의 정치 문화, 관료의 부패와 가렴주구, 준봉(遵奉)과 숙명론 등도 그 뿌리는 한국의 전통적 사회 조직 원리와 가산제에 있다 해도 과언이 아니다(김경동, 1993 ; Kim, 1993). 이러한 가산제적 유산은 기업 경영 분야에서도 가산제적 경영 문화로 이전하여 소유의 집중, 집단이기주의, 전문화 부재, 책임 경영 결여, 의사 결정과 의사 소통의 권위주의적 집중, 가부장적 노사 관계 등에서 영향을 미쳐왔다.

(4) 천민자본주의적 유산

특히 기업 부문에서는 천민자본주의적 요소가 강하게 남아 있어서 기업윤리 문제를 일으키는 온상이 되고 있다. 천민자본주의 또한 베버(Weber, 1968)가 도입한 개념이다. 근대 자본주의의 합리적 산업 경영에 기초하지 않고 상업과 금융업(특히 고리대금업)으로 특이한 지위를 차지했던 유대인들의 상업 활동을 지목한 데서 유래한 개념으로서, 유대인들은 상업 활동 자체를 합법적으로 인정하지 않고 제한을 두었던 유럽의 중세 봉건 사회에서 스스로 천민 민족(Pariavolk)을 자처하며 제도권에 기생하여 이득을 취했던 것을 지칭한다. 천민자본주의는 비합리적이며 정치 기생적인 것이 특색으로, 유대인뿐 아니라 근대 이전의 영리 활동이 일반적으로 지니고 있었던 특징으로 보기도 한다.

근대의 합리적 자본주의는 이 같은 천민자본주의의 정치 기생적 비합리성과 집단이기주의를 극복하고 보편적 경제 원칙을 따르는 자본주의 정신에 기초한 경제 체제다. 노동 생산 자체가 인생의 의무이고, 엄격한 규율과 조직 원리에 준하여 직책에 헌신하는 금욕적이고 윤리적인 활동으로 간주하며, 영리 획득 행위도 근검 절약의 생활 윤리와 합리적인 경제 윤리로 무장한 전문인의 금욕적 직업윤리에 의거하여 이루어지는 것으로 규정한다.

여기에 비할 때 우리 사회의 자본주의는 역사적 전개 과정에서 식민지 자본주의, 전시(戰時) 자본주의, 개발 지향 국가(Developmentalist State)의 정부 주도형 자본주의와 같은 혼합적 성격을 띠면서 왜곡된 모습으로 전개해왔으므로 이념형적인 합리적 근대 자본주의와는 거리가 있다. 결국은 다분히 집단이기주의적 성향이 강한 천민자본주의의 성격을 띠게 됨으로써 여러 가지 사회윤리의 문제를 일으키게 되었다고 할 수 있다.

이러한 사회 문화적 역사적 배경을 염두에 두고 한국 사회의 윤리 문제를 이해하는 것이 체계적 접근을 위해 유용하다 하겠다. 다만 이 장에서 별도로 이 문제를 언급하는 이유는 앞으로 기업 경영 윤리. 직업윤리, 사이버윤리 등을 고찰할 때 이러한 역사적 문화적 배경을 일일이 지적하면서 검토하기는 번거로운 터이므로 아예 여기에 집중적으로 정리하고 지나가려고 한 것이다.

제4장
기업윤리의 쟁점과 제도

사회윤리의 이론적 기초와 한국의 사회윤리 전반에 대한 검토를 배경으로 하고 이어 이제는 기업 경영 분야의 윤리 문제를 논의하기로 한다. 여기서 말하는 기업윤리란 영어로 Business Ethics를 가리킨다. Business라 하면 영리적인 사업 자체를 일컫기도 하고 그런 기업 활동을 운영하는 조직체, 즉 기업체를 뜻하는 말이기도 하다. 따라서 Business Ethics는 자연스럽게 기업체라는 조직체의 맥락에서 경영 활동을 하는 데서 발생하는 윤리적인 쟁점에 관련된 문제를 다루게 된다. 물론 우리의 직접적인 관심사는 기업윤리학이 아니고 기업윤리의 실천적 쟁점이다. 일부에서는 윤리경영이라는 표현을 쓰고 이를 Ethical Management 혹은 Ethics in Management로 이해하는데, 실상 서방의 기업윤리 분야에서는 Ethical Decision-Making, Ethical Action, Ethical Practices, Ethical Marketing, Ethical Leadership 등의 구체적인 기업 경영 활동을 지목하는 용법은 자주 나오지만 일반적인 윤리경영이라는 용어를 쓰지 않는다. 그러므로 본서에서는 보편적인 Business Ethics, 즉 기업윤리라는 용법을 채택하기로 한다.

1. 기업윤리의 기본적 고려 사항

1) 기업윤리의 역사적 배경

먼저 기업윤리가 문제시되기 시작한 배경을 시대적 상황에 비추어 개관하면 대체로 1980년대 정보 통신 기술의 혁신과 전지구화(globalization)라는 두 가지 거대한 사회 변동의 이면에 세계적인 주요 기업체에서 불상사가 발생하는 현상이 서서히 표면화한 데서 볼 수 있다. 이러한 사건은 사실상 기업 경영 활동 전반에 걸쳐 일어났으며 그 충격은 가히 전 지구적인 것으로 나타난 것이다. 이에 미국을 중심으로 기업 부문에서는 위기 관리 차원에서 우선 문제의 핵심을 파고드는 자가 비판의 시도가 있게 되었다. 기업윤리에 대한 관심은 대체로 이 같은 시대적 상황을 반영하는 하나의 기도라 할 수 있다. 이 과정에서 소위 가치 전환(value shift)의 필요성이 대두하게 되었고 그것이 곧 윤리 문제로 귀착한 셈이다. 일본이나 우리나라에서도 이 문제는 대략 1990년대부터 관심의 대상으로 떠오르며 세계적인 추세에 발맞추려는 방향으로 전개하고 있다(신유근, 1994 ; Paine, 2003 ; 김정년 2008 ; 中村瑞穗, 2007).

요약컨대, 기업윤리가 쟁점화하는 시대적 맥락은 '기업체 불상사' ⇒ '위기 관리' ⇒ '가치 전환'의 흐름을 거치며 오늘에 이르게 되었다. 일단 불상사가 일어나자 법적인 처벌이 내려지면서 동시에 사회적 비난과 비판의 목소리가 드높아졌고 이에 대응하는 문제가 시급하였다. 위기 관리 문제를 우선적으로 조직체 내부의 기능적 차원에서 다루어야 했고 여기에 가치와 윤리를 적용하지 않을 수 없게 되었다. 아울러 기업체의 불상사는 곧바로 시장에서 점하는 지위에 영향을 미치므로 대시장 전략에서도 가치와 윤리 문제가 등장하지 않을 수 없었다. 그러나 문제는 거기서 그치지 않고 이제는 전 사회적 차원에서 위기 관리를 서둘러야 했으며 여기에도 가치와 윤리가 주요 화두로 떠올랐다. 그리고 이제는 전 지구적 가치 문제로 번져 나가는 단계에 왔다.

[표 4-1] 기업윤리의 법률준수형과 가치공유형 비교

윤리 관련 사항	법률준수형	가치공유형
정신적 기반	외부에서 강요하는 기준에 적합	스스로 선정한 기준에 따르는 자기 규제
강령의 특징	상세하고 구체적인 금지 조항	추상성이 높은 원칙 위주
목적	비합법적 행위의 방지	책임 있는 행위의 실행
리더십	변호사가 주도	경영자가 주도
관리 수단	감사와 내부 통제	책임을 수반하는 권한 위임
상담 창구	내부 통보 제도(핫라인)	사내 상담 창구(헬프라인)
교육 방법	강의식 수동적 연수	케이스 방법을 포함 능동적 참여 연수
재량 범위	개인 재량 범위 축소	개인 재량 범위 내의 자율성
인간관	물질적 자기 이익 추구형 자립적 존재	물질적 자기 이익뿐 아닌 가치, 이상, 동료도 배려하는 사회적 존재

다만 이러한 가치 전환의 과정에서 1990년대 미국의 업계에서는 중요한 질적 변화를 경험하게 된다. 초기에는 일단 급한 대응책으로서 법률 준수, 즉 컴플라이언스(compliance)의 차원에서 가치를 확립해야 할 필요가 생겼으나, 이제 전 사회적,

전 지구적 평가를 받아야 하므로, 결국은 소극적 법률 준수에 머물 수 없고 모든 이해 당사자를 아우르는 가치 공유(value sharing) 수준으로 윤리 문제가 확대하게 된 것이 오늘의 현실이다. 이 두 가지 유형의 기업윤리를 비교하기 위한 표를 [표 4-1]에 제시한다(梅津光弘, 2002, 134 ; 中村瑞穂, 2007 : 9).

2) 기업윤리의 가치 기준과 윤리적 수준

우선 기업윤리가 가장 초보적으로 문제 삼는 가치 기준에 대한 생각을 정리하고 진행하는 것이 도움이 되겠다. 본시 기업 활동의 주목적은 이윤 창출(돈벌이)이다. 그런데 여기에 위에서 개관한 시대적 요청에 따라 윤리 문제가 개입하면서 기업 가치의 구도 자체가 변경을 요하게 되었다. 이에 그 둘 사이의 양립 가능성이 문제가 된 것이다. 이 문제를 개략적으로 정리하는 방법은 아래 [그림 4-1]로 요약할 만하다(梅津光弘, 2002, 5).

[그림 4-1] 기업 활동과 윤리의 가치 기준 관계

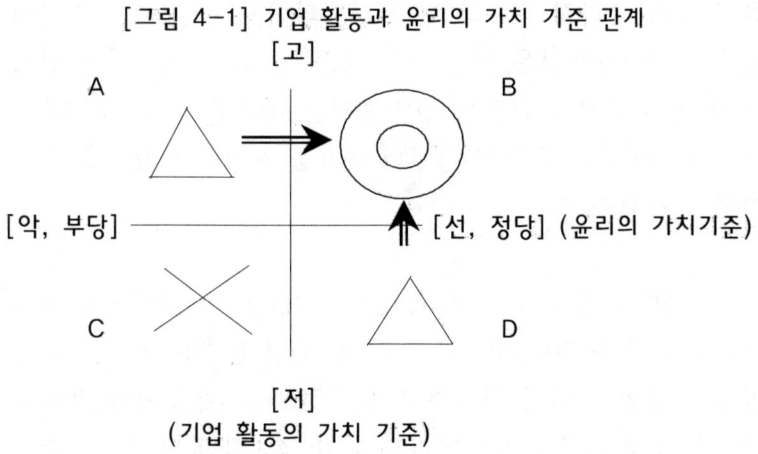

이 그림에서 상하 축은 기업의 원래 목표인 부의 창출, 즉 이윤 획득의 가치를 표상하고, 좌우 축은 윤리 가치를 나타낸다고 했을 때, 이상적인 기업 가치 기준에 의하면 C 모형은 돈도 벌지 못하고 윤리적으로도 선하지도 정당하지도 못한 부류로서 누구도 바라지 않는 유형이다. 반대로 그 대각선에 선 B 모형은 돈도 벌고 윤리적으로도 착한 기업 모형이므로 바람직하다. 나머지 A나 D 모형은 가능한 대로 이상적인 B 모형으로 전환하게끔 노력해야 할 잔여 모형에 해당한다. 대개 지금까지 인습적인 관념은 사업이라는 것은 수단 방법 가리지 않아야 돈을 벌 수 있다는 식으로, 이 두 가지 가치가 양립 불가능한 것으로 간주해왔다. 하지만 21세기의 기업은 이제 그러한 좁은 생각에서 탈피해야 함을 암시하고 있다. 오히려 윤리적으로 우월한 기업체가 재정적으로나 이윤에서도 앞선다는 연구 결과가 있는 게 사실이다(Robbins and Judge, 2007).

한편, 기업체가 이윤 추구와 윤리적 고려 사이에 일정한 긴장이 있을 수 있다는 가정 아래 이 둘의 균형을 찾아가는 과정을 일종의 윤리적 수준의 발전 단계의 틀로 규정하는 접근이 있을 수 있다(유성은, 2007 : 86 ; 김성수, 2009 : 36). 이는 반드시 역사적 전개의 순차를 반영하지는 않지만, 기업 조직체가 달성하고자 하는 윤리적 경영의 목표를 시사하는 틀이므로 여기에 소개한다.

① 제1단계(무도덕 단계. Amoral Stage) : 이 단계에는 윤리 도덕의 문제를 전혀 고려하지 않고, 창업자 혹은 기업가와 경영자가 유일한 이해 관계자로 간주하고 혹 부도덕한 행위로 처벌을 받고 대가를 치르더라도 이익 극대화만 달성하는 것이

목표다.

② 제2단계(준법 단계. Legalistic Stage) : 법규만 지키고 위법 행위만 없으면 곧 윤리적이라는 인식으로 더 이상의 도덕적 문제를 윤리적 관점에서 고려하지 않는다.

③ 제3단계(대응 단계. Responsive Stage) : 일단 윤리 문제를 인식하고 기업의 사회적 책임을 다하는 것이 기업 활동에 이득이 된다는 인식으로 지역 사회 봉사 등으로 대외 이미지 제고라는 홍보 효과를 겨냥하여 사회 공헌 책임에 임한다.

④ 제4단계(윤리관 태동 단계. Emerging Ethical Stage) : 기업윤리와 이익 추구면의 경영성과 실현 사이의 균형을 추구하여 기업 목표와 경영 이념에 윤리를 반영하고자 기업 신조, 윤리 강령을 제정 발표하고 윤리위원회의 조직, 윤리사무국 설치 등 제도적 정착을 시도한다.

⑤ 제5단계(발전된 윤리 단계. Developed Ethical Stage) : 기업 경영에 윤리를 우선한다는 신념을 확립하고 기업윤리관과 원칙을 천명할 뿐 아니라 이를 실천하는 행동에 나섬으로써 발전된 윤리경영의 명성을 유지한다.

이 같은 단계적 접근은 실지로 기업체들의 윤리경영을 평가하는 척도로 활용할 수 있다는 이점이 있다.

3) 기업윤리의 구성 요소

그러면 기업윤리의 주요 구성 요소는 무엇인가? 이를 설명하기보다는 역시 도식으로 축약하여 제시하는 것이 유용하다. [그림 4-2]를 참조하면, 우선 윤리 문제의 이해는 이론적인 바탕을 필요로 한다(梅津光弘, 2002 : 7). 이는 주로 실천적 규범

윤리임을 위에서 밝혔고, 이 분야에서는 기업 활동이나 경영 현장에서 일어나는 윤리적인 쟁점을 다루고 행위를 지배하는 윤리 원칙과 윤리적 정당화 작업이 주된 임무가 된다. 다음 실천으로 옮아가면 경영상 여러 행위 맥락과 기업체의 대내외적 쟁점 및 과제와 관련한 일상적인 행위의 영역을 모두 망라한다. 가령 의사 결정, 특정 행위의 통제, 사례(case) 토론 등의 과제를 익히는 일 등이다. 마지막으로는 기업체 내부와 민간 지원 분야 및 공적 지원 등에서 실행에 옮길 수 있는 제도를 갖추는 과제다. 중요한 것은 이 세 수준 내지 측면의 기업윤리 문제는 상호간에 영향을 미치면서 필요에 따라 서로 적응하고 변경하며 발전해나가야 하는 관계에 있다는 점이다.

[그림 4-2] 기업윤리의 세 가지 구성 요소

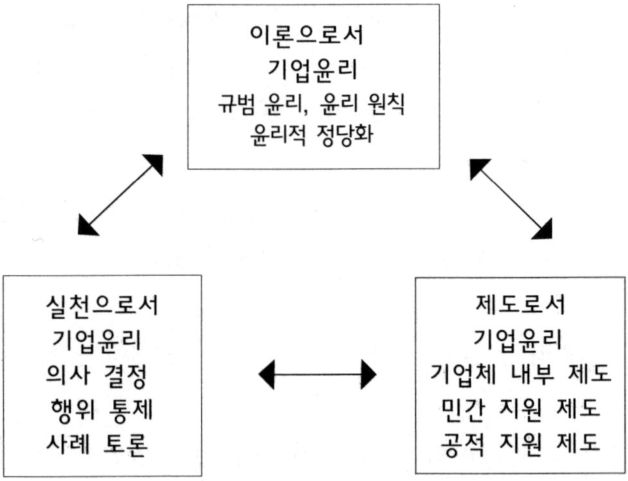

이론으로서
기업윤리
규범 윤리, 윤리 원칙
윤리적 정당화

실천으로서
기업윤리
의사 결정
행위 통제
사례 토론

제도로서
기업윤리
기업체 내부 제도
민간 지원 제도
공적 지원 제도

이상의 개괄적 서론에 이어 지금부터는 구체적으로 기업윤리의 내용과 전략 등에 관하여 검토하기로 한다.

2. 기업윤리의 주요 내용

이제는 주로 기업윤리에서 다루는 내용을 간추린다. 이 주제를 다루는 데에는 적어도 몇 가지 접근이 있을 수 있다. 우선 1) 윤리경영의 주체 2) 윤리적 행위로 각 분야의 경영 관리 과정에서 일어나는 의사 결정 행위 3) 윤리 행위의 대상 집단으로서 이해 관계 당사자를 향한 책임 4) 기업체의 지배 구조, 기업 문화, 리더십 등의 요소도 가미할 수 있다. 여기서 이들을 일일이 상세하게 논의할 수는 없고 그 대강만 개요 형태로 정리하여 일별하고자 한다.

1) 행위 주체와 이해 관계 당사자의 윤리

먼저 여기서는 윤리경영에 관련이 있는 행위 주체들을 중심으로 이들이 일상의 경영 관리 과정에서 당면하는 각종 관심사와 그에 연관이 있는 윤리적 결정 행사를 한 틀 속에 요약 정리하기로 한다. 먼저 행위 주체들과 이들을 둘러싼 주요 행위자들을 [그림 4-3]에 담았다.[1)]

이들 행위 주체와 이해 당사자들의 관심사들 사이에는 상충하고 갈등하는 것들이 있고 기업체측에서 볼 때는 그것들의 우선 순위가 있게 마련이다. 자본주의 경제 체제 속의 기업체는 주주와 고객이 우선인 것이 일반적인 특성이지만, 이 둘 중 어느 편 이익이 더 우선하는지 그리고 이들보다도 더 관심을 가져야 할 주체가 누구인지에 대해서는 실제 경영에서 행하는 의사 결정 과정에서는 상황에 따른 변이가 불가피할 수도 있

---

1) 이 그림은 Hartman(2005 : 116) ; 이종영(2008 : 176) 참조, 새로이 작성한 것임.

[그림 4-3] 기업윤리 행위 주체와 이해 관계 당사자

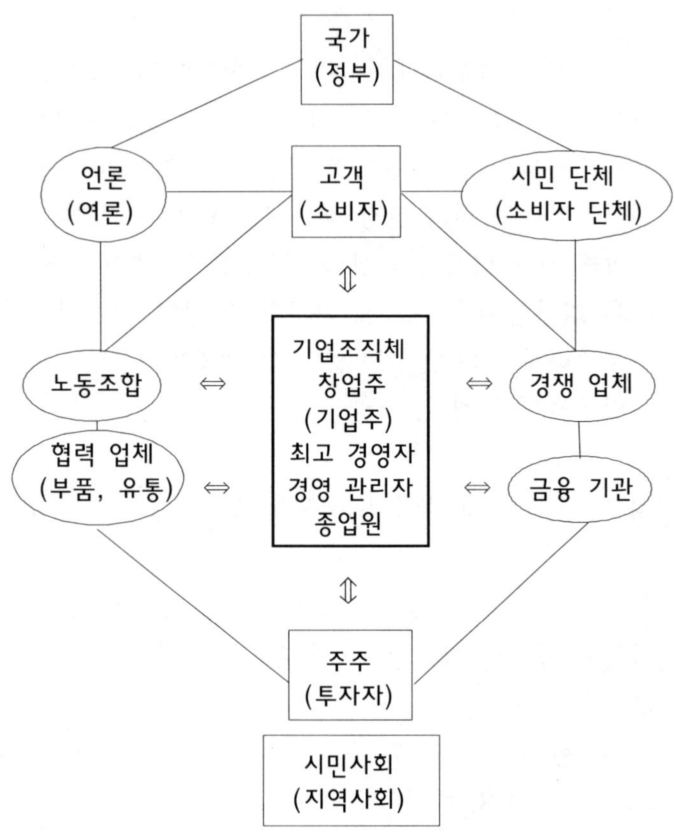

다. 기업윤리적인 결정과 판단 및 행동도 마찬가지다. 기업 조직체 내부에서도 이치는 같다. 창업주 내지 기업주의 관심사가 우선하는 것이 상례지만, 최고 경영자와 일반 경영자층 및 종업원 사이의 이해 관심상의 긴장은 무시할 수 없는 현실적 조건이다.

그러면 이들의 범주에 따라 상이한 이해 관심사와 그에 대

처하는 의사 결정과 관리상의 윤리적 쟁점을 간추려 본다. 편의상 다시 이는 [표 4-2]로 요약하였다(이종영, 2008 : 176 ; 김성수, 2009 : 182 참조].

[표 4-2] 이해 관계 당사자의 이해 관심사와 윤리적 쟁점

이해관계당사자	주요 이해 관심사	관련 윤리적 쟁점 사항
주주, 투자자	주가 변동(상승,하락)	주가 또는 가격 조작
기업주/경영자	기업체 신인도, 경쟁력	비윤리적 부패 기업 관행
종업원/노동조합	임금, 상여금/회사에 대한 자부심	저임금, 체불임금, 근로조건무시
고객/소비자	신뢰성, 안전, 품질	허위과장광고, 폭리, 유해결함상품
협력 거래 업체	판매량 감소, 매출액 감소	납품하도급 거래시 금품수수
경쟁 업체	기업체 이미지, 소비자 상표전환	덤핑 판매, 입찰시 담합 부정낙찰
금융 기관	대출 위한 기업체 평가	금융대출 부조리, 부정 돈세탁
시민(소비자)단체	안전, 고발, 개선	허위정보, 과대광고, 폭리, 유해상품
지역(시민)사회	생태환경 보존 보호	산업폐기물 불법처리, 환경훼손
언론(여론)	안전, 기업윤리	각종 부조리
국가(정부)	안전, 깨끗한 정부, 여론	뇌물제공, 정경유착

2) 경영 관리상의 윤리 문제

다음으로 기업 경영 과정에서 다루어야 할 주요 관리 영역에 따른 윤리적인 행위, 결정 행사 및 제도적 조치 등의 문제를 다루는 것도 기업윤리의 주요 과제다. 이 맥락에서는 주로 인적 자원 관리, 생산, 마케팅, 재무・회계・금융, 정보, 생태 환경, 국제적 시장 관리 등의 영역을 다양하게 포함할 수 있다. 이에 대해서는 각 영역별로 간략하게 주요 쟁점을 정리하는 방식으로 접근하려고 한다.[2)]

2) 이 내용에 관한 정보는 주로 다음의 저술들을 참조한 것이다. 이종영(2008 : 176) ; 김성수(2009) ; Snoeyenbos, Almeder, & Humber(2001); Hartman and DesJardins(2008) ; Shaw(2008).

(1) 인적 자원 관리

어떤 기업 조직체든 우선은 사람이 있어야 운영이 가능하다. 따라서 기업윤리의 이해도 사람들을 어떻게 다루는 것이 도덕적으로 정당하고 윤리적으로도 합리적인지를 묻는 데서 시작하는 것이 마땅할 것이다. 이러한 관점에서 인적 자원 관리(human resource management)라는 인사와 노무를 중심으로 고려해야 할 최소한의 윤리 원칙은 구성원의 기본적인 인권과 자유시민권의 존중 및 공정한 직장 여건으로 집약할 수 있다. 여기서 다루는 사항은 다음과 같은 범주로 나누어 살필 수 있다.

권리의 차원 : 일할 권리, 정당하고 공정한 보수를 받을 권리, 안전한 작업 환경과 보건을 확보할 수 있는 조건을 요구할 권리, 직장 생활의 질에 대한 권리, 사생활(privacy) 보호 권리, 직장과 가정 생활의 균형을 찾을 권리, 외부 활동에 대한 권리, 단체 행동의 권리, 공정하고 하자 없는 절차(due process)에 의하여 대우받을 권리 등이 여기에 해당한다.

인사 노무 관리의 측면 : 임용, 승진, 기율, 해고와 같은 일반적 고용 관계의 영역, 직무상 차별, 성적 괴롭힘이나 희롱(sexual harassment) 등을 다룬다. 물론 고용 관계나 인사 노무 영역에서는 종업원의 권리뿐 아니라 의무와 책임도 문제가 되며, 노사 갈등의 관리도 고려해야 하지만 이는 추후에 직업윤리의 사항으로 별도 논의할 것이다.

(2) 생산 관리

생산 관리(production management)상의 윤리는 주로 생산 활동, 특히 제조 업무와 관련한 것으로 공정(工程), 자재, 품질, 재고, 원가 관리의 영역에서 물리적인 측면, 인간적 차원 그리고 경제적 고려 등으로 나누어 접근할 수 있고, 그 주된 목표와 윤리적 쟁점의 내용 등을 고려하게 된다.

생산 관리 윤리의 목표 : 우선 물건을 생산하는 과정에서 기업체가 목표하는 윤리적인 관심사는

① 최고의 품질을 보장하는 양질의 적격한 물품을 소비자에게 제공하는 것

② 저렴한 원가로 생산하는 것

③ 생산 활동을 신속하게 진행하여 작업 시간이나 사무 처리 시간을 단축하는 것이다.

경영자 / 관리자의 윤리 : 생산 관리에 직접 개입하는 사람들은 경영자 / 관리자와 근로자다. 근로자의 윤리 문제는 역시 별도로 직업윤리 측면에서 다룰 것이므로 여기에서는 경영자와 관리자의 문제에만 국한하고자 한다.

① 무엇보다도 이들은 생산 과정에서 근로자에 대한 인간적인 고려가 우선한다. 특히 종업원들이 일하는 삶의 질적 향상을 도모할 수 있는 쾌적한 작업 여건 속에서 일함으로써 직무상 만족감을 얻을 수 있도록 할 의무가 있다.

② 역시 인간적인 측면에서 소비자를 대상으로 윤리 문제를 생각할 때, 사용하는 자재나 부품의 질과 생산해내는 제조물의 품질이 인간에게 유해하거나 불법적인 기준 미달일 수가 있다

는 점에서 심각하다.

③ 또한 지역 사회에 대해서도 공장 입지로 현지 주민에게 피해를 준다거나 생산 과정에서 발생하는 생태 파괴의 환경 윤리 문제를 야기할 소지가 항상 있다.

④ 그리고 기술 개발과 관련하여 창조, 개량, 라이선센싱, 특허 등의 과정에서 도용, 모방 등의 문제를 일으킬 수 있다.

(3) 마케팅 관리

마케팅(marketing)에서 윤리 문제는 대개 제품 판매와 이윤 창출이라는 직접적이고 경제적인 기업 목표와 소비자 만족 및 마케팅 과정에서 발생하는 사회적 영향 사이의 딜레마를 둘러싸고 대두하는 것이다. 그리고 이 분야에서는 제품, 가격, 유통, 판매원과 광고의 다섯 가지 영역의 관리와 관련한 윤리 쟁점을 다룬다.

제품 관리의 윤리 : 제품의 윤리적 문제는 그것이 인간에게 해로운 사회적 유해물인가, 공해를 유발하는가 혹은 혐오 제품인가를 둘러싸고 다음 세 가지 차원에서 고려할 수 있다.

① 제품 안전 문제 : 제품 자체의 결함, 위험하게 만들어진 상태, 건강 식품의 위험, 포장과 이름붙이기, 생태적 환경에 대한 영향 등

② 제조물 책임(product liability) 문제 : 제품의 일정한 결함이나 안전성 부족으로 인한 피해와 그에 대한 배상, 리콜 처리 등

③ 제품 모조의 문제 : 허가 없이 발명품이나 상표 모방, 원산지 허위 표기, 상품등록권 침해 등

가격 관리의 윤리 : 수요 공급의 함수 관계로 결정해야 하는 시장 경제 체제에서 가격 관리는 가장 어려운 과제의 하나다. 여기서 생길 수 있는 윤리 문제는 다음과 같다.

① 가격 결정의 윤리성 : 주로 시장 메커니즘이 허용하는 수준보다 높은 가격의 책정

② 실질적 가격 인상의 윤리성 : 표면상 가격 인상은 하지 않으면서 실질적 가격 인상의 효과를 얻고자 하는 관행(함량 감축, 품질 저하 등)

③ 가격 할인의 윤리성 : 경쟁 과정에서 할인에 의한 마케팅 행위(대형 할인점 등)

④ 가격 광고의 윤리성 : 광고에서 타회사와 비교하는 문제

⑤ 기타 정보 교환, 재판매 가격 유지, 약탈적 가격 책정 등

유통 관리의 윤리 : 생산자에서 도소매상을 거치는 유통 과정에서 발생하는 문제가 심각할 때가 있다. 특히 유통 과정에서는 불공정 거래 문제가 심각한데, 여기에는 거래 거절, 차별적 취급, 경쟁자 배제, 고객 부당 유인, 거래 강요, 우월 지위 남용, 조건부 거래, 사업 활동 방해, 부당 지원 등의 문제를 포함한다.

① 생산자의 유통 경로 관리의 윤리 : 대규모 제조업자가 우월한 지위를 이용하여 불공정하게 경쟁 제한

② 도매상의 윤리 : 가맹점, 체인점의 중앙에서 가맹점의 공급 행위를 일방적으로 결정하는 등의 영향력 발휘

③ 소매상의 윤리 : 상품 선정과 구입, 납품업자와 구매 계약, 매장 면적 배정, 소매점 세일 가격 광고, 할인율 결정 등의 과정에서 드러나는 행위

③ 구매 관리의 윤리 : 구매 관련 종업원의 사적 이익 추구,

공급 회사에 대하여 우위에 있는 구매 회사의 압력 행사

판매원의 윤리 : 판매 할당량과 성과급의 연관성, 승진, 승급과 판매 수입의 연결, 현장 의사 결정 등의 특성으로 인하여 판매원의 윤리 문제가 발생할 수 있다.

① 공금의 사적인 이용 문제

② 대고객, 대경쟁자, 동료와 상사, 상충하는 이해 관계자 등에 관련하여 발생하는 비윤리적 문제

③ 선물과 접대

광고 관리의 윤리 : 광고란 유료로 소비자에게 제품에 관한 정보를 통신하는 행위인데 이 과정에서 허위, 과도, 공격적 과장 등의 문제가 발생한다.

① 금지된 광고의 사례 : 없는 사실의 허위 광고, 사실과 다른 왜곡, 특정 부분의 한정된 사실 확대, 실제와 차이나는 표현, 기간 경과 후의 계속 광고, 배타적인 절대적 표현 등

② 광고 대행사의 윤리 : 사실성과 진실성, 메시지의 효과, 시청자의 이해 관계 문제 등

③ 광고주의 윤리 : 국민의 복지, 편익, 공공 질서 유지 등의 목표 위반, 진실, 허위, 과대 표현, 비방 중상, 모방 표절, 명예 손상, 불공정 거래, 사회 도의와 규범, 미풍양속 침해 등

④ 광고 매체의 윤리 : 사회적 국제적으로 문제시되는 광고주를 위한 광고, 미풍양속에 위배되는 광고, 허위, 비방 등

(4) 재무·회계·금융 관리

기업 활동이 생성 전개하는 기본은 자금이다. 자금을 조달하고 관리하는 문제는 재무와 회계, 금융을 포괄한다. 사실상 수많은 기업 비리나 부정부패는 이 방면에서 일어나는 것이 상례다. 이 주제는 워낙 복잡하고 광범위한 영역에 걸쳐 있으므로, 여기에서는 세 가지 관리 분야 문제를 간략하게 이해하는 선에서 만족하려 한다.

재무 관리의 윤리 : 재무 관리는 자금 조달과 기업 소유 지배 구조의 두 영역을 다룬다.

① 자금 조달의 윤리 : 이 문제는 기업 공개와 기업 내용 공시, 내부자 거래의 윤리적 쟁점이 주된 관심 사항이다. 1) 기업 공개에서는 공개 전 증자 남발과 발행가 과대 산정의 문제가 있고, 2) 기업 내용 공시의 윤리 문제는 경영자의 의도적인 불리한 정보 공시 회피, 공시의 지연 등이며, 3) 내부자 거래에서는 그것이 증권 시장의 효율성 저해와 거래의 공정성이 문제가 될 수 있다.

② 기업 소유 구조 및 지배 구조의 윤리 : 기업체의 소유와 지배 구조는 밀접하게 연결되어 있으며, 전문 경영자형 소유·지배와 지배 주주의 소유·경영 결합의 폐쇄적 유형이 있다. 여기서 문제되는 것은 1) 공개와 투명성 2) 지배 주주의 사적 소비 3) 이전 거래, 상호 출자, 상호 지급 보증, 경영권 과대 보호, 사회이사와 사외감사 문제 등이다.

회계 관리의 윤리 : 회계 관리에 관련한 윤리 문제는 일반 회계

와 분식 회계의 두 가지로 나누어 생각할 수 있다.

① 회계 관련 종업원과 회계사 : 종업원은 허위 증빙서 작성 금지, 내용이 틀린 서류가 정확하다는 주장 금지, 회계사의 의무로 해당 기업체의 재무 상태에 대한 정확한 표시 증명 그리고 이해 관계자에게 신뢰 가능한 정보 제공 의무 등

② 공인회계사 : 이들의 서비스는 국가 사회의 복리에 중대한 영향을 미치므로, 전문적 서비스를 제공받는 이해 관계자의 공익을 증진시킬 책임

분식 회계의 윤리 문제 : 분식 회계 자체가 이미 윤리적으로 문제시되는 관행으로서 그 유형은 다음과 같은 것이 있다.

① 자산과 수익의 과대 계상

② 비용의 과소 계상

③ 부채의 과소 계상, 누락

④ 충당금과 준비금 조작

⑤ 회계 추정의 변경

⑥ 거래의 악용

⑦ 합병 · 분할의 이용

⑧ 파생 금융 상품의 이용

금융 기관의 윤리 : 금융 기관의 문제는 은행, 증권시장, 보험사, 금융 기관의 소유와 예금자 보호 등으로 나누어 볼 수 있다.

① 은행의 자금 조달 및 운영 문제 : 은행이 자금 조달 과정에서 이용하는 편법, 자금 운영상 대출 커미션, 청탁, 양건 예금(꺾기) 대출, 타점권 이용 대출 등 관행

② 불공정 증권 거래 문제 : 증권시장의 불공정 거래란 주로

어느 한쪽이 상대의 자유를 제한하거나 부당한 방법으로 불이익을 강요하는 문제로서 1) 통정, 위계에 의한 시세 조정과 시세 고정 행위 2) 일임 매매 3) 신용 거래 관리 4) 투자 상담 등에서 생기는 문제

③ 금융 기관 소유와 예금자 보호 : 1) 대기업체의 여신 편중 심화 2) 금융 기관 부실 초래 3) 유동성 및 지급 능력 보유와 함께 예금자 보호 의무 4) 특혜 금융, 구제 금융 문제점

④ 보험 회사의 윤리 : 모집 제도에서 가입자에게 물질적 유인 제공, 모집 인원 과열 스카우트, 상속세 회피 등을 지적

(5) 정보 관리

정보 사회에서는 정보의 관리가 핵심적인 기업 경영 요소로 떠올랐다. 이에 정보 관리 분야에서도 이와 관련하여 윤리적인 문제점들이 속속 등장하였다. 물론 여기에는 컴퓨터와 통신 기술의 융합이 자아내는 기술적인 영역이 큰 비중을 차지하며, 이런 문제에 대한 제도적 뒷받침이 아직은 미비하다는 점도 고려해야 한다. 이 문제는 주로 일반적인 지적재산권, 산업 기밀, 사생활 정보, 정보 내용의 정확성, 유해한 파괴적 행위 등의 유형이다.

지적재산권 : 이 분야에서는 일반적인 저작권, 특허권, 상표, 기업 비밀, 산업 기밀 등의 침해, 도용이 문제가 된다. 특히 정보 사회에서는 많은 자료와 정보가 인터넷 혹은 사이버 공간에서 개방되어 있어서 이를 침해하기 쉽다는 어려움이 있다. 이 중에서 기업 비밀과 산업 기밀 보호는 기업 활동에 치명적인 손

실을 초래하므로 주의가 필요하다. 이는 대개 전현직 종업원, 핵심 인력 스카우트, 컨설팅과 기술 자문 업체, 유치 과학자나 기술연수생 등이 개입한다.

사생활 정보 : 역시 정보 통신 기술의 맥락에서 개인의 사적인 정보가 열려 있는 상황이므로 윤리 문제가 다반사로 일어난다. 기업체에서는 종업원의 근무 상태 감시, 퇴직 후 개인 정보 보관 이용, 서비스 제공자의 제3자에게 제공, 판매 등이 문제가 되는데 회사의 사생활 침해의 구체적인 보기는 다음과 같은 것이 있을 수 있다.

① 인터넷 접속 대상 감시
② 직원의 이메일 발송 및 수신 감시
③ 사무실 책상 서랍 수색
④ 휴대전화 통화 내용 도청
⑤ 개인 통화 기록 검색
⑥ 현금 자동지급기 사용 시간과 위치 등 기록
⑦ 신용카드 사용 내역 검색
⑧ 고객 명단 공개 또는 판매
⑨ 몰래 카메라, 전화도청기 이용 감시

정보 내용의 정확성 : 정보에 대한 의존도가 점차 높아지는 현대 정보 사회에서 정보를 제공할 때는 정확성을 확보하고 보증하는 것이 중요한 과제다. 이는 기업 활동은 물론 사회적 차원에서 인간의 생명과 생활에 지대한 영향을 미칠 수 있는 것이다. 따라서 정보의 구성과 제공자는 정확한 정보 전달의 법적 윤리적 의무가 있다. 제품에 관한 정보, 개인 정보, 전자상 거래 정보 등이 신뢰의 문제와 직결된다.

유해하고 파괴적인 행위: 특별히 컴퓨터상의 정보 윤리 문제는 그것이 정보 파괴와 금전 손실, 시간 손실같이 매우 유해하고 파괴적인 결과를 초래할 수 있는 여지가 크다는 문제를 내포한다. 해킹, 악성 프로그램 유포, 자금과 정보의 절도 등의 범죄 행위가 여기에 해당한다.

(6) 생태 환경 관리

현대 사회의 기업 활동은 이제 생태 환경에 대한 관심을 도외시하고 진행할 수 있는 상황에 있지 않다. 기본적으로 자연은 우리가 미래 세대에게 빚지고 있는 생태 환경이다. 또한 생태계는 매우 미묘하게 상호 의존적인 연계 속에 존재하는 체계(system)이므로, 인간 행위가 자연을 변화시키면 자연은 다시 인간에게 영향을 미치는 순환적 관계에 대한 이해와 대책이 필수적이다. 이 문제는 또한 단순히 한 국가의 범위를 넘나드는 전 지구적인 문제다. 그래서 국제적인 차원에서 그린라운드(Green Round) 등의 친환경 제도 개선을 위한 노력이 있고 기업 경영에서도 국제표준화기구(ISO, International Standardization Organization)가 환경 경영 체제를 평가하는 ISO 14000, 26000 등을 제정하여 인증하는 제도를 운영하고 있다. 기업 활동과 관련한 생태계 환경 문제는 국내적인 문제와 아울러 전 지구적 영향까지 고려해야 하는 것으로, 그 대표적인 유형과 내용은 [표 4-3]과 같다(김성수, 2009 : 449 참조).

[표 4-3] 생태 환경 문제의 유형과 내용

범위	문제의 유형	구체적 내용 사례
국내	대기오염	아황산가스, 일산화탄소, 질소산화물, 분진 등
	수질오염	각종 유기물질, 중금속, 부유물질
	폐기물	일반폐기물, 산업폐기물, 핵폐기물 등
	기타	토양오염, 해양오염, 자연환경파괴, 소음공해 등
전지구	기후변화	탄산가스, 메탄, 질소산화물, 프레온, 오존 등
	오존층파괴	프레온, 할론, 사염화탄소
	산성비	아황산가스, 질소산화물 등
	기타	유해폐기물, 원력이동, 사막화, 생태계파괴 등

(7) 국제 경영 윤리 / 다국적 기업의 윤리

오늘날 수많은 주요 기업체들은 이미 국적을 떠나 다국적 기업체(MNC, Multi-National Corporations)로 변신하여 활동하고 있다. 그러므로 이러한 상황에서 국제적 경영 윤리의 문제를 다루지 않을 수 없게 되었다. 다만 이 문제를 다룰 때는 본국과 현지국의 법률 체계뿐 아니라 문화적 관행 내지 사회적 규범에 대한 배려도 있어야 하는 이중 부담이 따른다. 본국과 현지국의 법과 규범이 서로 양립 가능할 것도 있지만 상충하는 사례도 없지 않으므로 이 같은 점을 염두에 두고 국제적 경영 윤리의 주요 내용을 이해하고 준수하도록 해야 할 것이다. 여기에 다국적 기업의 행동 기준 7원칙이라는 한 가지 자료를 [표 4-4]에 소개하고(이종영, 2008 : 607 ; De George, 1993 : 3), 몇 가지 대표적인 윤리 문제 항목을 열거한다.

[표 4-4] 다국적 기업의 행동 기준 7원칙

1. 고의적으로 현지국에 직접 피해를 끼쳐서는 안 된다.
2. 현지국에 손해보다도 혜택을 더 많이 주어야 한다.
3. 기업 활동을 통해서 현지국의 발전에 기여해야 한다.
4. 종업원의 인권을 존중해야 한다.
5. 윤리적 표준에 위배하지 않는 한 현지 문화를 존중해야 한다.
6. 정당한 세금은 납부해야 한다.
7. 현지의 법질서 유지를 위하여 현지국 지방 정부와 협력해야 한다.

다국적 기업의 윤리적 문제를 예시하면 다음과 같다.

① 부패, 뇌물 공여
② 세금 포탈
③ 불건전 상품 판매
④ 불건전 노무 관리, 불공정 노사 협정
⑤ 생태 환경 공해 유발
⑥ 불공정 거래 강요
⑦ 불평등 계약
⑧ 특혜 조치 요구
⑨ 전략, 특화 또는 육성 산업 지배

3. 기업의 사회적 책임

기업윤리의 주요 내용 가운데 위에서 개관한 것 외에 한 가지 쟁점을 더 논의할 터인데, 이 문제는 보기에 따라 반드시 윤리 문제로만 보기 어려운 측면이 있다는 점을 고려하여 별도로 살펴보기로 한다. 그것은 다름 아닌 기업의 사회적 책임(CSR, Corporate Social Responsibility)이다. 아주 일반적인 수준에서 기업의 사회적 책임이란 기업 활동을 하는 사회에 대해서 기업체가 갖는 각종 책임을 통칭한다. 유럽연합 같은 데서 정의한 것에 따르면, "더 나은 사회, 더 깨끗한 생태 환경을 만드는 데 회사가 자발적으로 기여하기로 결정하는 모든 행위"를 포괄한다. 이러한 책임의 구체적인 내용을 다루기 전에 잠시 이를 둘러싼 이론적인 쟁점을 간단히 짚어본다.[3)]

1) 기업의 사회적 책임 : 이론적 쟁점

이 문제와 관련한 이론적 논쟁은 다음의 몇 가지 차원에서 전개해왔다. 이들을 하나씩 개관한다.

(1) 기업체는 도덕적 행위 당사자인가?

여기서 물을 수 있는 가장 초보적인 질문은 기업체라는 하나의 실체가 도덕적 책임을 물을 수 있는 행위 당사자로서 취급받을 수 있는가 하는 것이다. 보통 행위를 하는 주체는 개인이지 조직체라는 단위 집합체는 아니라고 말할 수도 있다. 이런 쟁점은 사실상 사회학의 가장 본질적인 질문인 "사회란 무엇인가?"라는 것을 반영한다. 이에 대한 철학적 견해는 다양하

---

3) 기업의 사회적 책임에 관한 논의는 다음 자료들을 주로 참조하였다. 김정년(2008) ; 이종영(2008 : 176) ; 김성수(2009) : 中村瑞穗(2007) ; Sims(2003) ; Hartman and DesJardins(2008) ; Shaw(2008).

지만 기본적으로 사회명목론(social nominalism)과 사회실재론(social realism)으로 대립한다. 여기서 이런 기초적인 문제를 논의할 여지는 없고, 다만 편의상 우리는 사회가 단순한 개인의 모임으로만 그치는 것이 아니라 개인을 떠나 하나의 독립적인 실재를 가지는 집합적 실체로 인정하는 관점에서 출발하려 한다.

특히 기업체는 적어도 사회의 법적인 절차를 거쳐 일종의 법인으로서 인격을 공식적으로 인정받는 집합체라는 점에서 더욱 그러하다. 그렇다면 기업체는 당연히 도덕적 의사 결정을 할 수 있고, 그에 의한 행위의 결과에 대해서 도덕적 책임을 진다. 다만 실질적으로는 기업체 안의 개인들의 행동이 결국 기업체라는 법적 인격의 행위인 양 가정하고 받아들인다는 점을 염두에 둘 필요는 있다. 기업의 사회적 책임이라는 문제도 이런 뜻에서 의미를 갖는다.

(2) 기업의 사회적 책임의 범위 문제

다음은 만일 기업체가 도덕적 책임을 지는 주체가 된다면 어떤 책임이 있는지를 묻게 되는데, 이때 가장 초보적인 질문은 그 책임의 범위로 초점을 맞추게 된다. 여기에도 협의의 책임론(narrow view)과 광의의 책임론(broader view)으로 나뉜다.

협의의 책임: 기업의 사회적 책임이 있다손 치더라도 그것은 어디까지나 기업 활동의 본령인 경제적인 이윤 추구 행위에 국한해야 한다는 견해가 있다. 주로 신자유주의자 밀턴 프리드만(Milton Friedman)이 대표적 논객이다. 그가 주장하는 논지

는 이렇다. 기업체가 이윤 추구 이외의 활동을 하면 우리의 경제 체제 자체가 비효율적이 되므로, 기업체의 유일한 사회적 책임은 주어진 사회의 게임 룰에 따라 돈벌이를 충실히 하는 것일 따름이다. 자유시장 경제 체제 아래에서 민간 기업체가 정부 영역에 속하는 어떤 공적인 책임까지 지라고 강요하는 것은 옳지 않다는 것이다. 그리고 저들의 일차적인 책임은 이해 관계 당사자, 특히 주주의 경제적 이익을 확충하는 것임을 강조한다.

광의의 책임 : 이에 대하여 광의의 책임론자들은 아무리 기업체의 주목적이 이윤 추구라는 경제적인 역할이라 할지라도 전체 사회의 일원으로 작동하는 한에서는 그 책임을 넘어 사회 전반에 대한 다른 책임, 특히 윤리적인 책임도 져야 한다는 주장을 한다. 여기에는 몇 가지 다양한 견해를 포함한다.

① 시민으로서 기업체 모델(corporate citizenship model) : 이 모델에서는 자신들이 이윤을 창출하는 기업 활동의 능력을 가지고 있는데, 그런 만큼 그 능력 혹은 힘(power)을 발휘하여 마땅히 지역 사회에서 특별한 선행을 하는 것이 곧 사회적 책임이라고 본다.

② 사회계약 모델(social contract model) : 여기서는 기업체란 지역 사회의 여러 가지 구성원들의 도움으로 회사를 운영하고 이윤을 창출하는 만큼 저들 이해 관계 당사자들의 도덕적 권리를 존중해야 할 의무가 있다는 것이다. 이것이 일종의 묵시적 사회계약이라고 간주하는 셈이다. 더구나 기업 활동이 행사하는 각종 경제 행위가 자아내는 의도하지 않은 사회 경제적 결과에 대해서도 도덕적 책임을 져야 한다고 본다.

③ 계몽적 자기 이익 추구 모델(enlightened self-interest model) : 회사도 결국은 자신의 이익을 추구하는 것인데, 기왕이면 사회적 책임도 다하면 그로 인해 회사의 평판도 좋아지고 위험도 줄이며 브랜드 이미지도 높이고 이해 관계 당사자들과도 좋은 관계를 유지하게 되며 장기적 전략으로도 유리하다고 판단하는 견해다.

이 같은 두 가지 견해를 두고 현실적인 선택을 하는 것이 중요한데, 이를 이해하기 위해서 [그림 4-4]와 같은 도식으로 접근해볼 수 있다(김정년, 2008 : 60). 여기서 현실적인 접근이란 회사의 경제적 이익과 도덕적 책무가 중복하는 영역을 중시한다. 처음부터 이 둘 사이에 상충한다고 보는 견해는 이미 시대착오적인 것으로 받아들이는 상황이다. 그렇다고 이 둘이 완벽하게 일치하기를 기대하는 이상론은 현실을 무시하는 관점이다.

(3) 기업의 사회적 책임의 이념적 지향

기업의 사회 책임을 정당화하는 이념적 지향에도 몇 가지 유형이 있다. 이 또한 도식에 의해 요약하여 설명하기로 한다. [표 4-5]에는 두 개의 축이 있다(이종영, 2008 : 113). 그 중 가로 축은 사회적 책임의 대상으로서 회사의 주주를 중시하는 내부 지향과 다양한 이해 관계 당사자들을 상대로 하는 대외적 지향으로 구분하고, 세로 축은 바로 위에서 검토한 기업체의 경제적 이익과 사회에 대한 도덕적 책무로 그 동기를 구분한다. 그 결과 네 개의 공간이 나오고 각 공간에는 그 나름의 이름을 붙일 수 있는 이념적 지향 네 가지가 등장한다. 편의상 이들은 ① 생산성주의 ② 박애주의 ③ 진보주의 ④ 윤리적 이

상주의라 일컫는다.

[그림 4-4] 도덕적 책무와 경제적 이익 간의 관계에 대한 견해의 유형

A [대립 관계 : 사회 책임은 손해다] B [일치 관계 : 사회 책임은 이익이다]

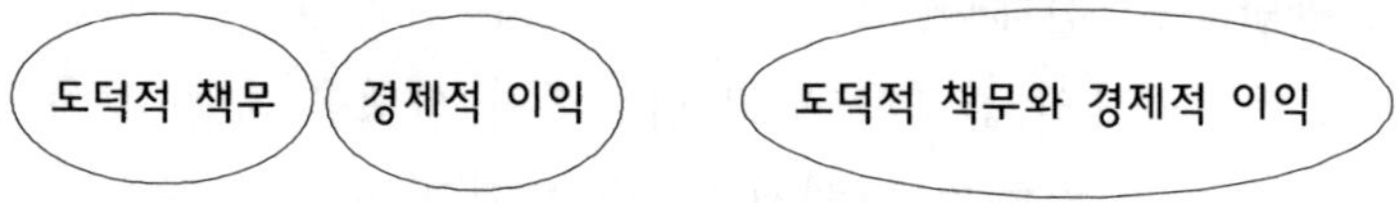

C [현실적 접근]

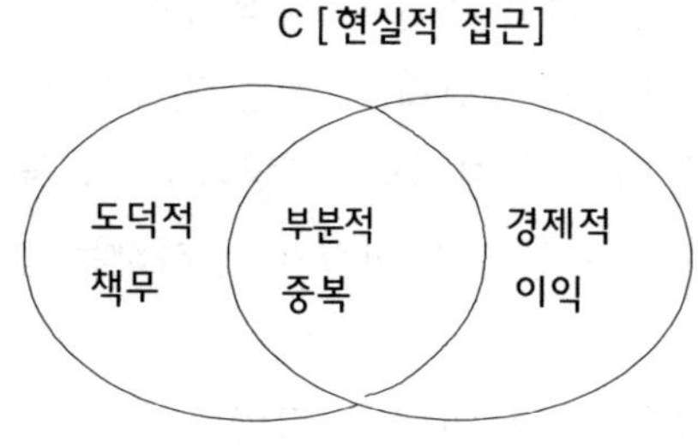

[표 4-5] 기업의 사회적 책임의 이념적 지향

사회 참여의 동기 차원	사회적 책임의 대상자	
	주주	이해관계당사자
도덕적 책무	② 박애주의	④ 도덕적 이상주의
경제적 이익	① 생산성주의	③ 진보주의

① 생산성주의 : 기업체의 목적은 이익 극대화로 주주의 이익 증대를 추구하는 것으로 보고, 이를 위해서는 생산성을 제고하는 것이 기업의 사회적 책임에 해당한다고 보는 일종의 협의의 지향이다.

② 박애주의 : 일단 주주의 이익 추구를 목표로 하되 단순한 손익 이상의 사회적 책임도 감당하려는 지향이다. 기업 외부의 사회 활동에 참여함으로써 간접적으로는 회사의 장기적 이익을 확보하겠다는 일종의 계몽적 자기 이익 추구 모형이다.

③ 진보주의 : 기업 활동은 당연히 이익 추구를 목표로 하지만, 중요한 것은 누구의 이익이며 누구에 대한 책임이냐 하는 것이다. 이때 주주보다는 다양한 사회의 이해 관계자들의 이익을 우선해야 한다는 관점이 진보주의 이념이라 할 것이다. 그리하여 결과적으로는 회사의 이미지 평판에서도 이득을 얻고자 하는 것이다.

④ 도덕적 이상주의 : 기업 활동의 동기마저도 도덕적 책무에 있고 이익 창출도 다양한 사회적 이해 관계 당사자들을 표적으로 삼아야 한다는 이념이다. 그러자면 미온적인 사회적 역할에 머물 수 없고 적극적으로 순수한 이타심에서 기업 활동을 수행한다는 태도다.

2) 기업의 사회적 책임 : 영역과 내용

이제 기업의 사회적 책임이 감당해야 하는 영역과 그 구체적 내용을 검토하려고 하는데, 이에 대한 이해를 돕기 위해서는 시대적 전개 과정을 살펴보는 것이 유익하다. 그런 다음 전반적인 개괄을 정리하기로 한다.[4)]

---

4) 특별히 이런 접근은 中村瑞穗(2007)가 유익한 정보를 제공하므로 참조하였다.

(1) 시대적 전개 과정

자각과 체계적 인식[1970년대 초] : 주로 기업의 사회적 책임 문제의 시발은 1960년대 미국 사회의 격변을 겪는 과정에서 찾을 수 있다. 여기서 기업체들도 새로운 게임의 룰을 짜야 할 절박한 필요에 직면한 것이 발단이 되었다. 그리하여 마침내 1971년 재계와 학계의 지도급 인사 200인으로 구성한 경제개발위원회(The Committee for Economic Development)라는 기구에서 『기업체의 사회적 책임(*The Social Responsibilities of Business Corporations*)』라는 제하의 보고서를 발간하였다. 이 보고서는 기본적으로 기업과 사회의 계약이라는 사회계약설에 입각하여 사회적 책임을 세 가지 내용으로 집약하였다.

① 경제적 기능의 능률적 수행에 관한 책임(제품, 고용, 경제성장 등)

② 사회적 가치관, 우선 순위 등의 변화에 대응하는 민감한 의식을 가지고 업무를 수행하는 책임(생태 환경 보전, 종업원의 고용 조건이나 직장 내 관계, 소비자 관계 등 상세한 사항에 관한 배려)

③ 사회적 환경의 개선에 대한 적극적인 개입의 책임(특히 빈곤, 도시 환경 악화와 같은 사회 문제 해결에 협력하는 일 등)

또한 이 위원회는 기업체와 사회의 관계에 대한 새로운 관점을 제시하게 되는데, 그 당사자의 유형으로는 크게 두 부류를 지적하였다.

① 구성참가자(constituencies) : 종업원, 주주, 고객(소비자), 납품업자, 지역 사회 주민 등

② 전체 사회(the larger society) : 경쟁 업체, 노동조합, 이익

집단(NGO), 교육계, 언론, 정부(행정 기관) 등

그리고 주요 활동을 위하여 10개 분야를 지목하였다. 1) 경제 성장과 효율 2) 교육 3) 고용과 훈련 4) 시민권과 기회 균등 5) 도시 재개발 6) 생태 환경 대책 7) 자연 보호와 레크리에이션 8) 문화 예술 9) 보건 의료 10) 대정부 관계다.

기업의 사회적 대응[1970년대 중반] : 기업의 사회적 책임에 대한 기본적 확인을 바탕으로 학계가 한층 더 본격적인 연구와 교육을 실시하게 되는 1970년 중반 이후에는 기업과 사회(business and society) 또는 경영에서 사회적 쟁점 과제(social issues in management)라는 명목의 관심사가 떠오르기 시작하였다. 그런 맥락에서 이른바 기업의 사회적 대응(responsiveness)을 다루게 된 것이다. 이 시기의 사회적 쟁점 과제에는 다음과 같은 것을 들 수 있다.

① 기업 외적 사회 문제 : 빈곤, 마약 중독, 도시의 황폐 등

② 일상적 경제 활동의 대외적 영향 : 생산 시설에 의한 오염, 재화와 용역의 품질 · 안전성 · 신뢰성, 마케팅 활동에서 발생하는 분규 · 기만, 공장 폐쇄 · 공장 입지의 사회적 영향 등

③ 기업 내부에서 발생하되, 일상적 경제 활동과 본질적으로 연관 있는 쟁점 사항 : 고용 기회의 평등, 직장 내의 보건 · 안전, 일하는 삶의 질적 향상, 산업민주주의 등

대체로 위의 세 가지 쟁점 사항 중 1960년대에는 소위 지역사회 관계 관리(community relations)나 자선 활동의 차원에서 ①항의 활동을 전개하였다면, 1970년대에는 ②와 ③의 경제 활동의 사회적 영향에 대한 관심으로 옮아가기 시작하였다. 기업 활동의 사회적 결과(social consequences)나 사회적 충격

(social impacts)의 중요성에 대한 인식이 높아지면서 바로 기업의 사회적 대응성(corporate social responsiveness) 혹은 기업의 사회적 실적(corporate social performance)을 부각시키게 된 것이다.

기업 활동의 윤리성 추구[1980년대 이후] : 사회적 관심이 고조되는 과정에서 기업의 부도덕한 관행들이 속출함으로써 경제에 큰 타격을 주는 사건이 연발하는 사회적 배경을 반영하여, 이제 기업의 사회적 책임 문제는 단순한 사회적 결과에 국한하지 않고 윤리와 도덕의 문제로 이행하게 된다. 경영학 안에서 윤리경영, 의사 결정의 윤리적 측면 등에 대한 연구가 활발해지는 동시에 응용 철학 분야의 도덕 철학 내지 윤리학의 이론과 분석 방법을 도입, 현실 문제를 다루는 응용윤리학의 한 분야로서 기업윤리학(business ethics)이 대두하였다. 그리하여 기업의 사회적 책임은 한층 더 심오한 학문적 관심사가 될 뿐 아니라 실제 상황에서 가치 공유와 함께 제도화의 길로 들어서게 되었다.

(2) 기업의 사회적 책임 영역

구체적으로 기업의 사회적 책임이 다루는 영역은 우선 가치와 책무의 차원에서 검토할 수 있다. 그 내용은 다음 [표 4-6]에 요약하여 제시하고 해설은 생략한다(김정년, 2008 : 64 ; Paine, 2003).

다음, 기업의 사회적 책임은 일차적으로 경제적 책임에서 출발하여 사회적 책임과 생태 환경 보호의 책임에 이르는 3대 영역으로 확대된다(이종영, 2008 : 122-124).

[표 4-6] 기업의 사회적 책임의 관련 영역

책무의 범위	가치의 영역	
	정의	인간성(박애)
기본적 책무	(협의의 법령준수) 잘못된 행동을 하지 않는다 사기행위를 하지 않는다 훔치지 않는다 계약을 지킨다 법의 문언(文言)을 준수한다	(윤리 실천) 자신을 절제한다 다른 사람에게 상처를 주지 않는다 지역사회에 해를 끼치지 않는다 인권을 존중한다 배려심을 갖는다
완벽에 가까운 책무	(윤리 실천) 옳은 일을 한다 정직하다 공정하다 약속을 지킨다 법의 정신에 따른다	(사회 공헌) 자신을 성장시킨다 다른 사람을 돕는다 사회를 발전시킨다 인간의 존엄성을 장려한다 용기를 갖는다

① 경제적 책임 : 기업체 본연의 활동 영역으로 재무 상태, 적절한 이익, 주가, 연구 개발, 재투자, 투자 홍보 등

② 사회적 책임 : 노동 관계, 작업장 안전, 인권, 차별 금지, 뇌물, 지역 사회 관계, 공정 경쟁, 제조물 책임 등

③ 에너지, 물 절약, 생물 다양성, 폐기물 배출 감소, 친환경 경영 등

아울러 책임의 성격도 단순한 경제적 책임에서 법적인 책임, 윤리적 책임, 나아가 더 적극적으로 사회에 공헌하는 책임으로 발전한다. 이 내용도 요약하면 다음과 같다(이종영, 2008 : 124-125 ; 김정년, 2008).

① 경제적 책임 : 사회가 기업에 대해 요구하는 책임으로서 이익 극대화, 시장 점유율 확대, 기술 혁신, 배당 극대화, 경영

전략 등 적자생존의 원리를 적용하므로 윤리학적 관점에서는 윤리적 이기주의에 해당하는 책임관이다.

② 법적 책임 : 사회가 의무적으로 강요할 수 있는 책임으로서 공정 거래, 뇌물 불공여, 담합 불참가, 각종 법률과 규정 준수 등을 이행하여 최대 다수의 최대 행복 추구에 기여한다는 뜻에서 공리주의에 입각한 책임관이다.

③ 윤리적 책임 : 강요는 할 수 없지만 도덕적 차원에서 사회가 기대하는 책임으로서 투명 거래, 법 정신 존중, 인권, 생태 환경 보호, 신뢰와 안전, 문화 존중 등의 가치를 추구하는 의무론의 정신에 바탕을 둔 책임관이다.

④ 사회적 공헌 책임 : 주로 기부, 자선 사업, 지역 사회 기여, 자원 봉사 등에 의하여 사회적 약자의 최대 복지를 추구하는 의미에서 정의론의 책임관이다.

이 밖에도 기업의 사회적 책임의 영역과 내용을 더 자세하게 나열할 수는 있지만 이 정도에서 그치고 사회 책임 보고서 형식으로 제도화한 내용을 언급하고자 한다.

(3) 기업의 사회적 책임과 지속 가능 발전

기업의 사회적 책임은 이제 단순히 기업체 수준을 초월하여 전 지구적 차원의 문제로 확산하면서 지속가능성(sustainability)이라는 일반적 가치에 기초한 지속 가능한 발전(sustainable development)의 영역과 맞닿게 된다. 이와 관련하여 1997년에 발족한 민간 단체인 GRI(Global Reporting Initiative, 전 지구적 자율 보고 운동)는 유엔환경계획과 협력하여 지속 가능성 보고 지침(Sustainability Reporting Guidelines)을 마련하였다.

여기에는 위에서 예시한 주요 사회적 책임 영역의 내용과 중복되만 참고삼아 그 지침을 [표 4-7]에 소개한다(이종영, 2008 : 127 ; 김정년 2008).

[표 4-7] GRI 발전 가능성 보고 지침

분야	세목 내용
경제 분야	경제적 효율성, 고객, 공급업자, 종업원, 주주
생태 환경 분야	자재, 에너지, 물, 생물다양성, 배기/배출 처리, 제품/서비스, 준법, 교통, 총체적 관심사항
사회 분야	노무관리, 건강과 안전, 인권, 차별, 지역사회 공헌, 부패, 제조물 책임

(4) 기업의 사회적 책임과 경영 성과

사회적 책임을 다하는 회사는 당연히 기업적 경영 성과에서도 유리한가? 이 질문에 대한 대답은 그리 단순하지 않다. 일단 정상적인 일상의 기업 활동도 어느 정도의 윤리는 필수적이다. 순전히 이윤 극대화에만 집중하다 보면 오히려 사회적으로 비효율적일 수 있다. 또한 기업 활동이 사회의 맥락에서 이루어지는 한, 그것을 사회적 기대나 도덕적 기준에서나 인정받기 위해서는 법적 기준에 따르는 것만으로는 부족하다. 기업체와 경영자, 종업원 등 구성원들이 일정 수준의 도덕적 표준을 유지해야 하며 이를 항상 자체 점검해야 하는 것이 현실이다. 실지로 어떤 경제적 행위든지 최소한의 신뢰성과 확신을 요청한다. 이런 것이 모두 기업의 사회적 책임의 차원에서 현실화하는 것이 중요하다는 말이다.

사회적 책임을 포함하는 윤리경영의 성과에 대한 현재까지의 연구 결과는 한마디로 다음과 같이 일견 단순하지만 확신이 엿보이는 언명에서 잘 요약하고 있다. "우리는 윤리경영이 성과를 가져다주므로 기업을 윤리적으로 운영한다(You do business ethically because it pays)." 그리고 "지속 가능한 기업은 경영을 잘하고 윤리를 진지하게 실천하는 기업이다(A sustainable business is one which is well managed and which takes business ethics seriously)"(Hartman and DesJardins, 2008 : 164).

따라서 여기에 간략하게 경영자가 관심을 두어야 할 경제적 성과 항목과 기업의 지속 가능한 발전이라는 두 가지 측면의 실적 사항을 대비한 자료를 [표 4-8]에 제시하였다(Hartman and DesJardins, 2008 : 161).

[표 4-8] 현실적인 실적 지표 예시

기업 성공의 10가지 측정치	기업의 지속가능발전 실적의 10가지 차원
[재정적 실적]	[지배 구조]
1. 주주 가치	1. 윤리, 가치관 및 원칙
2. 수익	2. 설명책임과 투명성
3. 운영상의 효율성	[일반적 기준]
4. 자본 접근성	3. 실질적인 헌신몰입
[재정의 동력]	[생태환경]
5. 고객 흡인력	4. 생태환경의 과정에 초점
6. 브랜드 가치와 평판	5. 친환경적 제품에 초점
7. 인적, 지적 자본	[사회경제적 측면]
8. 위험요소의 윤곽	6. 사회경제적 발전
9. 혁신	7. 인권
10. 운영 라이센스	8. 작업장 조건
	[이해관계당사자 연대]
	9. 사업 파트너와 연대
	10. 비사업 파트너와 연대

4. 기업윤리의 제도화

이상에서 기업윤리의 원리, 구성 요소, 주요 내용들을 주마간산격으로 살펴보았다. 그러면 이러한 윤리 쟁점들을 구체적인 기업 운영 과정에 제도화하는 원리는 무엇이며, 어떤 제도적 장치와 메커니즘이 있는지 간략하게 검토하기로 한다. 기업체가 사회적 책임을 다하려면 스스로 도덕적 지평을 넓히고 윤리적 행위를 높은 우선 순위에 두어야 한다. 다시 말해서 기업윤리의 강화와 확산이 필요하다. 그러자면 윤리의 결정적 중요성을 인정하고 모든 종사자들로 하여금 도덕적으로 책임 의식을 갖추도록 권장해야 한다. 이처럼 모든 구성원이 도덕적으로 행동할 것으로 기대할 수 있는 조직 풍토를 개선하기 위해서는 기업윤리의 제도화(institutionalization of business ethics)가 필수다.

제도화란 대개 기업의 단위 조직체에서 시작하여 업계 전체의 제도적 조처는 물론, 기업체를 둘러싼 시민사회 그리고 국가 차원에서도 관여할 수 있는 여지가 많은 과제다. 한 사회의 전반적인 윤리적 관심을 반영한다고 보아야 할 것이다. 그뿐 아니라 오늘날처럼 전 지구화가 전개하고 있는 현실에서 이 문제는 국제적인 수준에서도 활발하게 논의가 일어나는 현상이기도 하다. 실지로 UN, OECD, ILO 같은 국제기구는 전 세계의 국가와 기업계를 상대로 윤리 촉진을 위한 각종 지침과 과제를 전파하는 데 힘쓰는 실정이다.

그러한 기업윤리의 제도화를 주체별로 보면, 1) 기업 조직체 내의 제도화 2) 시민사회의 민간 지원 제도 3) 국가 부문의 공적 지원 제도로 나눌 수 있다. 이들은 각각 현대 사회를 구성

[표 4-9] 기업윤리를 촉진·지원하는 제도화의 양상

사회의 제도부문	접근 방법의 특성	주요 목표	구체적 제도 장치·프로그램
①기업내부 제도	*기업지배형* *(governance)*	기존법제도 이행, 주주 권익 옹호	회사제도 전반 재검토 주주총회 기능개선 CEO의 기능강화 감사역의 기능강화
	법률준수형 *(compliance)*	비합법적 행위 금지	기업행동헌장(윤리강령) 책정 윤리전담부서 설치에 의한 관리·운영 업무 수행 기업내 교육·훈련의 확충·철저화
	가치공유형 (value sharing)	책임있는 행위의 실천	기업이념, 신조, 가치기준, 행동원칙 등 책정 윤리전무부서·자주관리조직 설치 및 전문담당임원 선임 기업내 교육훈련·사례토론 등 확충 기업조직 개편 권한위임, 권한부여(empowerment) 도덕 리엔지니어링(moral reengineering)
②시민사회 민간지원 제도	*자치적 접근*	업계중심 자주, 자율적 규제 확립	경제단체 행동헌장 각업계별, 직능단체별 행동 헌장 제정 기업윤리담당자 단체 설립 등
	평가적 접근	기업윤리 사회책임 평가	윤리적 기업 평가 및 자격부여시스템 윤리표준화 규격·인증 시스템 개발 윤리·사회책임 표창·포상 등 제도화
	시장적 접근	윤리평가 지표의 경제 효과 반영	사회적 책임투자(socially responsible investment)시스템 도입 융자, 경쟁입찰 등에서 윤리평가 적용 윤리보험제도
	교육적 접근	교육, 홍보 시민사회 계몽	대학의 기업윤리 커리큘럼, 강좌 확충 기업윤리 전문직 자격인증제도 전문직단체·사회평생교육기관 등의 윤리교육 확충 등

	홍보적 접근	기업, 업계 홍보(PR), 대중매체의 감시	GRI(Global Reporting Initiative)에 의거 기업정보 공개 촉진, 업계단체, 기업윤리전문단체의 정보 제공 대중매체의 감시성 보도기능 강화
	시민운동적 접근	기업감시· 비판 기능 효과적 자극	소비자운동(consumerism) 각종 NGO, 시민단체의 감시 시민옴버즈맨 제도
③공적지원 제도	*입법적 접근*	기업윤리의 법적 규정, 경제범죄, 부정, 불공정 행위, 노동·소비자 관련 보호	기업윤리관련 법령 제정·개정, 기업의 정치참여 로비, 정치활동위원회(Political Action Committee) 이슈 캠페인 등 활성화 등
	행정적 접근	국가에 의한 감독 및 기업 자치, 민간제도 원조 등 간접지원	행정감독기능 강화 행정에 의한 민간지원제도의 원조 행정에 의한 검사, 수사의 강화 등
	사법적 접근	법률적 판단에 의한 기업 윤리의 체질 향상 도모	징벌적 벌금제도 강화, 내부고발의 장려 내부고발자 보호 사법적 관련자 형사처리의 제도 도입 등

하는 세 부문인 시장과 시민사회, 국가를 대표하는 셈이다. 그 각각의 구체적인 내용을 요약하면 다음 [표 4-9]와 같다(梅津光弘, 2002 : 132).

위의 [표 4-9]가 담은 내용은 비교적 포괄적인 것이므로 이에 대한 자세한 해설은 하지 않겠으나, 기업윤리의 제도화를 성공적으로 성취하여 추진하려면 동시에 각 조직체의 기업 문화(corporate culture)에 대해서도 주목할 필요가 있다. 이러한 조직 문화(organizational culture)는 창업주 내지 최고 경영자를 비롯한 조직체 내부의 핵심 세력들이 지니는 가치관과 경영 이념 등을 반영하는 것이기 때문이다. 기업윤리도 이러한 조직 문화의 일환으로서 해당 기업체의 운영 지침과 구체적인 프로그램들이 그 문화로부터 연유한다고 볼 수 있는 것이다(Sims, 2003 ; Robbins and Judge, 2007 ; Hartman and DesJardins, 2008 ; Shaw, 2008 : 180-184). 같은 원리로 각 사회의 윤리적 문화의 내용과 수준에 대한 이해도 곁들이는 것도 중요하다. 기업윤리도 결국은 그 사회의 윤리 문제의 일환이기 때문이다. 본 연구에서도 그러한 견지에서 기업윤리와 직업윤리를 사회윤리의 맥락에서 이해하고자 한 것이다.

기업윤리의 제도화란 기업 활동의 일상적인 생활에다 윤리를 공식적으로 그리고 명백하게 뿌리내리도록 하는 조처를 뜻한다. 따라서 윤리의 제도화를 분석하거나 이해하려면 한 조직체의 특정한 행동이 지속적으로 일어나는지를 관찰하되 거기에 종업원의 윤리적 행동이 함께 묻어나는지를 확인할 수 있어야 한다. 이를 위해서는 우선 조직체 자체의 윤리에 대한 헌신 몰입(organizational commitment)의 결단을 요하고, 구성원의 윤리 의식이 뚜렷한 강력한 윤리적 문화(ethical culture)가 있어야 하며, 내부 고발을 장려하는 조직 환경을 만들고, 윤리 규범을 실천하는 시스템을 구조화하는 일 등이 요건이다. 거기에 경영층이 윤리경영에 대한 확신을 가지고 추구하고자 하는 가치를 분명히 밝힐 필요가 있다. 이 모든 요소를 기업윤리의 관리와 운영 차원에서 제도적 시스템 속에 포함하는 것이 중요하다. 거기에는 최고 경영자의 윤리관에서 비롯하여 기업 조직체 전체 속에 여러 모습으로 제도화할 필요가 있다. 여기 한 가지 참고가 될 내용을 [그림 4-5]에 옮긴다(전경련, 2007b : 87).

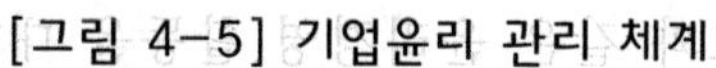
[그림 4-5] 기업윤리 관리 체계

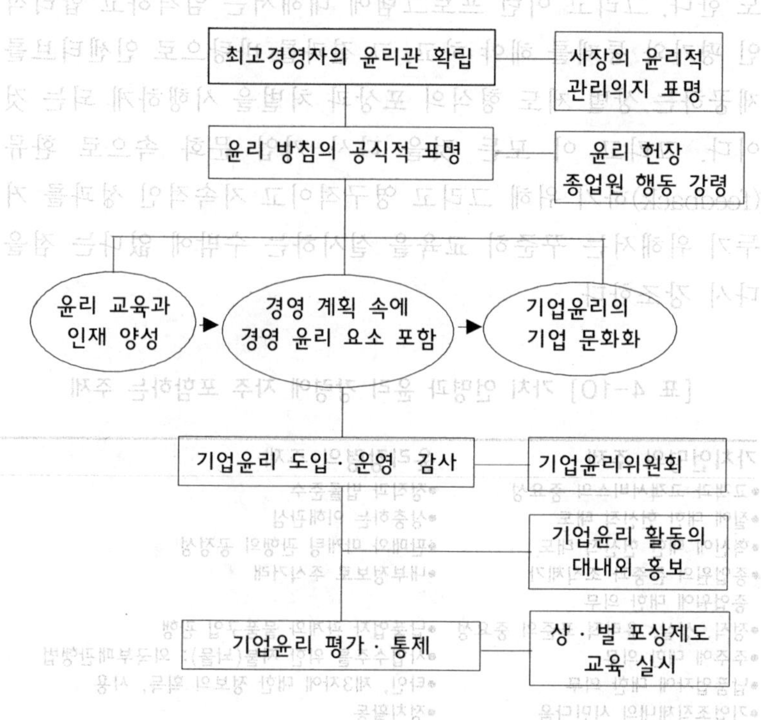

이와 같은 기업 차원의 가치 표명 또는 최고 경영자의 윤리관을 보통 윤리 강령(code of conduct)이나 윤리적 행동 지침에 담아냄으로써 제도화의 기틀을 세우게 되는 것이다. 그리고 그러한 가치는 다시 기업 문화에 녹아들어 운영 체계 속에서 구체화하며 이를 지속하기 위한 교육이 따라야 한다. 이는 경영 계획 속에 이미 경영 윤리의 요소를 포함하고 있어야 함을 암시한다. 한편, 이 모든 프로그램을 실천하는 단계에서는 기업윤리위원회와 같은 조직 구조상의 기구를 만들고 여기에서 실제 기업윤리 프로그램을 기획하고 도입, 운영하면서 감사를 하는 한편, 그와 같은 윤리경영 활동을 대내외적으로 홍보도 한다. 그리고 이런 프로그램에 대해서는 엄격하고 합리적인 평가와 통제를 해야 하고, 그 결과를 바탕으로 인센티브를 제공하는 상벌 제도 형식의 포상과 처벌을 시행하게 되는 것이다. 그리고 이 모든 것을 다시 기업 문화 속으로 환류(feedback)하기 위해 그리고 영구적이고 지속적인 성과를 거두기 위해서는 꾸준히 교육을 실시하는 수밖에 없다는 점을 다시 강조한다.

[표 4-10] 가치 언명과 윤리 강령에 자주 포함하는 주제

가치언명의 주제	윤리강령의 주제
•고객과 고객서비스의 중요성	•정직과 법률준수
•질에 대한 헌신적 태도	•상충하는 이해관심
•혁신에 대한 헌신적 태도	•판매와 마케팅 관행의 공정성
•종업원의 존중과 조직체가 종업원에 대한 의무	•내부정보로 주식거래
•정직, 성실, 윤리적 표준의 중요성	•납품업자 관계와 물품구입 관행
•주주에 대한 의무	•사업수주를 위한 지불(뇌물): 외국부패관행법
•납품업자에 대한 의무	•타인, 제3자에 대한 정보의 획득, 사용
•기업조직체내의 시민다움 (citizenship)	•정치활동
	•회사의 자산, 자원, 재산 사용
•생태환경 보호의 중요성	•재산소유 정보의 보호
	•가격, 계약 및 거래경리

이제 끝으로 우선 윤리 강령에 담아낼 가치의 내용을 정리한 [표 4-10]을 제시하고, 이어 국제기구와 미국, 일본, 한국의 기업 결사체 외 정부의 기업윤리 행동 강령의 보기를 추려서 [참고 자료]로 별도 소개한다. 개별 기업체의 예는 워낙 많으

므로 여기서는 제외하였다.[5)]

5. 소 결

이제 마지막으로 이러한 기업 경영 윤리 문제가 철학적인 윤리 이론의 관점에서는 어떤 유관성이 있는지 간략하게 고찰하기로 한다. 전반적으로 기업 활동이란 우선 다중의 인구를 대상으로 하는 경제 체계에서 이루어지는 것이라는 점에서 보면 우성 철학적 관심은 많은 사람들의 행복과 안위가 중요한 이슈로 떠오를 수밖에 없다. 그러므로 대체로 결과주의적 접근으로 이 문제를 다루는 것이 더 실질적일 것이다. 그리고 경제 행위는 어느 정도 자신의 이익을 추구하는 데 목표가 있다는 것이 하나의 특징이므로, 여기에 지나친 도덕적 완벽성을 요구하기는 어렵다. 그럼에도 불구하고 그것이 많은 사람들의 안전과 건강과 물질적 풍요에 관여하는 한에서는 경제인들의 덕성이라든지 동기에서 도덕적 판단 또한 문제시할 여지는 있다. 특히 경제란 자원의 배분과 밀접한 연관성을 지니는 사회적 행위에 해당하므로 정의의 문제가 항상 개입할 수 있는 현상이다. 이런 측면에서는 비결과주의적 평가를 받아 마땅한 영역이기도 하다.

위에서 여러 각도에서 이미 검토한 바지만, 적어도 기업 경영 행위에서 윤리 문제는 이제 단순한 이익 창출에 유익한 하나의 수단에 불과한 것이 아니라는 인식이 확산하고 있는 것만큼, 이익 추구와 사회적 정의 및 윤리적 책임 등이 서로 조화

5) 여기에 소개하는 자료는 모두 전경련(2007b : 182-255)에서 인용하였다.

하는 수준에서 이 문제에 접근할 필요가 있다. 다만 앞으로는 윤리적 완성이 중요한 이상적 목표가 된다는 생각을 강조하는 것도 중요하고 생각한다.

[참고 자료 4-1] 국제기구의 기업윤리 관련 선언의 공통 내용

1. 고용 정책

■ 다국적 기업은 현지국의 고용 정책을 위반하지 않아야 한다.
■ 종업원의 노동조합 결성권과 단체협약권을 존중해야 한다.
■ 동등한 고용 기회를 주어야 한다.
■ 동일한 일에는 동일한 급료를 주어야 한다.
■ 공장 폐쇄를 결정했을 경우 사전에 종업원에게 통고해야 한다.
■ 안정된 직장을 도모하고 임의 해고하지 말며 해고 수당을 주어야 한다.
■ 적절한 작업 안전과 보건 조치를 취하고, 작업 관련 위험성을 사전에 말해줘야 한다.
■ 종업원에게 최저 생계비 이상의 보수를 지급해야 한다.
■ 기업 활동이 현지국의 빈민층에게 혜택을 주어야 한다.
■ 현지국 근로자와 외국인 근로자의 취업 기회, 작업 조건, 생활 조건에 형평을 기해야 한다.

2. 소비자 보호

■ 소비자 보호에 관한 현지국의 법률을 지켜야 한다.
■ 정보 공개와 안전 포장, 정확한 광고 등을 통하여 소비자의 건강과 안전을 지켜야 한다.

3. 환경 보호

- 환경 보호에 관한 현지국의 법률과 우선 순위를 존중해야 한다.
- 환경을 보호하고 환경 파괴를 예방하며 파괴된 환경은 복구해야 한다.
- 환경 위험을 사전에 알려 환경 사고의 위험을 최소화해야 한다.
- 공기 · 물 · 토양 환경을 해치는 기업 활동은 제한해야 한다.
- 환경을 감시하고 보호하고 처리하는 기술을 개발 · 활용해야 한다.

4. 정치 헌금과 관여

- 공무원에게 뇌물이나 부적절한 돈은 주지 않아야 한다.
- 현지국의 국내 정치에 불법 개입하거나 관여해서는 안 된다.

5. 기본 인권

- 모든 인간의 생존권 · 자유권 · 안전권 · 사생활을 존중해야 한다.
- 모든 사람은 근로 · 직업 선택 · 근로 조건 · 고용 · 해고에 관해 법 앞에 평등하다.
- 모든 사람의 사상 · 양심 · 종교 · 의견 · 의사 전달 · 평화로운 집회 · 이전 자유를 존중해야 한다.
- 근로자와 가족의 건강과 복지를 위해 생활 수준 향상에 기여해야 한다.
- 부녀자는 특별히 보호하고 돌봐주어야 한다.

※ (주) 참고로 이 자료는 다음과 같은 국제기구의 다국적 기업 행동 강령에 담긴 공통 내용임을 밝혀둔다.

United Nations Universal Declaration of Human Rights, OECD, ILO, International Chamber of Commerce, United Nations Commission on Transnational Corporations.

[참고 자료 4-2] 미국 상무성의 기업 활동 강령 표준(Model Business Principles, 1995)

세계적 인권 신장에 미치는 미국 기업의 적극적 역할을 인정하기 때문에 미국 정부는 미국 기업이 전 세계적으로 활동하는 데 적어도 다음 내용을 포함하는 행동 강령을 자발적으로 채택하고 실천할 것을 장려한다.

1. 안전하고 건강한 작업장을 제공한다.
2. 아동 노동, 강제 노동, 인종별 · 성별 · 출신국별 · 종교별로 차별하지 않는 공정한 고용 정책을 실시하고, 조합결성권과 단체교섭권을 존중한다.
3. 책임성 있는 환경 보호 조치와 환경 관련 행동을 한다.
4. 불법 지출(뇌물)을 금지하는 법률을 지키고, 정당한 경쟁을 보장함으로써 옳은 기업 활동을 조장하려는 미국법과 현지국법을 준수한다.
5. 각급 관리층이 합법적 기업 활동에 관계되는 자유로운 의사 표현을 존중하고, 작업장에서 정치적 강압을 하지 않으며, 착한 기업 시민이 될 것을 장려한다. 또한 기업이 존재하는 지역 사회에 공헌하고, 모든 종업원이 윤리적 행동을 존중하여 가치 있게 생각하며, 솔선수범하도록 하는 기업 문화를 유지한다.

[참고 자료 4-3] 일본경제인단체연합회 기업 행동 헌장(1997)

1. 서 문

■ 전후 고도 경제 성장을 지탱해온 경제 사회 체계가 걸림돌이 되어서 금후의 발전에 제약 조건이 되고 있으므로, 근본적으로 개혁하기 위한 행동이 필요하다.
■ 전 세계가 국경 없는 사회가 되어감에 따라서 기업의 국제화가 새로운 차원으로 들어가고 있으므로 기업 행동을 세계적 관점에서 다시 검토할 필요가 있다.

■고도 정보 통신 네트워크 사회의 진전에 따라 새로운 종류의 기업 윤리 문제가 생겨나고, 기업 경영에도 종래와는 다른 방법이 필요하게 되었다.

■자연 보호와 지구 환경 보존, 사회 공헌을 적극적으로 경영 속에 포함시켜야 할 시대가 되고 있다.

■제조물책임(PL)법 제정(1955년)과 주주대표소송제 도입(1993년)을 위한 상법 개정으로 인하여, 자기 책임 강화와 투명성 향상이 더 한층 필요하게 되었다.

■규제 완화의 진전에 따라 기업은 정부 의존에서 벗어나 지금까지 공공 부문이 담당하고 있던 역할도 자기 책임 아래 적극적으로 기업 활동에 포함시킬 필요가 생기게 되었다.

2. 행동 강령

■사회적으로 유용한 재화와 용역을, 안전성을 충분히 고려하여 개발·제공한다.

■공정하고 투명하고 자유로운 경쟁을 하며, 정치 및 행정부와 건전하고 정상적인 관계를 가진다.

■주주는 물론이고 사회에 널리 홍보하여 기업 정보를 적극적이고 공정하게 공개한다.

■환경 문제를 위한 노력은 기업의 존재와 활동에 필수 조건임을 인식하여 자주적이고 적극적으로 행동한다.

■착한 기업 시민으로서 적극적으로 사회에 공헌한다.

■종업원에게 여유와 풍요로움을 갖도록 하고, 안전하고 일하기 좋은 환경을 확보하여 종업원의 인격과 개성을 존중한다.

■시민 사회의 질서와 안전을 위협하는 반사회적 세력이나 단체와는 단호히 대결한다.

■해외에서는 현지 문화나 관습을 존중하고, 현지 발전에 공헌하는 경영을 한다.

■최고 경영자는 이 헌장 정신의 구현이 바로 자기의 역할이라는 것을 인식하여 솔선수범하고, 관계자에게 철저히 주지시켜 사내 체계를 정비하며 윤리관의 함양에 노력한다.

■ 이 헌장에 어긋나는 사태가 발생하였을 때는 최고 경영자는 스스로 문제를 해결하고 원인을 규명하며 재발 방지에 노력한다. 또한 사회에 신속하고 정확한 정보를 공개하는 한편, 권한과 책임을 명확히 하여 자기를 포함하여 엄정한 처분을 받는다.

[참고 자료 4-4] 전국경제인연합회 기업윤리 헌장

우리 기업은 온 국민과 함께 지난날의 가난과 어려움을 딛고 땀과 창의로 오늘날의 자랑스러운 경제 발전을 이룩하였다.

우리 기업은 세계가 하나의 시장으로 열리고 경제력이 나라의 흥망을 가름하게 될 세기적 변화의 문턱에서, 나라와 민족의 장래를 떠받쳐야 할 소중한 사명을 짊어지고 있다. 머지않아 다가올 통일에 대비하기 위해 우리 기업은 국부를 늘리고 국력을 키우는 데 더욱 힘을 쏟아야 하며, 지속적인 성장과 발전을 통해 선진 복지 국가를 만들어 우리 후손에게 평화롭고 풍요로운 삶의 터전을 물려주어야 한다.

우리 기업은 창의와 활력이 넘치는 기업가 정신을 발휘하여 경영과 기술을 혁신하고, 투명한 기업 경영을 통해 새로운 시대 정신과 국민적 여망에 부응하는 바람직한 정경 문화를 정착시켜 건실하게 성장해나가야 한다.

우리 기업은 자유시장 경제 체제를 창달하여 국민의 희망과 꿈을 실현시키고, 국민으로부터 신뢰받는 기업으로 만들어나가야 한다. 세계와 호흡을 같이 하고 국민으로부터 사랑받는 기업 문화를 가꾸어나가는 것이야말로 우리 기업이 나가야 할 참다운 길이다.

이에 우리 기업은 새로운 마음가짐으로 다음과 같이 우리가 힘써 행할 바를 정하여 이를 실천해나가고자 한다.

[다 음]

1. 우리 기업은 기업 시민으로서 사회적 책무를 다한다.

기업은 좋은 일자리를 만들고 양질의 제품과 서비스를 제공하여 국민의 삶을 알차고 풍요롭게 일구는 것이 중요한 역할임을 인식하여, 국가 사회의 생산 주체로서 국가 경제 발전의 근간이 되고 있다는 책임감과 긍지를 갖고 기업 시민으로서 맡은 바 책무를 다한다.

2. 우리 기업은 창의와 혁신을 통해 정당한 이윤을 창출한다.

기업은 가치 창조와 이윤 창출을 통해 기업을 영속적으로 유지·발전시킬 사명을 띠고 있으며, 부실 경영은 국가 사회에 대해 폐해를 입히는 것임을 자각하여, 끊임없는 경영 혁신과 건전한 이윤 창출 경영으로 국제 사회에서 환영받는 우량 기업으로 키워나간다.

3. 우리 기업은 투명 경영을 하는 데 노력을 다한다.

우리 기업은 공정 투명하고 자유로운 경영을 하며, 주주는 물론 모든 기업의 이해 관계자에게 기업 정보를 공정하게 공개한다.

4. 우리 기업은 정치권 및 정부와 건전하고 투명한 관계를 유지한다.

우리 기업은 임직원이나 종업원 개개인의 정치적 견해와 참정권은 존중하되, 회사 내에서의 정치적 활동은 금지하며, 정치권 및 행정부와 투명한 관계 유지를 통해 바람직한 정경 문화 정착을 위해 노력한다.

5. 우리 기업은 전문 경영인의 육성을 위해 노력한다.

우리 기업은 전문 경영인들의 자율과 창의를 바탕으로 스스로 책임을 다하는 자율 책임 경영 체제를 공고히 하고, 세계 일류 기업으로서의 경영 기틀을 마련하는 데 노력을 다한다.

6. 우리 기업은 기업 상호간에 공정한 경쟁을 한다.

우리 기업은 자유롭고 공정한 경쟁이 경제의 효율을 높이고 모두가 함께 발전할 수 있는 바른 길임을 깨달아 경쟁 기업을 존중하고 공정 거래와 경쟁 질서를 확립한다.

7. 우리 기업은 대·중소기업 간 협력을 발전시켜나간다.

우리 기업은 대·중소기업 간에 보완적 유대 관계를 두터이 하여 동반자적 관계를 확립하는 것이 더불어 발전하는 길임을 인식하고, 상호 간 신뢰의 기초 위에 긴밀히 협력한다.

8. 우리 기업은 소비자와 고객의 권익 증진에 힘쓴다.

기업은 소비자와 더불어 존재하는 것이므로 기술 개발과 품질 향상으로 소비자의 욕구에 부응하는 좋은 제품과 서비스를 제공하고, 참된 고객 만족을 실천하여 소비자의 권익 증진에 힘쓴다.

9. 우리 기업은 모든 기업 구성원의 이익을 향상시킨다.

우리 기업은 주주, 경영자, 종업원 등 모든 구성원의 공존 공영 관계를 이룩하고, 창의로운 기업 활동으로 건전한 이윤을 창출하여 구성원 개개인의 업적과 노력에 따른 적정한 보상을 함으로써 기업 구성원이 보람찬 삶을 영위할 수 있도록 노력한다.

10. 우리 기업은 환경 친화적 경영을 지향한다.

기업은 자연 환경이 우리 후손에게 물려줄 귀중한 자산이며 세계 시민이 함께 건강하고 쾌적한 삶을 누리는 터전이 됨을 인식, 환경 친화적 경영으로 환경 오염을 예방하고 자연 환경을 보전하며 맑은 물, 깨끗한 공기, 푸른 숲을 가꾸어나가는 데 노력한다.

11. 우리 기업은 지역 사회의 발전에 기여한다.

우리 기업은 지역 사회를 구성하는 공동체의 일원으로서 전통과 문화를 존중하고 지역 주민과의 유대를 돈독히 하며, 지역 사회의 고용 증진과 경제 및 문화 발전에 기여한다.

12. 해외 진출 기업은 현지국의 선량한 기업 시민으로서 현지국의 법률을 준수하고 현지국의 문화와 거래 관행을 존중한다.

세계화 시대의 국제 기업은 현지국에서도 자국에서와 마찬가지로 선량한 기업으로서 의무를 충실히 수행하고, 범세계적인 윤리 원칙의 범위 안에서 현지국의 거래 관행을 존중한다.

13. 우리 기업은 이 헌장을 준수하고 실천이 가시화되도록 공동 협력하여 국민으로부터 신뢰받는 기업을 만드는 데 노력한다.

전경련은 기업윤리위원회를 통해 기업윤리와 관련한 문제를 자율적으로 조정하고, 기업윤리 정착을 위한 사업을 지속적으로 추진한다. 또한 기업이 이 헌장에 위배되는 행위를 하여 사회에 심각한 영향을 미친 경우 기업윤리위원회를 통해 엄정한 조치를 취한다.

제 5 장
직업윤리의 원칙과 실제

사실상 직업윤리도 넓게 보면 사회윤리와 기업윤리의 한 부분이다. 사회 생활에서 직업 활동은 불가결의 요소일 뿐 아니라 기업윤리의 논의에서도 주로 종업원의 윤리적인 행동을 다루는 내용이 곧 직업윤리를 내포하고 있다. 그러나 본 연구에서 특별히 이 주제를 분리하여 검토하려는 가장 중요한 이유는 우리 사회에서 과연 직업윤리에 대한 의식과 제도가 제대로 정립되어 있는가 하는 의문이 쉽사리 가지 않은 데 비해서 이에 대한 연구나 논의는 별로 두드러지지 않기 때문이다. 그러니까 사회윤리나 기업윤리의 큰 테두리에 묻혀버리면 직업윤리의 본래적인 양상에 대한 분석이나 이해를 적정하게 취급하기 어려워지는 문제를 극복하기 위해서는 일단 직업윤리를 따로 다룰 필요가 있다고 보는 것이다.

직업윤리는 사회 구성원 개인이 직업 상황에서 어떻게 행동하는 것이 옳은지를 판별하는 도덕적 원리와 윤리적 기준의 문제에 해당한다. 기업윤리의 문맥에서는 기업체라는 경제 조직체의 종업원(employees)의 윤리 문제를 집중적으로 논의하는데, 직업은 비단 기업체에서만 일어나는 행위가 아니므로 사회 전체의 관점에서는 어떤 직업이든 그것이 요청하는 윤리적 표준이 있게 마련이다. 다만 여기서 유의할 것은 직업윤리가 직업 생활을 하는 모든 사람에게 적용할 때와 다양한 직종에 종사하는 맥락에서 그 직업 수행에 특수한 윤리적 쟁점을 다룰 때는 구분할 필요가 생긴다는 점이다. 이 점을 고려하여 본 저서에서는 우선 직업윤리 일반에 관한 논의에 이어 역시 기업윤리의 문맥에서 종업원에게 요구하는 윤리 문제를 집중적으로 살펴보면서, 노동 윤리라는 특수한 맥락의 쟁점을 일단 검토의 대상으로 삼은 다음에 공직과 전문직에 관련한 윤리적 쟁점을 따로 개관할 것이다. 그리고 특별히 전문직 중에서 사회 복지 관련 직업윤리를 한 가지 특수한 보기로 들어 소개하는 것으로 마무리하겠다.

1. 직업윤리의 일반적 의미

직업이라는 말은 영어에서의 occupation의 번역어로 쓰는데, 영어의 vocation과 독일어의 Beruf라는 표현은 소명(召命) 혹은 천직이라는 의미를 표상하기도 한다. 때로 직업은 일(work)과 동의어로 사용할 때도 있는데, 그것은 몸을 움직여서 어떤 활동을 하는 것을 가리키며 아무것도 하지 않는 상태(휴식)나 생산적이지 않은 활동(여가)과 구별하는 말을 의미한다. 그 활동이 신체적이든 정신적이든 생산적인 일은 노동(labor)

이라고 일컫기도 한다. 그런데 일과 노동은 주로 개인의 활동에 초점을 맞춘 개념인 데 비해 직업은 항상 어떤 사회적 맥락 속에서 일과 노동을 할 때를 염두에 두고 있다. 일종의 사회학적 개념이라고 할 것이다. 사회학적이라는 말은 직업에 종사함으로써 생계를 위한 경제적 보상을 얻게 되는 동시에 반드시 그 직업의 종류에 따라 사회적 지위가 생기고, 신분이나 계층적 의미 부여를 얻어서 사회적 정체 의식을 갖게 되기 때문이다. 가령 우리나라의 전통적 신분이 사농공상(士農工商)과 같은 직역(職役)에 의해서 정해진 것이 바로 그런 뜻을 함축하는 보기다. 이처럼 일과 직업에 대한 관념 자체는 시대에 따라 사회마다 의미가 달라져온 역사가 있다(김경동, 1988 ; 2008).

요컨대 사회 생활에서는 어떤 직업에 종사하는 것 자체가 의미 있는 현상이며 그런 까닭에 거기에는 윤리적 책임이 따른다. 우선 직업 생활에 의해서 인간은 자아 실현의 기회를 누리고 인간다운 삶을 영위할 바탕을 마련한다. 그리고 “일하지 않으면 먹지도 말라”는 격언이 암시하듯이, 일하지 않는 실직 상태가 개인에게는 불행이지만 사회적으로는 부도덕한 것으로 간주할 수 있다. 사람은 직업 활동에 의해서 자신과 가족의 생계만을 보전하는 것이 아니고 지역 사회는 물론 더 나아가 국가 전체의 사회 경제적 발전에 기여하는 동시에, 심지어 오늘날과 같은 전 지구적 차원에서도 인류의 복지 증진에도 공헌한다는 측면도 분명히 있다(김경동, 1988).

그러므로 일단 직업에 임할 때는 최소한의 윤리적 기대가 사회적으로 주어진다. 예컨대 직업을 대하는 바람직한 태도라는 관점에서 정직성과 성실성, 능동성과 적극적 노력, 창의성, 원만한 인간 관계, 예절 존중과 같은 덕목을 요구하는 것이 바로 그러한 직업윤리의 일반적 관념이라 할 것이다(김태길, 1999 : 121-161). 더 나아가 직업 활동에서도 개인의 이익만 챙기고 사회나 직장의 이익을 무시하는 자기 중심적 태도를 문제 삼아 도덕적 각성을 요구하는 것도 직업윤리의 한 측면이라 할 수 있다(김기태, 2008). 서방 세계의 청교도적 직업윤리는 금욕주의에 토대를 둔 것으로, 거기에는 근면 성실성과 신뢰성, 정확성, 절약성, 정당한 책임과 결과를 겸허히 수용하는 태도 등을 중시한다(장홍근 외, 2007).

요약하면, 직업윤리란 어떤 직역에서 활동할 때 그 직업의 특성에 따라 특수한 직업윤리를 규정하는 사회 규범 중 엄격한 제재를 수반한다는 원규(原規, mores)와 직업 활동 전반에 공통적으로 해당하는 보편적 직업윤리, 즉 정신적 기풍(ethos)으로 구분하여 접근하기도 한다. 직업적 원규는 특별히 전문직과 같은 높은 지위와 특권이 따르는 직업에서 일어나는 행위와 관련하여 위반할 때는 동업자의 제재라든지 국법에 의한 처벌 같은 것으로 타율적이고 구속적인 제약이 따를 수 있는 규범이다. 이에 비해 직업의 정신적 기풍은 직업인 전반에 대한 윤리적 규준을 적용할 때 적용하는 일종의 노동 윤리라 할 수 있다. 이런 노동 윤리는 직업인에게 기대하는 보편적, 지속적, 잠재적인 노동 정신이나 태도 혹은 자세를 가리키며, 여기에 대해서는 통상 구체적으로 타율에 의한 구조적 제약 같은 것은 적용하지 않는다. 오히려 주변의 무언의 비난이나 질책과 같은 자연스러운 제재가 따른다(탁희준, 1990).

여기서 직업윤리가 직업이 속하는 영역인 직역(職域)과 직업의 종류(직종), 직업적인 기능(직능), 직업적 지위(직위) 등에 따라 달라질 수 있다는 사실과 만난다. 우리가 앞에서 기업윤리를 논할 때는 기업주를 비롯한 경영자의 윤리적인 행위를 주로 문제 삼은 것도 그런 맥락에서다. 거기서 우리는 종업원의 권리에 관해서 고용주나 경영자의 도덕적 의무를 논한 바 있거니와, 종업원의 윤리적 의무는 직업윤리의 문맥에서 따로 다루기로 하고 남겨두었음을 기억할 것이다. 그러므로 이제는 기업윤리의 일환으로서 직업윤리를 살펴보기로 한다.

2. 기업윤리로서 직업윤리

1) 기업체의 구성원에게 기대하는 윤리적 요구

대체로 한 번 기업체에 종사하게 되면 일단 고용 관계의 계약이 성립한다고 보아야 하며, 그러한 사회적 계약에는 명시적 혹은 암묵적으로 종업원 또는 구성원으로서 요구받는 조직체의 기대가 있다. 이를 요약하면 다음과 같다(이종영, 2008 ; 김성수, 2009 ; Shaw, 2008).

① 회사에 충성해야 할 의무 또는 회사의 이익을 해치지 않을 의무 : 회사의 구성원이라면 자기가 속한 조직체에 충성할 의무는 기본적으로 주어지며 이런 요구는 일리 있고 정당한 것으로 인정한다. 다만 이때 한 가지 주의할 쟁점 사항이 있을 수 있다. 소위 이익 상치 또는 상충하는 이해 관심(conflicts of interest)이 발생하는 상황이다. 가령 조직체의 이익에 상반하는 판단이나 행동을 할 만큼 중요한 거래, 투자 등을 회사의

거래처, 고객, 유통업자 등과 맺을 때는 이런 문제가 생길 수 있다. 이런 상황에 대비하여 회사에는 보통 일정한 재정적 이익의 허용 범위를 정해놓는 수가 있다.

② 공식적인 지위 남용 금지 내지 회사의 영업 비밀 보호의 의무 : 개인의 이익 추구를 위해 회사의 공식적인 지위를 남용하는 것도 회사에 대한 의무 위반에 해당한다. 그 예로는 비공개 주식 정보를 이용한 내부 거래라든지, 회사로서는 비밀로 간주하는 중요 정보나 거래 기밀 등을 유출하거나 외부, 타경쟁 회사에 판매하는 등의 비윤리적 행위가 있다.

③ 뇌물 공여와 반대 급부 수납(kickbacks)의 금지 의무 : 뇌물 공여나 어떤 회사 방침에 어긋나든지 회사에 불이익을 초래할 수 있는 업무상 거래에 대한 반대 급부 형식의 특혜 따위를 받는 것은 개인에게 피해를 줄 뿐 아니라 경제와 정치 제도 및 경제 성장과 자유시장 체제 자체마저 해칠 우려가 있다.

④ 선물과 향응 제공 금지 의무 : 선물이나 향응으로 상대방을 대접하는 행위는 다음과 같은 몇 가지 기준으로 판단할 필요가 있다. 1) 그 가격이나 가치의 규모가 적정한가? 2) 목적의식이 개입한 것은 아닌가? 그렇다면 그 목적은 어떤 성질인가? 3) 선물이나 향응을 제공하는 상황은 어떤 함의를 갖는가? 4) 받는 사람의 지위와 영향력의 민감도는 어느 정도인가? 5) 동종 산업계에서 흔히 수용하는 공통의 관행은 무엇인가? 6) 회사의 정책과 지침은 어떤 것인가? 7) 법에서는 어떻게 규정하는가?

⑤ 회사에 대한 의무와 상충하는 제3자에 대한 의무 : 때로는 고용주나 직장에 대한 의무와 동료, 친구, 기타 회사 밖의 제3자에 대한 의무 사이에 균형을 생각할 때 이익 상충의 문제가 생길 수 있다. 이런 때는 자신의 행동을 공개적으로 방어할 용

의가 있는지, 또는 다른 사람들과 이 딜레마 문제를 상의할 만한지 고려할 필요가 있다.

⑥ 상사의 명령에 복종할 의무 : 회사의 목표 달성을 위한 직무상의 활동에서 종업원은 누구나 상사의 명에 따를 의무가 있다. 다만 그것이 기업 활동과는 무관하거나 비윤리적이거나 불법일 때는 복종할 의무가 없다. 이 또한 갈등을 일으킬 소지가 있으므로, 이런 문제에 대한 윤리 지침 등을 마련하여 모두에게 주지시키는 것도 필요하다.

⑦ 산업 평화를 위한 노사 합의의 의무 : 노사 갈등으로 기업 활동에 피해가 발생하는 것을 막을 의무가 모든 구성원들에게 있다. 노사 갈등은 기업에만 손해를 입히는 데 그치지 않고 국가 경제와 사회 질서 유지에도 악영향을 미칠 수 있다.

⑧ 사회적 책임 이행의 의무 : 이는 기업의 사회적 책임 차원에서 모든 종사자들이 회사의 방침과 행동 지침에 동조하는 것이 마땅한 의무다.

⑨ 생태 환경 보호 및 개선의 의무 : 이 문제는 모든 국민에게 해당하지만, 특히 환경 오염을 발생시키는 식으로 기업 경영을 하는 회사에는 심각한 문제 제기가 있을 수 있고, 그 맥락에서 종업원도 당연히 그 의무에 관심을 가지고 생태 환경 보호에 기여해야 할 것이다.

⑩ 직장을 떠날 때의 예의 : 근무하던 직장을 자의나 타의에 의해 떠나야 할 때는 최소한의 예의를 지킬 의무가 있다. 사직하기 상당 기간 전에 통보, 철저한 업무 인계, 끝까지 업무에 충실, 휴가 등 자기몫 챙기기 삼가, 인간 관계 개선 또는 유지 노력, 경쟁사로 이직 삼가, 업무상 기밀 보장, 이직 후 전 직장에 대한 험담 금지 등의 항목을 들 수 있다.

2) 기업체 구성원의 비윤리적 행위

위에서는 직업윤리를 주로 기업체 종사자의 의무라는 조직적 맥락에서 검토한 것인데, 회사에 근무하는 사람들이 일반적으로 저지를 수 있는 비윤리적 행위를 기피하도록 기대하는 것도 직업윤리의 한 측면이라고 할 수 있다. 그 내용을 간단히 요약하면 다음과 같다(Sims, 2003 : 99).[1)]

① 도둑질(남의 것을 훔치기, stealing)

② 거짓말(진실이 아닌 것을 말하는 행위, lying)

③ 사기와 기만(허위 인상 조작, 영속 행위, fraud and deceit)

④ 이해 관심의 상충과 영향력 매수(뇌물 수수, 보상 지급, 반대 급부 제공, conflict of interest and influence buying)

⑤ 정보의 은닉 대 누설(알 권리가 있는 타인으로부터 정보를 숨김, 개인의 독점적 재산인 정보 보호를 하지 않는 행위, hiding vs divulging information)

⑥ 속임수(상황을 불공정하게 악용하는 행위, cheating)

⑦ 개인적 타락(직무 수행에서 수월성의 표준 아래를 겨냥하여 적당히 아무렇게나 부주의하게 처리하는 행위, personal decadence)

⑧ 인간 관계 악용(성 차별, 인종 차별, 감정적 폐해 등 타인의 인간적 해악 행위, interpersonal abuse)

⑨ 조직 차원의 권한 남용(불공평한 보상, 권력의 부적절한 남용 등 조직체 구성원에 대한 권한 남용, organizational abuse)

---

1) 여기에 소개하는 항목들은 1990년 초 미국의 *Wall Street Journal*의 60여 편의 기사에서 윤리적 쟁점 사항으로 언급한 내용을 집약한 것이다.

⑩ 규칙 위반(조직체의 규칙 위반 행위, rule violations)

⑪ 비윤리적 행위의 종범(비윤리적 행위를 알면서도 보고하지 않는 행위, accessory to unethical acts)

⑫ 윤리적 딜레마(거의 동등한 비중의 바람직한 대안과 바람직하지 않은 대안 중의 선택, ethical dilemmas)

여기에 열거한 사항들은 기업체와 같은 공식적 조직체의 종업원들이 일상의 크고 작은 결정 행사를 하는 과정에서 되도록이면 범하지 않도록 항상 주의할 내용이지만, 실제 상황에서는 기준이 불분명할 때도 있으므로 주어진 특수 상황에서 잘 판단해야 하는 부담이 따른다.

3) 내부 고발의 의무

기업체의 맥락에서 주목할 직업윤리의 한 특수 요소로서 이른바 '호각 불기' 혹은 '휘파람 불기(whistle-blowing)'라 일컫는 내부 고발 또는 내부 신고의 문제가 있다. 내부 고발이란, 종업원이 자기가 속한 기업체나 조직체의 불법적 또는 부도덕한 행동에 대해서 공중에게 공개하는 행위를 말한다. 이런 고발 행위는 대체로 전문적인 책임감이 동기가 되어 행해진다. 고발자는 적어도 공공의 이익이 조직체에 대한 자신의 충성심보다 더 중요하다는 신념으로 그런 행동을 한다는 것이 원칙이다. 사실 이 문제는 상당히 민감한 쟁점을 내포하기 때문에 신중을 기하는 것이 중요하다. 이 같은 고발이나 신고를 하는 개인은 그만한 책임감에서 하지만, 또 그에 따르는 희생과 손해도 감수해야 하기 때문이다.

이런 상황에서 원칙적으로 도덕성보다 더 우선하는 것은 없다고 주장하는 이들도 미미한 잘못을 시정하기 위해서 큰 희생을 하도록 도덕성이나 윤리관이 요구할 필요는 없다고도 한다. 그러니까 윤리적 책임과 자신의 이해 관심에 기초한 신중함 사이에는 약간의 상충이 발생할 수 있으므로, 누구나 자신을 보호하기 위해 신중한 행동으로 귀착할 소지는 있다. 이런 쟁점이 개입하기 때문에 내부 고발 행위를 할 때는 적어도 다음과 같은 조건을 충족하는지 면밀한 검토 후에 행동에 옮기도록 해야 그 고발이 도덕적인 정당성을 얻을 수 있을 것이다(이종영, 2008 : 344 ; 김성수, 2009 ; Shaw, 2008 : 298-300).

① 적절한 도덕적 동기에서 하는 행동이어야 하며 사회를 위하는 행위임을 객관적으로 입증할 수 있어야 한다.

② 아주 특별한 상황을 제외하면, 고발자는 공중에 공개하기 전에 조직체 내부에서 의사 표시를 할 모든 통로를 이용하여 시정 노력을 시도해야 한다.

③ 실지로 윤리적으로 문제가 될 수 있는 행동을 지시하거나 시행했다는 확실하면서도 누구나 믿을 수 있는 증거를 제시할 수 있어야 한다. 정보 확인과 문서화가 필요할 수 있다.

④ 내부 고발자는 신고 전에 비윤리적 행위의 결과가 초래할 위험성에 대하여 다음과 같은 측면의 분석을 신중하고 철저히 해야 한다. 1) 도덕적 위반의 심각성 2) 문제의 시급성 3) 특정 부도덕 행위에 대한 고발자의 적확한 지적 가능성 등이다.

⑤ 누구를 비난하기보다 사실만 객관적으로 진술해야 한다.

⑥ 내부 신고냐 외부 고발이냐를 결정해야 한다.

⑦ 신고 방법을 실명으로 할지 무기명으로 할지를 결정해야

한다.

⑧ 신고할 때 동참할 사람이 필요한지를 정해야 한다.

⑨ 최소한의 신고 절차를 준수해야 한다.

⑩ 필요하면 사전에 변호사와 상의하는 것도 고려해야 한다.

⑪ 회사의 보복을 각오하고 보복 내용을 기록해야 한다.

⑫ 고발 후에 부도덕하고 불법적인 잘못된 관행을 실지로 시정하는 일이 성공할 확률에 대해서도 최소한의 확신이 있어야 한다. 성공 확률이 너무 낮은 고발은 오히려 폐해만 불러올 수 있다. 다만 비록 당장의 내부적 시정의 개연성은 높지 않다 해도, 그러한 공개로 말미암아 국가나 시민사회 부문에서 그에 대한 주의를 환기시키고 입법적인 조처를 하게 되는 동기를 부여할 수 있다면 그것으로도 공익에 기여한 것으로 간주할 수는 있을 것이다.

여기에 한 가지 덧붙여 지적할 것은 내부 고발자 자신의 도덕적 법적 결백성을 확신할 수 있어야 한다는 조건의 확보다. 스스로 윤리적인 문제가 있거나 내부 고발 행위가 법적으로 문제될 수 있다면 이는 특별히 신중을 요하는 요인이라 할 수 있기 때문이다.

이 내부 고발에 관련하여 중요한 원칙은 공익과 대비하여 신고자의 개인적 자기 이익의 희생 사이에 발생하는 이해 관심의 상충으로 인하여 신중을 기하는 차원에서 공익적 행동을 포기하는 것이 과연 옳은가 하는 것이다. 적어도 기업윤리의 견지에서는 가능하면, 그러한 신중론의 유혹을 극복하고 공공의 이익과 도덕적 완성도에 충실하도록 노력하자는 견해를 제시하려는 것이다. 그리고 이런 미묘한 문제를 현명하게 다루기 위해서는 우선 급한 대로 입법 과정에 의하여 그런 행위의 위험성을 줄이려는 노력이 필요하고, 기업체 내부에서는 이를 보호하기 위한 기업 문화를 진작시키는 과제를 추진하는 동시에 내부 고발 행위에 대한 명확하고 적극적인 정책을 수립해놓는 것도 중요하다(Shaw, 2008 : 300-304).

3. 노동 윤리

우리의 주제가 주로 직업윤리지만 직업에는 노동이라는 활동이 수반할 뿐 아니라 노동이 일어나는 사회적 맥락으로서 노사 관계와 노사 갈등의 문제가 사회윤리의 영역으로 들어올 여지가 있다. 그러므로 여기에서는 특별히 노동 윤리라는 주제를 별도로 고찰하려고 한다. 앞에서 노동 윤리란 직업 전반에 대한 사회적 기대를 노동에 임하는 직업인의 정신적 기풍으로 간주한다고 하였거니와 이것도 시대와 사회에 따라 변화를 보인다(탁희준, 1990 ; 조남홍, 2008).

1) 예를 들어 동방에서는 일종의 유기적 노동윤리관을 강조한다. 개인을 유기체의 세포처럼 사회 체계의 일부분으로서 간주하고 각자 자신의 위치에서 최선을 다함으로써 기업과 경제, 나아가 국가 사회의 존속·발전에 기여할 수 있다는 노동 윤리에 해당한다. 2) 한편, 서방 세계에서 지배적인 기독교 사상에서는 주로 금욕적 노동관 내지 노동윤리관을 부각시켜왔다. 한마디로 직업에 대한 몰아적인 금욕적 헌신이야말로 자기 실현의 길이라는 관점이다. 3) 이에 반해 마르크스주의적 노동관에서는 집단주의적 평등 사상에 기초하여 능력에 따라 일하고 필요에 따라 분배하는 평등주의적 사회 건설을 지향하는 노동

윤리관을 제시한다.

시대적으로는 근대화 이전의 서방이나 동방 사회에서는 노동을 천시하는 노동관에 입각한 노동 윤리를 실현하려 하였고, 근대화와 함께 주로 기독교의 종교 개혁의 영향 아래 노동을 신성시하는 사조가 지배적이 되었다. 그러는 과정에 마르크스의 공산주의 이념은 노동 착취에 의한 노동의 잉여가치설이 등장하기도 하였다. 이것이 노사 관계로 표출하게 되면 초기에는 노가 사에 일방적으로 종속되는 관계에서 점차 노사가 대립 갈등하는 양상으로 흐른 뒤, 점차 노사 간 협력을 강조하는 방향으로 변천해오고 있다. 현재에는 적어도 선진국을 중심으로 노사 간 상생 관계의 중요성을 부각시키는 추세라 할 수 있다.

이 같은 시대적 흐름 속에 노동 윤리의 쟁점은 근로자의 근면성 저하, 생산직 노동 기피와 3D 기피(difficult, dirty, dangerous) 현상, 지위 지향성과 평등주의 지향 등이 지배적인 성향으로 나타나면서 생산성 저하라든지 노사 갈등의 문제가 심각한 상황을 엿볼 수 있게 되었다. 그런 가운데 노동 윤리나 직업윤리에 대한 교육과 훈련이 부족한 것이 문제로 떠올랐다. 특히 우리나라에서는 노사 갈등의 심각한 충격으로 경제 부흥에 어려움을 겪고 있는 실정이라 최근에는 『파업 윤리가 필요하다』는 제목으로 서적을 출판한 예까지 볼 수 있게 되었다(조남홍, 2008).

그런 맥락에서 한국 노사 갈등의 매우 독특한 문화적 특질을 검토할 필요가 있다(Kim, 2004 ; 김경동, 2007). 먼저, 갈등의 성격을 요약하면 다음과 같다.

① 갈등이 빈번하다.
② 갈등이 오래 지속한다.

③ 갈등은 군집 행동의 형식을 띤다.
④ 갈등이 불법적이다.
⑤ 갈등이 과격하고 폭력이 개입한다.
⑥ 갈등의 동기가 자기 중심적이다.
⑦ 갈등의 명분이 실종된다.
⑧ 갈등이 본질을 벗어난다.
⑨ 갈등이 극단으로 흐른다.
⑩ 갈등을 '기 싸움'으로 끌고 간다.
⑪ 제3자 개입으로 갈등을 악화시킨다.
⑫ 갈등에도 눈치 보기가 작동한다.
⑬ 갈등에 이념이 개입하면 걷잡을 수 없다.
⑭ 갈등은 대체로 부정적 결과를 초래한다.

이 같은 노사 갈등의 배경에는 역사적인 요인과 사회 문화적 요인이 작용했다고 보는 것인데, 그러한 요인을 개괄적으로 정리하면 아래와 같이 집약할 수 있을 것이다.

먼저, 우리 사회의 사회 조직 원리 중에서 제3장에서 자세히 소개한 전통적인 요소를 간추리면 다음과 같은 9가지를 지목할 수 있고, 그런 요인들이 갈등뿐 아니라 우리 사회의 윤리적인 문제 발생에도 영향을 미치는 것으로 볼 수 있다.

① 감성주의(Emotionalism)
② 인정주의(Personalism)
③ 집합주의(Collectivism)
④ 연고주의(Connectionism)
⑤ 명분주의(Pretext)

⑥ 도덕주의적 의례주의(Moralistic Ritualism)

⑦ 평등주의 평준화 의식(Egalitarian Leveling Tendency)

⑧ 극단적 양분법적 흑백 논리(Extremist Dichotomous Mentality)

⑨ 위계 서열적 권위주의(Hierarchical Authoritarianism)

⑩ 정치 우위의 권력 및 지위지향성(Supremacy of Politics and Power-Status- Orientation)

가령, 갈등의 빈번과 지속, 과격, 극단, 불법성 등의 현상은 주로 이성보다 감성을 앞세우는 감성주의와 인정주의가 작용한 탓이고, 집단이기주의나 명분 실종, 군집 행동, 눈치 같은 갈등의 특징은 집합주의나 연고주의 등의 영향으로 볼 수 있다. 명분 중시나 도덕주의 성향, 흑백 논리는 기 싸움과 이념 대립을 야기하고, 권위주의나 군력, 지위지향성은 갈등을 무조건 억제하려는 특징을, 그리고 평등주의 평준화 의식은 이에 대한 저항에서 나타난다고 할 것이다. 거기에다 한국의 식민지 역사, 분단과 한국전쟁의 유산인 극단적 이념 대결, 급격한 공업화와 도시화, 반복한 정변과 쿠데타, 민주적 이행과 사회적 자유화 등 다양한 격변을 겪으며 갈등을 잠재우는 데 실패한 것으로 설명할 수 있다. 다만 사회적 갈등을 해소하는 목표가 궁극적으로는 사회의 통합을 이룩하는 것인데, 여기에 필수적인 통합을 주도할 구심점과 사회가 나아갈 방향을 제시하는 합의된 비전의 결여가 근본적인 문제의 원천으로 남는다.

갈등 관리와 해소 노력에는 공공선과 공익 정신, 책임 의식, 합리성, 차분한 대화와 소통, 양보와 타협 등의 덕목이 효과적으로 작동해야 하는데, 우리의 사회 문화적 배경이나 풍토는 이에 미치지 못하기 때문에 문제가 잘 풀리지 않는다.

① 공공선과 공익 정신은 인정주의, 연고주의, 집합주의 등과 모순되며,
② 책임 의식 또한 인정주의, 연고주의, 집합주의 등으로 망가질 수 있고,
③ 합리성은 감성주의, 인정주의, 연고주의 등과 배치되며,
④ 침착한 대화와 소통은 감성주의, 흑백 논리, 명분, 권위주의 등과 마찰을 일으키고,
⑤ 양보와 타협은 감성주의, 흑백 논리, 명분주의, 집합주의, 평준화 의식, 권위주의, 권력 지위 지향성 등과 양립하기 어려운 덕목들이다.

또한 이 같은 갈등의 특성이 생겨난 문화적 배경에는 앞서 제3장에서 언급한 대로 우리의 역사, 특히 조선조 시대의 유교적 가산제 국가의 전통과 식민지 경험에서 유래한 천민자본주의적 기질이 자리잡고 있음은 주목할 만하다. 가산제적 정치문화는 위에서 열거한 권위주의, 지위·권력 지향, 도덕주의, 명분 중시, 인정주의, 집합주의, 연고주의 등의 특징을 포함하여 법치보다 인치, 보수 중심 정치, 극한 경쟁과 보복, 관료의 부패와 가렴주구, 준봉(遵奉)과 숙명론, 보수 성향, 저항 성향, 결벽성, 배타적 폐쇄성, 사대주의, 국가 및 정치중심주의, 관료주의적 엘리트주의 같은 요소를 담고 있다. 이러한 성향은 정치에만 국한하지 않고 기업 경영 부문에서도 나타나는데, 수단과 방법을 가리지 않고 축재를 하며 합리성이 결여된 경제·경영 활동이 지배적인 천민자본주의적 성향이 강하게 남아 있

다.[2] 이로 인하여 노사 문화도 갈등 지향적이고 감성적인 면이 강하게 드러나며, 노사 관계도 합리적 타협보다는 갈등과 대립을 일삼아온 유형으로 굳어진 것으로 풀이해도 좋다. 요컨대, 노동 윤리의 문제도 단순한 개인 차원의 직업윤리적 덕성을 지목하고, 이에 대한 시정을 촉구하는 수준을 넘어 노사 갈등의 사회 문화적 배경에 대한 이해를 요한다는 점을 강조할 필요가 있다.

4. 전문직과 공직 윤리

이제는 특별 사례로서 전문직과 공직 윤리를 간략하게 검토하기로 한다. 직업윤리라 해도 일반적인 직업에 종사하는 사람들의 윤리 행위는 전문직과 공직에 임하는 사람들의 그것과 비교할 때 사회적 충격이나 공헌이 상대적으로 미약할 수 있다. 그러므로 이 두 부문에 대해서는 별도로 살펴볼 만한 가치가 있다고 본다.

1) 전문직 윤리

먼저 전문직이 여타 직업에 비해서 특별한 의미를 갖는다고 인정하는 근거는 전문직이 일반적인 직업들과 일정한 차이가 있기 때문이므로 이를 살펴보는 것이 필요하다. 여기에는 [표 5-1]을 제시하는 것으로 충분하리라 본다. 이처럼 전문직은 여러

2) 이에 대한 자세한 논의는 불가능하고, 김경동(2000) ; Jacobs(1985) ; Max Weber (1951 ; 1968) 참조.

가지 중요한 측면에서 사회적 가치를 인정받는 지위를 누리는 동시에 그에 따르는 책임과 의무도 막중하다는 것을 알 수 있다(김경동, 2008 : 278 ; Pavalko, 1971 ; Henslin, 1995 참조).

[표 5-1] 전문직과 일반 직업의 특성 비교

요건과 특성 차원	일반 직업	전문직
①이론적 기초 연구, 지적 기법	없이도 가능하다	반드시 있어야 가능하다
②사회적 가치의 유관성(이타적 봉사)	대체로 무관하다	직접적으로 유관하다
③동기부여의 근거	자기이익	이타적 봉사
④자율성, 자유	거의 없다	상당히 있고 있어야 한다
⑤헌신몰입(commitment)의 강도	단기적	장기적
⑥전문가 공동체의식	저조하다	매우 높다
⑦윤리강령	미개발	고도개발
⑧훈련기간과 내용 A.	짧다	길다
B.	비전문적 훈련	전문적 교육과 훈련
C.	물체를 다루는 훈련	상징을 다루는 훈련
D.	직업적 부분문화 경미	직업적 부분문화 중요
⑨정식 면허	중요하지 않다	중요하고 필수적이다
⑩자격 평가 주체	제3자	전무가 공동체 자체

이 같은 전문직의 특성을 강조하기 위해 전문성(professionalism)이라는 용어를 쓴다. 대체 종래대로 대표적인 전문직에 해당하는 직업군에는 의사, 변호사, 교육자 같은 부류가 속한다. 이들에게는 신뢰를 보내는 환자, 의뢰인, 학생이 있고 전문가들은 저들의 복리에 대해서 전문가적인 관심을 가지고 직무 수행에 임한다. 우리의 직접적인 관심사인 기업 부문에서도 각 분야의 경영 관리 영역에는 전문가들이 종사하고 있으며, 이들에게도 그와 같은 신뢰와 복지 관심의 관계가 성립해야 한다는 요청을 하게 된다. 바로 이러한 특수 관계 때문에 여기에 전문가다

운 윤리적 행동을 기대하는 것이다.

한 예로 요즘 특별한 문제아로 등장한 재무 금융 분야를 보면 거기에는 재무기획자, 자산관리자, 보험관리자, 딜러, 브로커, 회계사, 투자신탁관리자, 거래평가사, 은행가, 기타 각종의 재무 관리 직원들이 수두룩하다. 이들은 우선 그 방면의 전문가적인 노하우와 기법 등에서 전문성을 충분히 갖추기를 요구받게 되며, 그에 따라 사람들은 자신의 금전적 복리를 저들에게 신탁하는 관계에 놓이게 된다. 그렇다면 당연히 여기에는 때에 따라 엄청난 책임이 수반한다. 이런 전문가 집단에게는 당연히 윤리 강령 같은 것이 있어야 하고, 그 속에는 정직성, 성실성, 실력, 공정성, 객관성, 근면성, 고객의 신뢰에 대한 존중 등 주요 윤리적 기준들을 적용하는 것이다(Hartman, 2005 : 631-632).

기업 부문에서 이런 전문가에게는 '문지기(gatekeepers)' 혹은 '집 지키는 개(watchdogs)'라는 별명이 붙는다. 이들의 역할은 시장에 참여하는 모든 당사자들이 시장이 적정하게 작동하게끔 하는 규칙을 제대로 지키고 조건에 동조하는지 감시함으로써 시장의 기능을 정상화하는 데 기여하는 것이다. 이들의 역할 때문에 일정한 책임이 따른다는 보편적 가치를 인정하게 되는 바탕이 생긴다. 바로 이런 데서 전문가들의 윤리적 의무가 연원한다. 그뿐 아니라 전문가들은 시장에서 상호작용하는 여러 당사자들 사이의 중개 내지 매개역(intermediaries)으로도 중요한 기여를 한다. 감사역은 재정의 건전성을 확인해주고, 분석가는 회사의 재정적 전망이나 신용도를 평가해주며, 변호사들은 거래상에 법적인 문제는 없는지를 점검한다. 그리하여 투자자나 이사진, 경영층, 은행업자들이 안심하고 그 전문가들을 의지하며 경제 활동에 임할 수 있는 것이다. 다만 이런 역할 수행 과정에서 전문가 집단이 봉착하기 쉬운 딜레마는 이해 관심의 상충이 생길 때다. 자신의 의뢰인과 개인적 이익, 자신의 고용주와 제3자의 이익 등이 충돌할 때가 문제일 수 있다. 그러므로 사회나 기업체는 전문가들로 하여금 이런 난처한 처지에 놓이지 않도록 제도적인 마련을 해서 보호할 책임이 있다(Hartman and DesJardins, 2008 : 422-426).

더구나 최근에는 주로 대학을 중심으로 교수들의 연구 행위와 관련하여 윤리적인 쟁점을 주목하게 하는 사건들이 세간의 이목을 끌기도 하였다. 연구 과정에서 조작한다든지 결과를 보고할 때 허위를 사실로 기재한다든지 등의 문제와 더불어 흔히 일어나는 표절 시비나 자신의 업적을 이중 삼중으로 활용하여 연구비나 기타 혜택을 누리는 등의 관행을 둘러싼 사회적 지탄이 문제가 되는 사례도 있었다. 특히 이런 일이 가령 교수가 공직에 임명받아 청문회 같은 검증 과정을 거치는 데서 드러남으로써 중도 하차해야 하는 사태까지 발생하였다. 여기에는 공직자 윤리라는 문제가 겹치는 것을 알 수 있다.

2) 공직 윤리

직업윤리의 차원에서 특별히 주목할 만한 또 한 분야는 전체 사회의 행불행을 좌우할 수 있는 권한을 국민으로부터 위임받아 국가를 운영하는 공직자들의 세계라고 할 수 있다. 그럴수록 그들에게도 도덕성과 윤리적 완벽을 기대하게 되는 것은 당연하다. 동서고금을 막론하고 예로부터 국가 업무에 종사하는 사람들의 도덕성과 윤리적 행위에 대한 논의는 한이 없었다. 동방 사상의 인의예지용(仁義禮智勇)이라든가 수신제가치국평천하(修身齊家治國平天下)의 강조는 물론 플라톤과 아리스토텔레스로부터 헤겔에 이르는 서양 철학 속에서도 공동선을 겨냥한 덕치(德治)의 요구는 심심치 않게 이어져 온다. 현대 사회에서는 국민이 '좋은 정부'를 원하게 되었는데, 그 좋은 정부의 한 가지 중요한 요건은 공직자의 윤리적 수준이다.

공직자의 윤리가 문제시되는 쟁점과 맥락을 개관하면 다음과 같은 데서 문제가 생길 소지가 크다. 무엇보다도 공직자(공무원과 공공 기관 종사자)들은 국민의 '공복(public servant)'이라는 섬김의 윤리를 바탕으로 업무에 임해야 하는데도, 일단 공무원은 국가를 대표하는 권위주의적인 '갑'의 위치에 서서 국민을 '을'로 간주하는 이른바 관존민비(官尊民卑)의 태도가 문제의 원천이다. 거기서 유추하여 공공 기간에서 흔히 문제시되는 윤리 문제를 예시하면 다음과 같다(이종영, 2008 : 265-268). 이런 쟁점들은 이미 일반적인 기업윤리론에서도 언급한 것이 대부분이므로 해설은 하지 않는다.

① 법과 윤리의 상충
② 관행과 윤리
③ 뇌물과 대가성
④ 향응과 선물
⑤ 인사 청탁
⑥ 이권 개입
⑦ 내부자 거래
⑧ 이해 상충
⑨ 부당한 지시

⑩ 공익 신고 또는 내부자 고발의 문제
⑪ 생태 환경 보호

그러면 이런 상황에 처하여 공무원이 취해야 할 행동의 규범은 어떤 것인가? 우선 대원칙으로서 공직자의 공공 행정 윤리는 공공성, 전문성, 봉사성을 기본으로 한다(김광웅, 1998, 92). 그 위에 다음과 같은 법으로 규정한 행동 규범이 있다(김기태, 2008, 173-178).

① 성실 의무
② 복무 의무
③ 직무 이탈 금지
④ 친절 · 공정 의무
⑤ 비밀 엄수 의무
⑥ 청렴 의무
⑦ 영예 등의 수령 규제(특히 외국의 영예 증여)
⑧ 품위 유지 의무
⑨ 영리 업무 및 겸직 금지
⑩ 정치적 중립 의무

5. 사회복지 전문직의 윤리

전문직을 논할 때 그 전문직의 체계적인 이론과 지식 또는 기술을 갖추는 것을 필수적으로 논하지만, 전문직의 문화와 윤리도 중요한 요소로서 강조한다. 다양한 전문직들 중에서도 특히 사회 복지란 자신보다도 다른 사람들의 복리 증진을 주목적으로 하는 직종이므로, 사회 복지 실천은 윤리적 판단을 내려야 할 상황에 자주 처할 뿐 아니라 실천 자체에 도덕적 활동을 내포하고 있으므로(이세원, 2008 ; 오혜경, 2004 : 2006 ; 황성철, 1996) 사회 복지 전문직의 윤리적 측면에 대한 논의가 특별히 중요하다(이세원, 2008 ; 오혜경, 2004 : 2006 ; 황성철, 1996). 현장에서 사회복지사가 제공하는 서비스에 대한 자신의 결정이 특히 서비스의 대상자인 클라이언트의 삶에 직접적인 영향을 미치기 때문에, 그 결정의 바탕에 전문적 지식뿐 아니라 윤리적 근거를 둘 수밖에 없다. 학문으로서 사회복지학도 사람과 사회를 대상으로 하는 실천적, 가치 지향적 학문 분야이므로 윤리학과 밀접한 관계를 가지는 것이다(양옥경 외, 2008).

사회 복지 실천에서 윤리가 중요한 만큼 가치도 중요한 역할을 한다. 실천 현장에서 윤리적 결정을 내릴 때뿐 아니라 전문가로서 실천에 대한 우선 순위를 정할 때 또는 사회복지사로서 임무나 책임을 결정할 때 그 근간에 가치가 깔려 있게 된다. 대체로 사회 복지 실천의 핵심 가치를 크게 개인적 가치, 사회적 가치, 기관의 가치, 전문가 가치로 나누어 설명하는 것이다(김정자, 2008).

첫째, 개인적 가치는 개인의 환경에 의해 형성된 신념 체계인데, 사회 복지 실천에서는 사회복지사 본인의 가치 외에도 클라이언트의 개인적 가치도 포함하여 생각해야 한다.

둘째, 사회적 가치는 사회에서 공유하는 가치로서 역사적으로 형성되며 개인적 가치에도 영향을 미친다.

셋째, 기관의 가치는 사회복지사가 몸담고 있는 기관 고유의 가치로서 기관이 특히 민간 기관일 때는 설립 재단의 가치를 반영하기도 한다. 마치 기업체에 기업 문화로서 조직 문화가 있듯이, 사회 복지 기관에도 그 나름의 조직 문화가 있고 거기에 가치를 내포한다. 그 외에도 기관의 서비스 대상의 특성에 따라 적용하는 가치가 있을 수 있다. 간혹 기관의 가치와 개인의 가치(사회복지사 또는 클라이언트) 간 상충이 일어날 때 윤리적 딜레마가 발생할 수 있다.

넷째, 전문가 가치는 사회 복지 전문가로서 지녀야 할 가치를 의미한다. 사회 복지 전문가의 가치에 대한 대표적인 예로 NASW(National Association of Social Workers)의 여섯 가지 가치를 들 수 있다. 그 여섯 가지 가치는 다음과 같다(Reamer, 2006).

① 서비스의 가치(Services) : 이 가치에 의하면 사회복지사의 주된 목표는 도움을 필요로 하는 사람을 도와주고 이들이 사회적 문제를 해결할 수 있도록 보조하고 협력하는 것이다. 다른 모든 활동들보다 도움을 필요로 하는 클라이언트에게 서비스를 제공하는 게 가장 중요한 것으로, 이를 위해 전문 지식과 기술을 충분히 발휘해야 하는 것이다.

② 사회 정의의 가치(Social Justice) : 사회복지사는 사회에 불의가 있으면 이를 수정하는 데 힘써야 한다. 이는 특히 취약 계층을 위한 것으로 사회 속에서 빈곤, 실업, 차별 등의 불의에 대응하여 사회적 변화를 일으키는 데 힘써야 한다는 것이다. 또한 사회 정의 차원에서 모든 사람이 필요로 하는 정보, 자원, 서비스 등에 접근할 수 있도록 힘쓰는 것도 사회복지사의 역할이며 가치가 된다.

③ 인간의 존엄성과 가치의 존중(Dignity and Worth of the

Person) : 사회복지사는 인간 존엄성과 가치를 존중해야 한다.

④ 인간 관계의 중요성(Importance of Human Relationships) : 사회복지사는 인간 관계의 중요성을 인식한다.

⑤ 신뢰할 수 있는 성실정직성(Integrity) : 사회복지사는 신뢰받을 수 있는 태도로 행동한다. 사회복지사는 직업의 미션, 가치, 윤리적 원칙, 윤리적 기준들을 항상 기억하면서 이러한 요소들과 일관성 있게 실천함으로써 신뢰받을 수 있도록 한다.

⑥ 역량(Competence) : 사회복지사는 자신의 능력 안에서 실천하며, 전문가다운 전문성을 개발하고 향상하도록 한다. 사회복지사는 지속적으로 자기 계발 및 훈련을 통해 기술과 지식을 습득하여 전문적 역량을 향상시켜야 한다.

개인적 가치, 사회적 가치, 기관의 가치, 전문가 가치는 각각 실천 현정에서 서로 상충할 수 있다. 예를 들어, 사회복지사 본인의 개인적 가치는 낙태를 반대하는데, 이혼을 염두에 두고 있는 가정 폭력 피해자 여성이 남편의 강간에 의해 임신을 해서 낙태를 하고 싶다는 클라이언트로 찾아왔을 때, 윤리적 딜레마에 빠질 수 있다. 만약, 기관은 낙태에 대해 정책적으로 중립적 위치를 취하고 필요하다면 낙태를 허용할 수 있어야 한다는 가치를 지니고 있다면, 사회복지사는 본인의 개인적 가치와 기관의 가치가 상충하는 것을 경험하게 된다. 게다가 전문가 가치에서 서비스의 가치를 볼 때, 클라이언트를 위한 서비스가 무엇인가에 대한 논란도 일어 날 수 있다. 윤리적 딜레마에 빠진 사회복지사는 결국 윤리적 선택을 해야 하고 이때 가치의 위계를 설정하고 선택해야 한다.

보편적으로 참고하는 가치 위계의 기준으로 미국에서 발간한 『사회복지대백과사전』에 3단계의 가치를 제시한 것이 있다. 위계적으로 가장 중요한 가치는 궁극적(ultimate) 가치로 인간 존중, 평등, 비차별과 같이 사회 복지의 핵심적인 가치들이다. 중간의 위치에 있는 것이 근사(proximate) 가치, 그리고 마지막에 위치한 것이 도구적(instrumental) 가치다. 근사 가치는 궁극적 가치보다는 구체적인 내용으로 구성되어 있으며, 도구적 가치는 비밀보장권, 자기결정권 등을 존중해야 한다는 등 목적 성취를 위한 수단이 되는 가치들을 포함한다. 가치간의 상충이 일어날 때 이러한 위계에 따라 결정할 수 있다.

사회복지사는 실천 현장에서 윤리적 딜레마를 직면하는 일이 종종 있다. 다양한 윤리적 가치 사이에서 충돌이 일어날 수도 있으며, 사회복지사, 클라이언트, 기관의 가치가 상이하여 딜레마에 빠지기도 한다. 윤리적 딜레마의 형태를 둘로 나누는 방법도 있다(김상균 · 오정수 · 2008). 첫째, 어떤 행동 자체가 상황에 따라 윤리적일 수도 있고 윤리적이지 않을 수도 있다. 예를 들어, 낙태는 상황에 대한 고려 없이 무조건 비윤리적이라고 하기는 어렵다. 종교적 관점이든 태아의 생명을 생각할 때는 낙태가 옳지 않을 수 있으나, 만약 임신으로 인해 산모의 목숨이 위협을 받는 상황이라면 낙태가 반드시 비윤리적이라고만 할 수 있을까를 묻게 된다. 두 번째 형태는 각기 윤리적으로 옳은 행동이 한 상황에서 상충하여 둘 중 하나를 선택해야만 하는 갈등 상황이다. 예컨대, 클라이언트가 본인이 아동학대를 한 것을 사회복지사에게 고백하고 이에 대해 비밀을 유지해달라고 요청했을 때, 사회복지사는 아동을 보호해야 할 원칙과 클라이언트의 비밀을 보장해야 할 원칙 간에 갈등하게 된다. 사회 복지의 윤리 원칙 중 생명을 보호해야 할 원칙도 지켜야 하지만, 클라이언트의 비밀을 보장해야 하는 것도 사회

복지 전문가로서 지켜야 할 원칙이다. 그러나 이 상황에서는 양자택일을 할 수 밖에 없다. 따라서 윤리적 딜레마에 빠졌을 때 어떤 선택을 해야 할지에 대한 윤리적 결정을 내려야 하며, 이에는 지침이 필요한 것이다.

윤리적 딜레마나 갈등 상황에서 선택의 지침이 되는 윤리적 결정 모델이 몇 가지 있다. 현실적으로 많은 업무에 시달리는 사회복지사는 윤리적 결정을 내릴 때 본인의 실천 경험 내지 지혜에 의존하여 급하게 결정을 하게 되지만, 그런 결정이 클라이언트의 삶에 중요한 영향을 미치기 때문에, 반드시 신중하게 합리적이고 논리적인 검토를 해서 결정해야 한다. 이러한 결정을 내리는 과정을 보여주는 것이 윤리적 결정 모델로, 대표적으로 리머(Reamer)의 윤리적 결정 모델과 로웬버그와 돌고프(Lowenberg & Dolgoff)의 일반 결정 모델, 윤리심사표, 콩그레스(Congress)의 윤리 결정 모델 등이 있는데, 우리나라에서는 이른바 '5-9단계 모델'이라는 것이 있다. 사회 복지 실천 과정 5단계, 그리고 각 단계별 윤리적 측면을 제시하고 윤리적 결정을 하는 9단계 모델을 담고 있다(양옥경, 2000).

먼저 이 '5-9단계 모델'에서 시사하는 사회 복지 실천 과정 5단계는 다음과 같다.

① 1단계는 접수 단계로, 문제를 파악하고 자료를 수집하는 단계다. 이 단계에서 부각되는 윤리적인 측면은 클라이언트가 제공한 자료의 비밀 보장 원칙이다.

② 2단계는 사정 단계로, 문제가 무엇인지 사정하기 위한 정보를 지속적으로 수집하며, 주변 인물과 환경 등을 정리하면서 사정하는 단계다. 이때는 클라이언트와 주변 인물, 환경 간에

생기는 갈등에서 윤리적 측면을 발견할 수 있다.

③ 3단계는 목표 설정, 문제 해결 방법 제시, 적합한 방법 선정 및 계약 단계로, 앞 단계에서 사정한 것을 바탕으로 문제 해결을 위해 무엇을 할 것인지를 결정하고 계획을 짜는 단계다. 여기서는 클라이언트의 자기결정권을 강조하며, 규칙과 정책 준수, 제한된 자원의 공정한 분배 등과 관련된 윤리적 이슈들이 있을 수 있으며, 문제 해결 방법의 선택에서 클라이언트의 이익과 사회적 이익 간에 선택을 해야 할 수도 있다.

④ 4단계는 개입 단계로, 선정한 문제 해결 방법을 시행하고, 목표 달성 여부에 대한 모니터링을 실시한다. 이때 클라이언트와 전문적인 관계를 유지하는 것이 중요한 윤리적 이슈가 될 수 있다.

⑤ 마지막 5단계는 종결 단계로, 목표 달성 여부를 평가하고 필요하면 다른 서비스에 의뢰도 하며, 사후 세션을 할 것인지를 검토하여 원조 관계를 종결하는 단계다. 이때도 클라이언트와 맺는 전문적인 관계 유지 및 의뢰한 동료와 맺는 관계 유지 등의 윤리적 원칙은 물론 클라이언트의 자기결정권에 대한 고려도 해야 한다.

이어서 윤리적 딜레마에 직면하여 결정을 내리는 지침이 되는 윤리적 결정 9단계 모델은 다음과 같다.

① 1단계는 ‘쟁점 확인’ 단계다. 이때 당면 문제와 관련 있는 윤리적 원칙들을 검토하여 어떤 쟁점이 발생하는지 확인한다. 사회복지사의 가치와 의무가 상충이 일어나는 윤리적 쟁점들이 무엇인지 검토해보는 것이다.

② 2단계는 '관련 인물 및 수혜자 밝히기' 단계다. 사회복지사가 내린 결정에 영향을 받는 사람들이 누구며, 이들에게 각각 어떤 영향을 미칠 것인가에 대해 탐색해보는 단계다. 이때 관련 인물은 개인, 조직체 혹은 지역 사회일 수도 있다.

③ 3단계는 '윤리 기준에 의거한 결정안 마련하기' 단계다. 어떤 윤리적 기준을 적용하는 게 가장 적합한지 판단해야 하는데, 윤리적 원칙에 의거해서 결정하기도 한다. 윤리적 원칙은 단계에 대한 검토 후에 자세하게 설명할 것이다.

④ 4단계는 '우선 순위 정하기' 단계다. 이때 앞서 다양한 윤리 원칙을 윤리 기준에 의거해 검토하면서 함께 결정할 수 있다. 대체로 기준에 따라 결정하는데, 다만 원칙이 절대적인 것은 아니기 때문에 신중하게 결정을 내려야 한다.

⑤ 5단계는 '개인, 집단, 사회의 가치 및 전문가 가치 비교하기' 단계다. 앞서 생각한 가치관들과 연관시켜 이것이 개인, 집단, 사회, 전문가 가치와 어떤 관계가 있는지 보는 것이다.

⑥ 6단계는 '다른 대안을 생각하고 그에 따른 결과 생각하기' 단계다. 앞서 결정을 내릴 때 영향을 받는 개인들을 생각하는 데서 더 나아가 전반적으로 어떤 결과를 낳을지 면밀히 짚어보는 단계다. 가능한 모든 대안들을 생각해보고 잠재적 이익과 손실을 생각해보는 과정이다.

⑦ 7단계는 '동료 및 전문가의 자문 구하기' 단계다. 먼저 1차적으로 내린 결정에 대한 다른 전문가들의 의견을 참고해보는 것이다.

⑧ 8단계는 '결정하고 실행하기' 단계인데, 실행하기 전에 결정한 여러 사항들을 문서로 기록해두는 것이 좋다.

⑨ 마지막 9단계는 '모니터링 및 평가하기' 단계다. 실행에

대해 모니터링하여 평가하는 단계다.

이 9단계 모델에서 3, 4, 5, 6단계는 거의 동시적으로 진행될 수 있는데, 이때 행동 방침에 대한 우선 순위를 정하거나 장단점을 검토할 때, 1) 관련 윤리 이론, 원칙, 지침 2) 윤리 강령과 법적 원칙 3) 사회 복지 실천 이론과 원칙 4) 개인 가치, 기관 가치 및 규정, 사회 가치 등 해당되는 모든 것을 고려해야 할 것이다.

위의 윤리적 결정 모델 3단계에서 윤리적 원칙의 기준에 근거하여 결정을 내리도록 한다고 언급한 것을 상기하면, 대표적으로 로웬버그와 돌고프의 윤리적 원칙심사표를 참고할 수 있다. 그 원칙은 다음과 같은데, 서열적인 의미가 있어서 첫 번째 원칙이 나중의 원칙보다 우위에 있고 앞선 원칙과 뒤의 원칙이 상충할 때는 대체로 앞선 원칙을 선택하도록 한다.

① 생명 보호의 원칙 : 이는 인간의 기본적인 생존 보장과 관련되는 것으로 모든 다른 원칙에 우선한다. 그리고 이 생명 보호는 클라이언트뿐 아니라 모든 사람에게 적용되는 것이다. 예를 들어 클라이언트가 가정 폭력 가해자로 치료를 받는 중 다시 폭력을 행사하여 피해자의 생명에 위협을 줄 의사가 있음을 사회복지사가 알았을 때, 그 잠재적 피해자의 생명이 가장 우선되므로 비록 클라이언트의 비밀을 보장해야 할 의무와 상충하더라도 신고해야 할 것이다.

② 평등과 불평등의 원칙 : 사람들은 누구나 동등하게 처우를 받아야 하지만, 상황에 따라서는 불평등한 처우를 할 권리가 있다는 것이다. 불평등한 처우의 예로, 아동은 성인과 비교

할 때 보호를 받도록 다르게 처우할 수도 있다는 것이다.

③ 자율성과 자유의 원칙 : 보통 클라이언트의 자기결정권으로 이해할 수 있다. 즉, 사회복지사는 클라이언트의 자율성과 독립성, 자유를 신장시켜야 할 의무가 있으므로 클라이언트의 자기결정권을 존중해야 한다는 것이다.

④ 최소 손실의 원칙 : 이는 손실만을 초래하는 상황에서는 가능한 한 최소 손실을 내는 쪽을 선택해야 한다는 원칙이다.

⑤ 삶의 질 원칙 : 모든 사람들의 삶의 질을 향상시키는 기회를 선택해야 한다는 원칙이다.

⑥ 사생활 보호와 비밀 보장의 원칙 : 이 원칙은 특히 사회복지 실천과 관련하여 중요한 원칙이다. 사회 복지 실천에서 클라이언트는 사회복지사에게 본인의 사생활을 모두 공개하게 되기 때문에, 이러한 전문적 원조 관계에서 사회복지사는 클라이언트의 사생활을 보호하고 비밀을 보장해야 할 의무가 있다. 다만 법적 상황이나 생명과 관련된 상황에서는 이 원칙보다는 생명 보호의 원칙을 선택할 수가 있다.

⑦ 진실성과 정보 개방의 원칙 : 사회복지사는 클라이언트가 필요로 하는 정보는 모두 개방해야 하며 진실을 알고자 하면 알려줘야 할 의무가 있다. 클라이언트의 알 권리를 존중해야 한다는 것이다.

이러한 윤리 원칙 외에도 고려해야 할 것 중 사회복지사의 윤리 강령이 있다. 윤리 강령은 전문가로서 지켜야 할 전문적 행동 기준과 원칙을 기술해놓은 것으로, 사회 복지 분야에도 윤리 강령을 두고 이에 준수하도록 하고 있다. 사회복지사의 윤리 강령은 미국, 일본, 한국 등에서 모두 전문가 윤리 강령의 형태로 있으며, 국제사회복지협회(International Federation of

Social Workers)[3]에서도 윤리 강령을 제시하고 있다. 각국의 윤리 강령은 공통적으로 사회복지사의 전문직 실천에서 지켜야 할 원칙들을 제시하고, 클라이언트나 기관, 조직체, 전문직 등 영역별로 준수해야 할 책임과 원칙들을 서술하고 있다. 최초의 사회복지사 윤리 강령의 제정은 1951년에 미국사회사업가협회(AASW, American Association of Social Workers)에서 시작했으나 공식 윤리 강령으로 인정받은 것은 1960년에 전미사회복지사협회(NASW, National Association of Social Workers)에서 통합한 윤리 강령이다. 이 윤리 강령은 1967년의 1차 개정을 시작으로 여러 차례 개정을 거쳐 현재의 윤리 강령은 1996년에 5차 개정한 것이고, 사회 복지 전문직 협회로서 역사와 전통이 긴 NASW에서 통합한 것이므로 그 내용 면에서도 권위가 있다고 볼 수 있다.

한국의 사회복지사 윤리 강령은 1967년에 창립한 한국사회복지사협회가 채택한 후 2001년에 3차 개정을 한 상태다. 특히 2001년에 실시한 개정은 21세기의 새로운 변화에 적응해야 한다는 의미에서 대폭 수정하여 사회복지사의 전문가적 윤리성을 강조하고, 기존의 강령에 비해 더욱 실천적인 면의 행동 강령으로 활용할 수 있도록 제시하였다(김상균 · 오정수 · 유채영, 2008 ; 양옥경 외, 2008).

한국의 사회복지사 윤리 강령은 크게 사회복지사의 기본적 윤리 기준, 클라이언트에 대한 윤리 기준, 동료에 대한 윤리 기준, 사회에 대한 윤리 기준, 기관에 대한 윤리 기준 그리고 사회복지윤리위원회의 구성과 운영으로 나누어져 있다. 사회복

3) 강령의 전문은 http://www.ifsw.org/p38000324.html에 있다. 1994년과 2004년에 새로 업데이트한 두 가지 버전의 강령이 있다.

지사의 기본적 윤리 기준에서는 전문가적인 자세와 전문성 개발을 위한 노력 그리고 경제적 이득에 대한 태도 등으로 세부 강령을 나누어 제시하고 있다. 이러한 윤리 강령들은 앞서 설명했듯이, 실천적인 면에서 도움이 되도록 그 강령들을 구성하여 어느 정도 가이드라인이 되어 주고는 있으나, 모든 사례들을 고려하여 제시한 것이 아니고 현실 상황들은 강령에서 제시한 것보다 훨씬 복잡하기 때문에 100%의 정답이 될 수는 없다. 그렇기 때문에 사회복지사는 전문가로서 윤리적 강령을 준수하도록 노력하면서 윤리적 딜레마 상황에서는 이 강령 외에도 다른 원칙과 기준, 관련 법규, 법령들도 함께 고려해야 하는 것이다. 또한 결정을 내리는 데 중요한 것은 실천가로서 전문지식의 활용이다. 윤리적 쟁점을 파악하기 위해서는 상황에 대한 정확한 지식이 있어야 하는데, 이것은 클라이언트의 상황에 대한 사정(assessment)으로 가능한 것이고, 이러한 사정은 사회복지사의 전문 지식으로 가능하다. 결국 사회 복지 실천이 윤리와 밀접한 관계를 맺고 있음을 보여주는 단적인 예라 할 수 있다.

6. 소 결

지금까지 주마간산격으로 살펴본 직업윤리의 문제를 철학적인 관점에서 다시 한 번 펴보기로 한다. 직업윤리는 어떤 조직체의 맥락에서 직업 행위를 하는 사람이라 할지라도 특히 그의 윤리적 판단은 아무래도 개인적인 차원에서 행해진다고 보는 것이 적절하다고 볼 수 있다. 그러므로 이런 뜻에서 직업윤리나 노동 윤리는 개인의 동기와 덕성 같은 것이 일차적인 관심사가 될 만하다. 따라서 여기서는 주로 비결과주의나 덕성 윤리의 철학적 논의를 하게 될 것으로 보인다. 물론 어떤 개인의 행위가 사회의 다수에게 영향을 미칠 수도 있다. 가령 직무상 물건을 만드는 사람이라든지 또는 기업체 내부고발자 그리고 전문직에 종사하여 많은 사람들의 복지를 담당하는 집단을 생각해보면 이들의 행위가 결과적으로 사람들의 행복과 안위를 위협할 여지도 있는 것이므로, 이런 때는 결과주의적 이론의 분석이 해당한다고 하겠다.

특별히 노동 윤리를 별도로 검토한 뜻은 그것이 기업이나 공직 부문의 조직체와 나아가 사회 전반에 걸쳐 심각한 영향과 충격을 줄 수 있다는 점을 감안하면 결과주의적 관점에서 신중하게 논의할 여지가 충분히 있다. 이때도 개인이나 집단이 직업 생활에서 내리는 판단과 결정을 신중하게 해야 하는 근거를 다수의 복리뿐 아니라 각자의 도덕적 성숙도에서도 찾을 수 있다는 점은 주목할 필요가 있을 것이다.

끝으로 여기에 참고 자료로 몇몇 전문직 분야의 윤리 강령을 소개한다. 먼저 바로 위에서 논의한 사회 복지 분야에서 한국과 미국의 사회복지사 윤리 강령을 예시하고, 이어 전문직의 꽃이라 할 수 있는 의료 전문직의 고전적 표준인 히포크라테스 선서, 대학 교수의 연구 윤리를 규정하는 보기, 그리고 한국의 공무원 행동 강령 등을 전재한다. 다만 미국 사회복지사의 윤리 강령은 내용이 워낙 풍부해서 분량이 과다하므로 지면을 고려하여 일부 생략하였음을 미리 밝혀둔다.

[참고 자료 5-1] 한국 사회복지사 윤리 강령

[전 문]

사회복지사는 인본주의·평등주의 사상에 기초하여, 모든 인간의 존엄성과 가치를 중하고 천부의 자유권과 생존권의 보장 활동에 헌신한다. 특히 사회적 경제적 약자들의 편에 서서 사회 정의와 평등·자유와 민주주의 가치를 실현하는 데 앞장선다. 또한 도움을 필요로 하는 사람들의 사회적 지위와 기능을 향상시키기 위해 저들과 함께 일하며, 사회 제도 개선과 관련된 제반 활동에 주도적으로 참여한다. 사회복지사는 개인의 주체성과 자기결정권을 보장하는 데 최선을 다하고, 어떠한 여건에서도 개인이 부당하게 희생되는 일이 없도록 한다. 이러한 사명을 실천하기 위하여 전문적 지식과 기술을 개발하고, 사회적 가치를 실현하는 전문가로서의 능력과 품위를 유지하기 위해 노력한다. 이에 우리는 클라이언트·동료·기관 그리고 지역 사회 및 전체 사회와 관련된 사회복지사의 행위와 활동을 판단하고 평가하며 인도하는 윤리 기준을 다음과 같이 선언하고 이를 준수할 것을 다짐한다.

[윤리 기준]

사회복지사의 기본적 윤리 기준

1. 전문가로서의 자세

1) 사회복지사는 전문가로서의 품위와 자질을 유지하고, 자신이 맡고

있는 업무에 대해 책임을 진다.

2) 사회복지사는 클라이언트의 종교 · 인종 · 성 · 연령 · 국적 · 결혼 상태 · 성 취향 · 경제적 지위 · 정치적 신념 · 정신, 신체적 장애 · 기타 개인적 선호, 특징, 조건, 지위를 이유로 차별 대우를 하지 않는다.
3) 사회복지사는 전문가로서 성실하고 공정하게 업무를 수행하며, 이 과정에서 어떠한 부당한 압력에도 타협하지 않는다.
4) 사회복지사는 사회 정의 실현과 클라이언트의 복지 증진에 헌신하며, 이를 위한 환경 조성을 국가와 사회에 요구해야 한다.
5) 사회복지사는 전문적 가치와 판단에 따라 업무를 수행함에 있어, 기관 내외로부터 부당한 간섭이나 압력을 받지 않는다.
6) 사회복지사는 자신의 이익을 위해 사회 복지 전문직의 가치와 권위를 훼손해서는 안 된다.
7) 사회복지사는 한국사회복지사협회 등 전문가 단체 활동에 적극 참여하여, 사회 정의 실현과 사회복지사의 권익 옹호를 위해 노력해야 한다.

2. 전문성 개발을 위한 노력

1) 사회복지사는 클라이언트에게 최상의 서비스를 제공하기 위해 지식과 기술을 개발하는 데 최선을 다하며 이를 활용하고 전파할 책임이 있다.
2) 클라이언트를 대상으로 연구하는 사회복지사는 저들의 권리를 보장하기 위해 자발적이고 고지된 동의를 얻어야 한다.
3) 연구 과정에서 얻은 정보는 비밀 보장의 원칙에서 다루어져야 하고, 이 과정에서 클라이언트는 신체적, 정신적 불편이나 위험 · 위해 등으로부터 보호되어야 한다.
4) 사회복지사는 전문성을 개발하기 위해 노력하되, 이를 이유로 서비스의 제공을 소홀히 해서는 안 된다.
5) 사회복지사는 한국사회복지사협회 등이 실시하는 제반 교육에 적극 참여하여야 한다.

3. 경제적 이득에 대한 태도

1) 사회복지사는 클라이언트의 지불 능력에 상관없이 서비스를 제공해야 하며, 이를 이유로 차별 대우를 해서는 안 된다.
2) 사회복지사는 필요한 경우에 제공된 서비스에 대해 공정하고 합리적으로 이용료를 책정해야 한다.
3) 사회복지사는 업무와 관련하여 정당하지 않은 방법으로 경제적 이득을 취해서는 안 된다.

사회복지사의 클라이언트에 대한 윤리 기준

1. 클라이언트와의 관계

1) 사회복지사는 클라이언트의 권익 옹호를 최우선의 가치로 삼고 행동한다.
2) 사회복지사는 클라이언트에 대하여 인간으로서의 존엄성을 존중해야 하며, 전문적 기술과 능력을 최대한 발휘한다.
3) 사회복지사는 클라이언트가 자기결정권을 최대한 행사할 수 있도록 도와야 하며, 저들의 이익을 최대한 대변해야 한다.
4) 사회복지사는 클라이언트의 사생활을 존중하고 보호하며, 직무 수행 과정에서 얻은 정보에 대해 철저하게 비밀을 유지해야 한다.
5) 사회복지사는 클라이언트가 받는 서비스의 범위와 내용에 대해 정확하고 충분한 정보를 제공함으로써 알 권리를 인정하고 존중해야 한다.
6) 사회복지사는 문서 · 사진 · 컴퓨터 파일 등의 형태로 된 클라이언트의 정보에 대해 비밀 보장의 한계 · 정보를 얻어야 하는 목적 및 활용에 대해 구체적으로 알려야 하며, 정보 공개 시에는 동의를 얻어야 한다.
7) 사회복지사는 개인적 이익을 위해 클라이언트와의 전문적 관계를 이용해서는 안 된다.
8) 사회복지사는 어떠한 상황에서도 클라이언트와 부적절한 성적 관계

를 가져서는 안 된다.

9) 사회복지사는 사회 복지 증진을 위한 환경 조성에 클라이언트를 동반자로 인정하고 함께 일해야 한다.

2. 동료의 클라이언트와의 관계

1) 사회복지사는 적법하고도 적절한 논의 없이 동료 혹은 다른 기관의 클라이언트와 전문적 관계를 맺어서는 안 된다.
2) 사회복지사는 긴급한 사정으로 인해 동료의 클라이언트를 맡게 된 경우, 자신의 의뢰인처럼 관심을 갖고 서비스를 제공한다.

사회복지사의 동료에 대한 윤리 기준

1. 동 료

1) 사회복지사는 존중과 신뢰로서 동료를 대하며, 전문가로서의 지위와 인격을 훼손하는 언행을 하지 않는다.
2) 사회복지사는 사회 복지 전문직의 이익과 권익을 증진시키기 위해 동료와 협력해야 한다.
3) 사회복지사는 동료의 윤리적이고 전문적인 행위를 촉진시켜야 하며, 이에 반하는 경우에는 제반 법률 규정이나 윤리 기준에 따라 대처해야 한다.
4) 사회복지사가 전문적인 판단과 실천이 미흡하여 문제를 야기했을 때는 적절한 조치를 취하여 클라이언트의 이익을 보호해야 한다.
5) 사회복지사는 전문직 내 다른 구성원이 행한 비윤리적 행위에 대해 제반 법률 규정이나 윤리 기준에 따라 조치를 취해야 한다.
6) 사회복지사는 동료 및 타전문직 동료의 직무 가치와 내용을 인정 · 이해하며, 상호간에 민주적인 직무 관계를 이루도록 노력해야 한다.

2. 슈퍼바이저

1) 슈퍼바이저는 개인적인 이익의 추구를 위해 자신의 지위를 이용해서는 안 된다.
2) 슈퍼바이저는 전문적 기준에 의해 공정하게 책임을 수행하며, 사회복지사·수련생 및 실습생에 대한 평가는 저들과 공유해야 한다.
3) 사회복지사는 슈퍼바이저의 전문적 지도와 조언을 존중해야 하며, 슈퍼바이저는 사회복지사의 전문적 업무 수행을 도와야 한다.
4) 슈퍼바이저는 사회복지사·수련생 및 실습생에 대해 인격적·성적으로 수치심을 주는 행위를 해서는 안 된다.

사회복지사의 사회에 대한 윤리 기준

1) 사회복지사는 인권 존중과 인간 평등을 위해 헌신해야 하며, 사회적 약자를 옹호하고 대변하는 일을 주도해야 한다.
2) 사회복지사는 필요한 사회 서비스를 개발하기 위한 사회 정책의 수립·발전·입법·집행에 적극적으로 참여하고 지원해야 한다.
3) 사회복지사는 사회 환경을 개선하고 사회 정의를 증진시키기 위한 사회 정책의 수립·발전·입법·집행을 요구하고 옹호해야 한다.
4) 사회복지사는 자신이 일하는 지역 사회의 문제를 이해하고, 그것을 해결하는 일에 적극적으로 참여해야 한다.

사회복지사의 기관에 대한 윤리 기준

1) 사회복지사는 기관의 정책과 사업 목표의 달성, 서비스의 효율성과 효과성의 증진을 위해 노력함으로써, 클라이언트에게 이익이 되도록 해야 한다.
2) 사회복지사는 기관의 부당한 정책이나 요구에 대해 전문직의 가치와 지식을 근거로 이에 대응하고 즉시 사회복지윤리위원회에 보고해야 한다.
3) 사회복지사는 소속 기관 활동에 적극 참여함으로써, 기관의 성장 발

전을 위해 노력해야 한다.

사회복지윤리위원회의 구성과 운영

1) 한국사회복지사협회는 사회복지윤리위원회를 구성하여 사회 복지 윤리 실천의 질적인 향상을 도모해야 한다.
2) 사회복지윤리위원회는 윤리 강령을 위배하거나 침해하는 행위를 접수받아 공식적인 절차를 통해 대처해야 한다.
3) 사회복지사는 한국사회복사협회의 윤리적 권고와 결정을 존중하여야 한다.

[참고 자료 5-2] 미국 Code of Ethics of the National Association of Social Workers(2008년 개정)

Preamble

The primary mission of the social work profession is to enhance human well-being and help meet the basic human needs of all people, with particular attention to the needs and empowerment of people who are vulnerable, oppressed, and living in poverty. A historic and defining feature of social work is the profession's focus on individual well-being in a social context and the well-being of society. Fundamental to social work is attention to the environmental forces that create, contribute to, and address problems in living.

Social workers promote social justice and social change with and on behalf of clients. "Clients" is used inclusively to refer to individuals, families, groups, organizations, and communities. Social workers are sensitive to cultural and ethnic diversity and strive to end discrimination, oppression, poverty, and other forms of social injustice. These activities may be in the form of direct practice, community organizing, supervision, consultation administration, advocacy, social and political action, policy development and implementation, education, and research and evaluation. Social workers seek to enhance the capacity of people to address their own needs. Social workers also seek to promote the responsiveness of organizations, communities, and other social institutions to individuals' needs and social problems.

The mission of the social work profession is rooted in a set of core values. These core values, embraced by social workers throughout the profession's history, are the foundation of social work's unique purpose and perspective : service social justice dignity and worth of the person importance of human relationships integrity competence.

This constellation of core values reflects what is unique to the social work profession. Core values, and the principles that flow from them, must be balanced within the context and complexity of the human experience.

Purpose of the NASW Code of Ethics

Professional ethics are at the core of social work. The profession has an obligation to articulate its basic values, ethical principles, and ethical standards. The NASW Code of Ethics sets forth these values, principles, and standards to guide social workers' conduct. The Code is relevant to all social workers and social work students, regardless of their professional functions, the settings in which they work, or the populations they serve.

The NASW Code of Ethics serves six purposes :

The Code identifies core values on which social work's mission is based.

The Code summarizes broad ethical principles that reflect the profession's core values and establishes a set of specific ethical standards that should be used to guide social work practice.

The Code is designed to help social workers identify relevant considerations when professional obligations conflict or ethical uncertainties arise.

The Code provides ethical standards to which the general public can hold the social work profession accountable.

The Code socializes practitioners new to the field to social work's mission, values, ethical principles, and ethical standards.

The Code articulates standards that the social work profession itself can use to assess whether social workers have engaged in unethical conduct. NASW has formal procedures to adjudicate ethics complaints filed against its members. In subscribing to this Code, social workers are required to cooperate in its implementation, participate in NASW adjudication proceedings, and abide by any NASW disciplinary rulings or sanctions based on it.

The Code offers a set of values, principles, and standards to guide decision making and conduct when ethical issues arise. It does not provide a set of rules that prescribe how social workers should act in all situations. Specific applications of the Code must take into account the context in which it is being considered and the possibility of conflicts among the Code's values, principles, and standards. Ethical responsibilities flow from all human relationships, from the personal and familial to the social and professional.

Further, the NASW Code of Ethics does not specify which values, principles, and standards are most important and ought to outweigh others in instances when they conflict. Reasonable differences of opinion can and do exist among social workers with respect to the ways in which values, ethical principles, and ethical standards should be rank ordered when they conflict. Ethical decision making in a given situation must apply the informed judgment of the individual social worker and should also consider how the issues would be judged in a peer review process where the ethical standards of the profession would be applied.

Ethical decision making is a process. There are many instances in social work where simple answers are not available to resolve complex ethical issues. Social workers should take into consideration all the values, principles, and standards in this Code that are relevant to any situation in which ethical judgment is warranted. Social workers' decisions and actions should be consistent with the spirit as well as the letter of this Code.

In addition to this Code, there are many other sources of information about ethical thinking that may be useful. Social workers should consider ethical theory and principles generally, social work theory and research, laws, regulations, agency policies, and other relevant codes of ethics, recognizing that among codes of ethics social workers should consider the NASW Code of Ethics as their primary source. Social workers also should be aware of the impact on ethical decision making of their clients' and their own personal values and cultural and religious beliefs and practices. They should be aware of any conflicts between personal and professional values and deal with them responsibly. For additional guidance social workers should consult the relevant literature on professional ethics and ethical decision making and seek appropriate consultation when faced with ethical dilemmas. This may involve consultation with an agency-based or social work organization's ethics committee, a regulatory body, knowledgeable colleagues, supervisors, or legal counsel.

Instances may arise when social workers' ethical obligations conflict with agency policies or relevant laws or regulations. When such con-flicts occur, social workers must make a responsible effort to resolve the conflict in a manner that is consistent with the values, principles, and standards expressed in this Code. If a reasonable resolution of the conflict does not appear possible, social workers should seek proper consultation before making a decision.

The NASW Code of Ethics is to be used by NASW and by individuals, agencies, organizations, and bodies (such as licensing and regulatory boards, professional liability insurance providers, courts of law, agency boards of directors, government agencies, and other professional groups) that choose to adopt it or use it as a frame of reference. Violation of standards in this Code does not automatically imply legal liability or violation of the law. Such determination can only be made in the context of legal and judicial proceedings. Alleged violations of the Code would be subject to a peer review process. Such processes are generally separate from legal or administrative procedures and insulated from legal review or proceedings to allow the profession to counsel and discipline its own members.

A code of ethics cannot guarantee ethical behavior. Moreover, a code of ethics cannot resolve all ethical issues or disputes or capture the richness and complexity involved in striving to make responsible choices within a moral community. Rather, a code of ethics sets forth values, ethical principles, and ethical standards to which professionals aspire and by which their actions can be judged. Social workers' ethical behavior should result from their personal commitment to engage in ethical practice. The NASW Code of Ethics reflects the commitment of all social workers to uphold the profession's values and to act ethically. Principles and standards must be applied by individuals of good character who discern moral questions and, in good faith, seek to make reliable ethical judgments.

Ethical Principles

The following broad ethical principles are based on social work's core values of service, social justice, dignity and worth of the person, importance of human relationships, integrity, and competence. These principles set forth ideals to which all social workers should aspire.

Value : Service

Ethical Principle: Social workers' primary goal is to help people in need and to address social problems.

Social workers elevate service to others above self-interest. Social workers draw on their knowledge, values, and skills to help people in need and to address social problems. Social workers are encouraged to volunteer some portion of their professional skills with no expectation of significant financial return (pro bono service).

Value : Social Justice

Ethical Principle: Social workers challenge social injustice.

Social workers pursue social change, particularly with and on behalf of vulnerable and oppressed individuals and groups of people. Social workers' social change efforts are focused primarily on issues of poverty, unemployment, discrimination, and other forms of social injustice. These activities seek to promote sensitivity to and knowledge about oppression and cultural and ethnic diversity. Social workers strive to ensure access to needed information, services, and resources; equality of opportunity; and meaningful participation in decision making for all people.

Value : Dignity and Worth of the Person

Ethical Principle: Social workers respect the inherent dignity and worth of the person.

Social workers treat each person in a caring and respectful fashion, mindful of individual differences and cultural and ethnic diversity. Social workers promote clients' socially responsible self-determination. Social workers seek to enhance clients' capacity and opportunity to change and to address their own needs. Social workers are cognizant of their dual responsibility to clients and to the broader society. They seek to resolve conflicts between clients' interests and the broader society's interests in a socially responsible manner consistent with the values, ethical principles, and ethical standards of the profession.

Value : Importance of Human Relationships

Ethical Principle: Social workers recognize the central importance of human relationships.

Social workers understand that relationships between and among people are an important vehicle for change. Social workers engage people as partners in the helping process. Social workers seek to strengthen relationships among people in a purposeful effort to promote, restore, maintain, and enhance the well-being of individuals, families, social groups, organizations, and communities.

Value : Integrity

Ethical Principle: Social workers behave in a trustworthy manner.

Social workers are continually aware of the profession's mission, values, ethical principles, and ethical standards and practice in a manner consistent with them. Social workers act honestly and responsibly and promote ethical practices on the part of the organizations with which they are affiliated.

Value : Competence

Ethical Principle: Social workers practice within their areas of competence and develop and enhance their professional expertise.

Social workers continually strive to increase their professional knowledge and skills and to apply them in practice. Social workers should aspire to contribute to the knowledge base of the profession.

Ethical Standards

The following ethical standards are relevant to the professional activities of all social workers. These standards concern (1) social workers' ethical responsibilities to clients, (2) social workers' ethical responsibilities to colleagues, (3) social workers' ethical responsibilities in practice settings, (4) social workers' ethical responsibilities as professionals, (5) social workers' ethical responsibilities to the social work profession, and (6) social workers' ethical responsibilities to the broader society.

Some of the standards that follow are enforceable guidelines for professional conduct, and some are aspirational. The extent to which each standard is enforceable is a matter of professional judgment to be exercised by those responsible for reviewing alleged violations of ethical standards.[4)]

1. SOCIAL WORKERS' ETHICAL RESPONSIBILITIES TO CLIENTS

1.01 Commitment to Clients

Social workers' primary responsibility is to promote the well-being of clients.

4) 이 부분부터는 앞에서 미리 밝힌 대로 내용의 분량이 매우 많기 때문에 지면을 고려하여 제목과 처음 주제 문장만 소개하고 상세한 설명은 생략하였다.

1.02 Self-Determination

Social workers respect and promote the right of clients to self-determination and assist clients in their efforts to identify and clarify their goals.

1.03 Informed Consent

Social workers should provide services to clients only in the context of a professional relationship based, when appropriate, on valid informed consent.

1.04 Competence

Social workers should provide services and represent themselves as competent only within the boundaries of their education, training, license, certification, consultation received, supervised experience, or other relevant professional experience.

1.05 Cultural Competence and Social Diversity

Social workers should understand culture and its function in human behavior and society, recognizing the strengths that exist in all cultures.

1.06 Conflicts of Interest

Social workers should be alert to and avoid conflicts of interest that interfere with the exercise of professional discretion and impartial judgment.

1.07 Privacy and Confidentiality

Social workers should respect clients' right to privacy. Social workers should not solicit private information from clients unless it is essential to providing services or conducting social work evaluation or research. Once private information is shared, standards of confidentiality apply.

1.08 Access to Records

Social workers should provide clients with reasonable access to records concerning the clients.

1.09 Sexual Relationships

Social workers should under no circumstances engage in sexual activities or sexual contact with current clients, whether such contact is consensual or forced.

1.10 Physical Contact

Social workers should not engage in physical contact with clients when there is a possibility of psychological harm to the client as a result of the contact (such as cradling or caressing clients).

1.11 Sexual Harassment

Social workers should not sexually harass clients. Sexual harassment includes sexual advances, sexual solicitation, requests for sexual favors, and other verbal or physical conduct of a sexual nature.

1.12 Derogatory Language

Social workers should not use derogatory language in their written or verbal communications to or about clients. Social workers should use accurate and respectful language in all communications to and about clients.

1.13 Payment for Services

When setting fees, social workers should ensure that the fees are fair, reasonable, and commensurate with the services performed.

Consideration should be given to clients' ability to pay.

1.14 Clients Who Lack Decision-Making Capacity

When social workers act on behalf of clients who lack the capacity to make informed decisions, social workers should take reasonable steps to safeguard the interests and rights of those clients.

1.15 Interruption of Services

Social workers should make reasonable efforts to ensure continuity of services in the event that services are interrupted by factors such as unavailability, relocation, illness, disability, or death.

1.16 Termination of Services

Social workers should terminate services to clients and professional relationships with them when such services and relationships are no longer required or no longer serve the clients' needs or interests.

2. SOCIAL WORKERS' ETHICAL RESPONSIBILITIES TO COLLEAGUES

2.01 Respect

Social workers should treat colleagues with respect and should represent accurately and fairly the qualifications, views, and obligations of colleagues.

2.02 Confidentiality

Social workers should respect confidential information shared by colleagues in the course of their professional relationships and transactions.

2.03 Interdisciplinary Collaboration

Social workers who are members of an interdisciplinary team should participate in and contribute to decisions that affect the well-being of clients by drawing on the perspectives, values, and experiences of the social work profession.

2.04 Disputes Involving Colleagues

Social workers should not take advantage of a dispute between a colleague and an employer to obtain a position or otherwise advance the social workers' own interests.

2.05 Consultation

Social workers should seek the advice and counsel of colleagues whenever such consultation is in the best interests of clients.

2.06 Referral for Services

Social workers should refer clients to other professionals when the other professionals' specialized knowledge or expertise is needed to serve clients fully or when social workers believe that they are not being effective or making reasonable progress with clients and that additional service is required.

2.07 Sexual Relationships

Social workers who function as supervisors or educators should not engage in sexual activities or contact with supervisees, students, trainees, or other colleagues over whom they exercise professional authority.

2.08 Sexual Harassment

Social workers should not sexually harass supervisees, students, trainees, or colleagues. Sexual harassment includes sexual advances, sexual solicitation, requests for sexual favors, and other verbal or physical conduct of a sexual nature.

2.09 Impairment of Colleagues

Social workers who have direct knowledge of a social work colleague's impairment that is due to personal problems, psychosocial distress, substance abuse, or mental health difficulties and that interferes with practice effectiveness should consult with that colleague when feasible and assist the colleague in taking remedial action.

2.10 Incompetence of Colleagues

Social workers who have direct knowledge of a social work colleague's incompetence should consult with that colleague when feasible and assist the colleague in taking remedial action.

2.11 Unethical Conduct of Colleagues

Social workers should take adequate measures to discourage, prevent, expose, and correct the unethical conduct of colleagues.

3. SOCIAL WORKERS' ETHICAL RESPONSIBILITIES IN PRACTICE SETTINGS

3.01 Supervision and Consultation

Social workers who provide supervision or consultation should have the necessary knowledge and skill to supervise or consult appropriately and should do so only within their areas of knowledge and competence.

3.02 Education and Training

Social workers who function as educators, field instructors for students, or trainers should provide instruction only within their areas of knowledge and competence and should provide instruction based on the most current information and knowledge available in the profession.

3.03 Performance Evaluation

Social workers who have responsibility for evaluating the performance of others should fulfill such responsibility in a fair and considerate manner and on the basis of clearly stated criteria.

3.04 Client Records

Social workers should take reasonable steps to ensure that documentation in records is accurate and reflects the services provided.

3.05 Billing

Social workers should establish and maintain billing practices that accurately reflect the nature and extent of services provided and that identify who provided the service in the practice setting.

3.06 Client Transfer

When an individual who is receiving services from another agency or colleague contacts a social worker for services, the social worker should carefully consider the client's needs before agreeing to provide services.

3.07 Administration

Social work administrators should advocate within and outside their agencies for adequate resources to meet clients' needs.

3.08 Continuing Education and Staff Development

Social work administrators and supervisors should take reasonable steps to provide or arrange for continuing education and staff development for all staff for whom they are responsible.

3.09 Commitments to Employers

Social workers generally should adhere to commitments made to employers and employing organizations.

3.10 Labor-Management Disputes

Social workers may engage in organized action, including the formation of and participation in labor unions, to improve services to clients and working conditions.

4. SOCIAL WORKERS' ETHICAL RESPONSIBILITIES AS PROFESSIONALS

4.01 Competence

Social workers should accept responsibility or employment only on the basis of existing competence or the intention to acquire the necessary competence.

4.02 Discrimination

Social workers should not practice, condone, facilitate, or collaborate with any form of discrimination on the basis of race, ethnicity, national origin, color, sex, sexual orientation, gender identity or expression, age, marital status, political belief, religion, immigration status, or mental or physical disability.

4.03 Private Conduct

Social workers should not permit their private conduct to interfere with their ability to fulfill their professional responsibilities.

4.04 Dishonesty, Fraud, and Deception

Social workers should not participate in, condone, or be associated with dishonesty, fraud, or deception.

4.05 Impairment

Social workers should not allow their own personal problems, psychosocial distress, legal problems, substance abuse, or mental health difficulties to interfere with their professional judgment and performance or to jeopardize the best interests of people for whom they have a professional responsibility.

4.06 Misrepresentation

Social workers should make clear distinctions between statements made and actions engaged in as a private individual and as a representative of the social work profession, a professional social work organization, or the social worker's employing agency.

4.07 Solicitations

Social workers should not engage in uninvited solicitation of potential clients who, because of their circumstances, are vulnerable to undue influence, manipulation, or coercion.

4.08 Acknowledging Credit

Social workers should take responsibility and credit, including authorship credit, only for work they have actually performed and to which they have contributed.

5. SOCIAL WORKERS' ETHICAL RESPONSIBILITIES TO THE SOCIAL WORK PROFESSION

5.01 Integrity of the Profession

Social workers should work toward the maintenance and promotion of high standards of practice.

5.02 Evaluation and Research

Social workers should monitor and evaluate policies, the implementation of programs, and practice interventions.

6. SOCIAL WORKERS' ETHICAL RESPONSIBILITIES TO THE BROADER SOCIETY

6.01 Social Welfare

Social workers should promote the general welfare of society, from local to global levels, and the development of people, their communities, and their environments.

6.02 Public Participation

Social workers should facilitate informed participation by the public in shaping social policies and institutions.

6.03 Public Emergencies

Social workers should provide appropriate professional services in public emergencies to the greatest extent possible.

6.04 Social and Political Action

Social workers should engage in social and political action that seeks to ensure that all people have equal access to the resources, employment, services, and opportunities they require to meet their basic human needs and to develop fully.

[참고 자료 5-3] 히포크라테스 선서

- 이제 의업에 종사할 허락을 받으매 나의 생애를 인류 봉사에 바칠 것을 엄숙히 서약하노라.
- 나의 은사에 대하여 존경과 감사를 드리겠노라.
- 나의 양심과 위엄으로서 의술을 베풀겠노라.
- 나의 환자의 건강과 생명을 첫째로 생각하겠노라.
- 나는 환자가 알려준 모든 비밀을 지키겠노라.
- 나의 위업의 고귀한 전통과 명예를 유지하겠노라.
- 나는 동업자를 형제처럼 생각하겠노라.
- 나는 인종, 종교, 국적, 정당 정파 또는 사회적 지위 여하를 초월하여 오직 환자에게 대한 나의 의무를 지키겠노라.
- 나는 인간의 생명을 수태된 때로부터 지상의 것으로 존중히 여기겠노라.
- 비록 위협을 당할지라도 나의 지식을 인도에 어긋나게 쓰지 않겠노라.
- 이상의 서약을 나의 자유 의사로 나의 명예를 받들어 하노라.

[참고 자료 5-4] 서울대학교 교수 윤리 헌장

[전 문]

서울대학교는 우리나라의 중추적인 고등 교육 기관으로서의 사명을 안고 개교 이래 지금까지 교육과 연구 및 사회 봉사라는 대학 본연의 임무에 충실하고자 최선의 노력을 기울여왔다. 그동안 서울대학교는 국내외에서 활동하는 수많은 인재들을 길러내면서, 세계 수준의 학문적 성취를 지향하고 그에 상응하는 업적을 쌓기 위하여 부단히 힘써 왔다.

개교 60주년을 맞이하는 현 시점에서도 서울대학교는 세계 각국의 대학들과 협력하고 경쟁하는 가운데 세계 수준의 대학으로 우뚝 서야 한다는 사명을 안고 있다.

국내적으로는 국가의 당면 과제와 제반 사회 문제 해결에 한층 더 헌신해야 한다는 요청도 받고 있다. 이러한 시대적 사명과 요청에 대하여 교수와 학생을 포함한 서울대학교의 구성원은 모두 합리적이고 윤리적인 교육 공동체를 가꾸어나감으로써 더욱 충실하게 부응하여야 할 것이다.

교육과 연구 환경이 급격하게 변하는 가운데 일반적 도덕과 연구 윤리, 국가 및 지역 사회와 대학 간의 역동적이고 다양한 관계 속에서 파생되는 대학 구성원의 권리와 의무와 책임, 다양한 구성원들 간의 인간관계 등은 자기 성찰과 자기 개선의 정신을 바탕으로 하여 합리적이면서도 건강하게 재정립되어야 한다. 특히 지금은 우리 국민이 서울대학교에 대해서 가지고 있는 기본적 신뢰와 기대에 부응하기 위해 새로운 각오와 결의가 필요한 시점이기도 하다.

이에 우리 서울대학교 교수들은 학문 자유의 주체로서 명실상부한 새로운 대학 공동체의 형성을 염원하는 마음으로 교수 윤리 헌장을 선포한다.

2006년 3월 15일
서울대학교

윤리 강령

1. 교수는 학생들이 전공 분야의 전문 지식뿐 아니라 인격과 교양을 아울러 갖추도록 교육함으로써 한국 사회의 미래에 필요한 인재를 배출하는 데 최선을 다한다.
2. 교수는 전문 연구자로서 학문의 수월성을 제고하고, 인류 사회의 발전에 필요한 창의적 지식과 기술을 창출하는 데 최선을 다한다.
3. 교수는 전문 지식과 새로운 연구 결과를 사회에 환원함으로써 공공의 이익과 복리 증진에 기여한다.
4. 교수는 학생을 대등한 인격체로 존중하며, 학생의 정당한 권리가 침

해되지 않도록 최선을 다한다.
5. 교수는 최상의 교육 및 연구 여건을 갖춘 교육 공동체를 만들기 위해 대학의 조직과 운영에 공정하게 참여할 권리와 의무를 지닌다.

윤리 규범

Ⅰ. 강의 및 교수 활동

1. 강의는 교수의 가장 기본적인 교육 활동으로, 교수는 자율성과 성실성을 바탕으로 강의를 진행한다.
2. 교수는 강의를 통해 학생의 학문적 관심을 적극적으로 살려낼 수 있도록 노력하며, 학생을 지적 탐구에 참여하는 동반자로 존중한다.
3. 실험 · 실습 · 답사 등의 활동은 강의의 연장으로서 학생들의 자발적 적극적 참여 속에 이루어지도록 하고, 강의실과 학교 안에서 수행되는 교육 활동의 일반적 기준과 규범을 벗어나지 않도록 한다.
4. 교수는 학생들의 논문지도 과정에서 학생의 학문적 관심사와 창의성이 최대한 발현되도록 노력한다.
5. 교수는 창의적인 수업 성과를 유지하기 위한 교수의 재량권을 적정하게 행사하고, 학교에서 정한 학칙과 방침에 따라 강의를 진행하고 학생을 평가한다.

Ⅱ. 연구 및 학술 활동

1. 교수는 연구 계약의 체결, 연구비의 수주 및 집행 과정이 자율적 결정과 참여에 의하여 이루어지도록 최선을 다하되, 학교가 정한 일정한 절차와 규정을 준수한다. 특히 교수는 연구비의 수주와 집행에서 윤리적 법적 책임과 의무를 준수한다.
2. 교수는 공동 연구의 경우 연구 참여, 연구비 집행, 연구 결과 활용 등에서 공동 연구자의 정당한 권리가 침해되지 않도록 한다.
3. 교수는 연구에 참여하는 연구원, 대학원생 및 연구 보조원의 권리나 인격을 침해하는 일이 없도록 하며, 이들이 기여한 정도에 따라 정당

한 대우를 한다.

4. 교수는 연구 및 저술 활동에서 저작권 침해, 표절, 부적절한 인용, 자료의 조작 등과 같은 비윤리적이거나 불법적인 행위를 하지 않도록 한다.
5. 교수는 모든 연구에서 법률 및 학교 규정과 학계에서 권장하는 기본적인 연구 윤리를 반드시 준수한다.

III. 사회적 참여와 봉사

1. 교수는 사회와 국가의 현실 문제에 대한 비판과 대안을 제시함으로써 지성인으로서 책임과 의무를 다한다.
2. 교수는 전문 지식과 연구 결과를 사회에 환원할 때 공익적 기준에 부합하도록 노력한다.
3. 교수는 연구 결과를 공표하고 활용할 때 자신의 학문적 양심에 부합하는 사회적 및 윤리적 책임을 다한다.
4. 교수는 대학 외부 조직이나 활동에 참여할 때 대학이 정한 제반 관련 규정을 준수한다. 특히 공직에 참여할 때는 대학의 교원으로서 품위를 지키고 법률적 도덕적 기준을 준수한다.
5. 교수는 자신의 개인적 발언이나 행동이 자신이 속한 대학 · 학부 · 학과의 의사를 대표하는 것으로 오인되지 않도록 한다.
6. 교수는 지역 공동체의 일원으로서 지역 사회의 건전한 발전과 환경 보존을 위해 적극 노력한다.

IV. 학생과의 인간 관계

1. 교수는 국적 · 인종 · 성 · 빈부 · 출신 지역 및 출신 학교 등을 이유로 학생을 차별하지 않는다. 특히 학업 평가와 논문 지도 및 심사에서 최대한 공정성을 유지해야 한다.
2. 교수는 학생의 전공이나 연구 분야, 지적 관심이나 학문적 방법론 및 철학이 다르다고 해서 학생을 차별 대우하지 않도록 한다.
3. 교수는 학생의 인격과 권리를 최대한 보장해야 하며, 학생과의 사적인 인간 관계가 학교에서의 공적인 업무 수행에 우선하지 않도록 한다.

4. 교수는 학생들이 성적 수치심이나 차별감을 느낄 수 있는 언행이나 법에 규정된 일체의 성희롱 행위를 해서는 안 된다.

V. 대학 공동체 구성원으로서의 책임과 의무

1. 교수는 대학 조직의 구성원으로서 대학의 일반적 관행과 질서를 바탕으로 하는 대학 공동체의 형성과 발전을 위해 적극적으로 참여한다.
2. 교수는 대학의 제도 개혁과 교육 과정 개선 및 바람직한 교육 환경 조성을 위한 모든 일에 적극 참여할 의무를 지닌다.
3. 교수는 직원과 학생들이 갖는 공동체 일원으로서의 역할을 인정하고 그들의 자율적인 업무 활동과 학업 활동을 존중한다.
4. 교수는 교육과 연구를 위한 최적의 학교 환경을 요구할 권리를 갖는 동시에 학내의 공공 장소 및 공동 시설을 사용할 때 지켜야 할 규정과 예절을 솔선수범하여 준수한다.

[참고 자료 5-5] 한국의 공무원 행동 강령(2005. 12. 9 대통령령 19165호 ; 일부 개정 2008. 12. 31 대통령령 제21238호)

제1장 총칙(개정 2008.12.31)

제1조(목적) 이 영은 '부패방지 및 국민권익위원회의 설치와 운영에 관한 법률' 제8조에 따라 공무원이 준수해야 할 행동 기준을 규정하는 것을 목적으로 한다[전문 개정 2008. 12. 31].

제2조(정의) [생략] [전문 개정 2008. 12. 31].

제3조(적용 범위) 이 영은 국가 공무원(국회 · 법원 · 헌법재판소 및 선거관리위원회 소속의 국가 공무원을 제외한다) 및 지방 공무원에게 적용한다[전문 개정 2008. 12. 31].

제2장 공정한 직무 수행

제4조(공정한 직무 수행을 해치는 지시에 대한 처리)

① 공무원은 상급자가 자기 또는 타인의 부당한 이익을 위하여 공정

한 직무 수행을 현저하게 해치는 지시를 하였을 때는 그 사유를 그 상급자에게 소명하고 지시에 따르지 아니 하거나 제23조에 따라 지정된 공무원 행동 강령에 관한 업무를 담당하는 공무원(이하 "행동강령책임관"이라 한다)과 상담할 수 있다.

②제1항에 따라 지시를 이행하지 아니 하였는데도 같은 지시가 반복될 때는 즉시 행동강령책임관과 상담하여야 한다.

③제1항이나 제2항에 따라 상담 요청을 받은 행동강령책임관은 지시 내용을 확인하여 지시를 취소하거나 변경할 필요가 있다고 인정되면 소속 기관의 장에게 보고하여야 한다. 다만, 지시 내용을 확인하는 과정에서 부당한 지시를 한 상급자가 스스로 그 지시를 취소하거나 변경하였을 때는 소속 기관의 장에게 보고하지 아니 할 수 있다.

④제3항에 따른 보고를 받은 소속 기관의 장은 필요하다고 인정되면 지시를 취소·변경하는 등 적절한 조치를 하여야 한다. 이 경우 공정한 직무 수행을 해치는 지시를 제1항에 따라 이행하지 아니 하였는데도 같은 지시를 반복한 상급자에게는 징계 등 필요한 조치를 할 수 있다[전문 개정 2008. 12. 31].

제5조(이해 관계 직무의 회피)

①공무원은 자신이 수행하는 직무가 다음 각 호의 어느 하나에 해당하는 경우에는 그 직무의 회피 여부 등에 관하여 직근 상급자 또는 행동강령책임관과 상담한 후 처리하여야 한다. 다만, 중앙 행정 기관의 장 등이 공정한 직무 수행에 영향을 받지 아니 한다고 판단하여 정하는 단순 민원 업무의 경우에는 그러하지 아니 하다.

1. 자신, 자신의 직계 존속·비속, 배우자 및 배우자의 직계 존속·비속의 금전적 이해와 직접적인 관련이 있는 경우
2. 4촌 이내의 친족('민법' 제767조에 따른 친족을 말한다. 이하 같다)이 직무 관련자인 경우
3. 자신이 2년 이내에 재직하였던 단체 또는 그 단체의 대리인이 직무 관련자인 경우
4. 그 밖에 중앙 행정 기관의 장 등이 공정한 직무 수행이 어려운 관계에 있다고 정한 자가 직무 관련자인 경우

②제1항에 따라 상담 요청을 받은 직근 상급자 또는 행동강령책임관

은 해당 공무원이 그 직무를 계속 수행하는 것이 적절하지 아니하다고 판단되면 소속 기관의 장에게 보고하여야 한다. 다만, 직근 상급자가 그 권한의 범위에서 그 공무원의 직무를 일시적으로 재배정할 수 있는 경우에는 그 직무를 재배정하고 소속 기관의 장에게 보고하지 아니 할 수 있다.

③제2항에 따라 보고를 받은 소속 기관의 장은 직무가 공정하게 처리될 수 있도록 인력을 재배치하는 등 필요한 조치를 하여야 한다[전문 개정 2008. 12. 31].

제6조(특혜의 배제) 공무원은 직무를 수행할 때 지연・혈연・학연・종교 등을 이유로 특정인에게 특혜를 주거나 특정인을 차별하여서는 아니 된다[전문 개정 2008. 12. 31].

제7조(예산의 목적 외 사용 금지) 공무원은 여비, 업무추진비 등 공무활동을 위한 예산을 목적 외의 용도로 사용하여 소속 기관에 재산상 손해를 입혀서는 아니 된다[전문 개정 2008. 12. 31].

제8조(정치인 등의 부당한 요구에 대한 처리)

①공무원은 정치인이나 정당 등으로부터 부당한 직무 수행을 강요받거나 청탁을 받은 경우에는 소속 기관의 장에게 보고하거나 행동강령책임관과 상담한 후 처리하여야 한다.

②제1항에 따라 보고를 받은 소속 기관의 장이나 상담을 한 행동강령책임관은 그 공무원이 공정한 직무 수행을 할 수 있도록 적절한 조치를 하여야 한다[전문 개정 2008. 12. 31].

제9조(인사 청탁 등의 금지)

①공무원은 자신의 임용・승진・전보 등 인사에 부당한 영향을 미치기 위하여 타인으로 하여금 인사 업무 담당자에게 청탁하도록 해서는 아니 된다.

②공무원은 직위를 이용하여 다른 공무원의 임용・승진・전보 등 인사에 부당하게 개입해서는 아니 된다[전문 개정 2008. 12. 31].

제3장 부당 이득의 수수 금지 등

제10조(이권 개입 등의 금지) 공무원은 자신의 직위를 직접 이용하여 부당한 이익을 얻거나 타인이 부당한 이익을 얻도록 해서는 아니 된다[전문 개정 2008. 12. 31].

제10조의2(직위의 사적 이용 금지) 공무원은 직무의 범위를 벗어나 사적 이익을 위하여 소속 기관의 명칭이나 직위를 공표·게시하는 등의 방법으로 이용하거나 이용하게 해서는 아니 된다[본조 신설 2008. 12. 31].

제11조(알선·청탁 등의 금지)

① 공무원은 자기 또는 타인의 부당한 이익을 위하여 다른 공무원의 공정한 직무 수행을 해치는 알선·청탁 등을 해서는 아니 된다.

②공무원은 직무 수행과 관련하여 자기 또는 타인의 부당한 이익을 위하여 직무 관련자를 다른 직무 관련자나 '부패방지 및 국민권익위원회의 설치와 운영에 관한 법률' 제2조 제3호에 따른 공직자에게 소개해서는 아니 된다[전문 개정 2008. 12. 31].

제12조(직무 관련 정보를 이용한 거래 등의 제한)

①공무원은 직무 수행 중 알게 된 정보를 이용하여 유가증권, 부동산 등과 관련된 재산상 거래 또는 투자를 하거나 타인에게 그러한 정보를 제공하여 재산상 거래 또는 투자를 돕는 행위를 해서는 아니 된다.

②중앙 행정 기관의 장 등은 제1항에 따라 소관 분야별로 직무 관련 정보를 이용한 거래 등의 제한에 관한 세부 기준을 정하여야 한다 [전문 개정 2008. 12. 31].

제13조(공용물의 사적 사용·수익의 금지) 공무원은 관용 차량·선박·항공기 등 공용물과 예산의 사용으로 제공되는 항공 마일리지, 적립 포인트 등 부가 서비스를 정당한 사유 없이 사적인 용도로 사용·수익해서는 아니 된다[전문 개정 2008. 12. 31].

제14조(금품 등을 받는 행위의 제한)

①공무원은 직무 관련자로부터 금전, 부동산, 선물 또는 향응(이하 "금품 등"이라 한다)을 받아서는 아니 된다. 다만, 다음 각 호의 어느 하나에 해당하는 경우에는 그러하지 아니 하다.

1. 채무의 이행 등 정당한 권원에 의하여 제공되는 금품 등
2. 통상적인 관례의 범위에서 제공되는 음식물 또는 편의
3. 직무와 관련된 공식적인 행사에서 주최자가 참석자에게 일률적으로 제공하는 교통·숙박 또는 음식물
4. 불특정 다수인에게 배포하기 위한 기념품 또는 홍보용 물품

5. 질병 · 재난 등으로 어려운 처지에 있는 공무원을 돕기 위하여 공개적으로 제공되는 금품 등
6. 그 밖에 원활한 직무 수행 등을 위하여 중앙 행정 기관의 장 등이 허용하는 범위에서 제공되는 금품 등

②공무원은 직무 관련 공무원으로부터 금품 등을 받아서는 아니 된다. 다만, 다음 각 호의 어느 하나에 해당하는 경우에는 그러하지 아니 하다.

1. 제1항 각 호의 어느 하나에 해당하는 경우
2. 통상적인 관례의 범위에서 제공되는 소액의 선물
3. 직원 상조회 등에서 공개적으로 제공되는 금품 등
4. 상급자가 하급자에게 위로, 격려, 포상 등 사기를 높일 목적으로 제공하는 금품 등

③공무원은 직무 관련자였던 자나 직무 관련 공무원이었던 사람으로부터 당시의 직무와 관련하여 금품 등을 받아서는 아니 된다. 다만, 제1항 각 호와 제2항 각 호의 어느 하나에 해당하는 경우는 제외한다.

④공무원은 배우자나 직계 존속 · 비속이 제1항부터 제3항까지의 규정에 따라 수령이 금지되는 금품 등을 받지 아니 하도록 하여야 한다[전문 개정 2008. 12. 31].

제14조의2(금품 등을 주는 행위의 금지) 공무원은 제14조 제2항에 따라 자신으로부터 금품 등을 받는 것이 금지된 공무원에게 금품 등을 제공해서는 아니 된다. 다만, 제14조 제2항 각 호에서 정한 경우는 제외한다[본조 신설 2008. 12. 31].

제4장 건전한 공직 풍토의 조성

제15조(외부 강의 · 회의 등의 신고)

①공무원은 대가를 받고 세미나, 공청회, 토론회, 발표회, 심포지엄, 교육 과정, 회의 등에서 강의, 강연, 발표, 토론, 심사, 평가, 자문, 의결 등(이하 "외부 강의 · 회의 등"이라 한다)을 할 때는 미리 외부 강의 · 회의 등의 요청자, 요청 사유, 장소, 일시 및 대가를 소속 기관의 장에게 신고하여야 한다. 다만, 외부 강의 · 회의 등의 요청자가 국가나 지방 자치 단체(그 소속 기관을 포함한다)인 경우는

그러하지 아니 하다.

②공무원이 제1항에 따라 외부 강의·회의 등을 할 때 받을 수 있는 대가는 외부 강의·회의 등의 요청자가 통상적으로 적용하는 기준을 초과해서는 아니 된다[전문 개정 2008. 12. 31].

제16조(금전의 차용 금지 등)

①공무원은 직무 관련자(4촌 이내의 친족은 제외한다. 이하 이 조에서 같다) 또는 직무 관련 공무원에게 금전을 빌리거나 빌려주어서는 아니 되며 부동산을 무상(대여의 대가가 시장 가격 또는 거래 관행과 비교하여 현저하게 낮은 경우를 포함한다. 이하 이 조에서 같다)으로 대여 받아서는 아니 된다. 다만, '금융실명거래 및 비밀보장에 관한 법률' 제2조에 따른 금융 기관으로부터 통상적인 조건으로 금전을 빌리는 경우는 제외한다.

②제1항 본문에도 불구하고 부득이한 사정으로 직무 관련자 또는 직무 관련 공무원에게 금전을 빌리거나 빌려주는 것과 부동산을 무상으로 대여받으려는 공무원은 소속 기관의 장에게 신고하여야 한다[전문 개정 2008. 12. 31].

제17조(경조사의 통지와 경조 금품의 수수 제한 등)

①공무원은 직무 관련자나 직무 관련 공무원에게 경조사를 알려서는 아니 된다. 다만, 다음 각 호의 어느 하나에 해당하는 경우에는 경조사를 알릴 수 있다.

1. 친족에 대한 통지
2. 현재 근무하고 있거나 과거에 근무하였던 기관의 소속 직원에 대한 통지
3. 신문, 방송 또는 제2호에 따른 직원에게만 열람이 허용되는 내부 통신망 등을 통한 통지
4. 공무원 자신이 소속된 종교 단체·친목 단체 등의 회원에 대한 통지

②공무원은 경조사와 관련하여 중앙 행정 기관의 장 등이 소속 직원들의 의견을 수렴하여 통상적인 관례의 범위에서 정하는 기준을 초과하여 금품 등을 주거나 받아서는 아니 된다. 다만, 다음 각 호의 어느 하나에 해당하는 경우는 제외한다.

1. 공무원과 친족 간에 주고받는 경조사 관련 금품 등

2. 공무원 자신이 소속된 종교 단체·친목 단체 등에서 그 단체 등의 정관·회칙 등에서 정하는 바에 따라 제공되는 경조사 관련 금품 등

3. 그 밖에 중앙 행정 기관의 장 등이 정하는 경조사 관련 금품 등 [전문 개정 2008. 12. 31].

제5장 위반 시의 조치(개정 2008. 12. 31)

제18조(위반 여부에 대한 상담) 공무원은 직무를 수행하면서 이 영을 위반하는지가 분명하지 아니 할 때는 행동강령책임관과 상담한 후 처리하여야 한다[전문 개정 2008. 12. 31].

제19조(위반 행위의 신고 및 확인)

①누구든지 공무원이 이 영을 위반한 사실을 알게 되었을 때는 그 공무원이 소속된 기관의 장, 그 기관의 행동강령책임관 또는 국민권익위원회에 신고할 수 있다.

②제1항에 따라 신고하는 자는 본인과 위반자의 인적 사항과 위반 내용을 구체적으로 제시해야 한다.

③제1항에 따라 위반 행위를 신고받은 소속 기관의 장과 행동강령책임관은 신고인과 신고 내용에 대하여 비밀을 보장하여야 하며, 신고인이 신고에 따른 불이익을 받지 아니 하도록 하여야 한다.

④행동강령책임관은 제1항에 따라 신고된 위반 행위를 확인한 후 해당 공무원으로부터 받은 소명 자료를 첨부하여 소속 기관의 장에게 보고하여야 한다[전문 개정 2008. 12. 31].

제20조(징계 등) 제19조 제4항에 따른 보고를 받은 소속 기관의 장은 해당 공무원을 징계하는 등 필요한 조치를 할 수 있다[전문 개정 2008. 12. 31].

제21조(금지된 금품 등의 처리)

①제14조 또는 제17조 제2항을 위반하여 금품 등을 받은 공무원은 제공자에게 그 기준을 초과한 부분이나 수수가 금지된 금품 등을 즉시 반환하여야 한다. 이 경우 그 공무원은 증명 자료를 첨부하여 그 반환 비용을 소속 기관의 장에게 청구할 수 있다.

②제1항에 따라 반환하여야 하는 금품 등이 멸실·부패·변질 등의 우려가 있거나 그 제공자나 제공자의 주소를 알 수 없거나 제공자

에게 반환하기 어려운 사정이 있을 때는 즉시 소속 기관의 장 또는 행동강령책임관에게 신고한 후 소속 기관의 장이 정하는 바에 따라 그 금품 등을 처리하여야 한다[전문 개정 2008. 12. 31].

제6장 보칙(개정 2008. 12. 31)

제22조(교육)

①중앙 행정 기관의 장 등은 소속 공무원에 대하여 이 영의 준수를 위한 교육 계획을 수립・시행하여야 하며, 매년 1회 이상 교육을 하여야 한다.

②중앙 행정 기관의 장 등은 공무원을 신규 임용할 때 이 영의 교육을 하여야 한다[전문 개정 2008. 12. 31].

제23조(행동강령책임관의 지정)

①중앙 행정 기관의 장 등은 그 기관과 그 소속 기관 중 기관장이 4급 이상 공무원(고위 공무원단에 속하는 일반직 공무원을 포함한다)이거나 이에 상당하는 공무원인 기관에 대하여 행동강령책임관을 지정하여야 한다. 다만, 소속 기관의 규모・성격 및 지리적 특성을 고려하여 그 기관에 행동강령책임관을 지정하는 것이 적합하지 아니 한 경우에는 그러하지 아니 하다.

②행동강령책임관은 소속 기관의 공무원에 대한 공무원 행동 강령의 교육・상담, 이 영의 준수 여부에 대한 점검 및 위반 행위의 신고 접수, 조사 처리에 관한 업무를 담당한다.

③행동강령책임관은 이 영과 관련하여 상담한 내용에 대하여 비밀을 누설해서는 아니 된다.

④제1항에 따라 행동강령책임관이 지정되지 아니 한 기관에 대해서는 그 상급 기관 소속 행동강령책임관이 그 기관의 공무원 행동강령에 관한 업무를 수행한다[전문 개정 2008. 12. 31].

제24조(기관별 행동 강령의 운영 등)

①중앙 행정 기관의 장 등은 이 영의 시행에 필요한 범위에서 해당 기관의 특성에 적합한 세부적인 기관별 공무원 행동 강령을 제정하여야 한다. 이 경우 지방 의회와 교육위원회의 장은 제15조・제17조 및 제23조의 경우에는 해당 기관의 특성을 고려하여 행동 강령을 달리 정할 수 있다.

②중앙 행정 기관의 장 등은 제1항에 따른 기관별 공무원 행동 강령을 제정하거나 개정할 때는 국민권익위원회에 알려야 한다.
③국민권익위원회는 제2항에 따라 통보받은 기관별 공무원 행동 강령이 부당하거나 형평성에 어긋나는 경우에는 그 기관에 시정을 권고할 수 있다.
④국민권익위원회는 제1항에 따른 기관별 공무원 행동 강령의 운영에 관한 사항을 권고할 수 있다[전문 개정 2008. 12. 31].

부칙 [일부 생략]

부칙 (제21238호, 2008. 12. 31)

제1조(시행일) 이 영은 2009년 2월 1일부터 시행한다.

제2조(적용례) 이 영 시행 당시 종전의 제15조 제1항 단서에 따라 허가를 받은 외부 강의·회의 등의 경우에도 이 영 시행일 이후에 하는 것부터는 제15조의 개정 규정에 따라 신고하여야 한다.

제 6 장
한국의 기업윤리와 직업윤리

1. 기업윤리의 현황

오늘날 기업 부문의 윤리 문제가 초미의 관심사로 세상을 떠들썩하게 하는 실정이므로 우리의 분석도 여기서 시발하기로 한다. 우선 우리 사회에서 현실적으로 대두하여 세간의 이목을 끄는 주요 문제점부터 한 번 점검하면 다음과 같은 것이 떠오를 것이다. 그리고 이런 문제점들의 성격을 앞서 본 저서의 제3장에서 소개한 사회윤리의 실천적 규준으로 평가한 항목들을 예시적으로 정리하면 다음과 같다. 그 사회윤리 실천규준의 핵심적 요소는 ① 해악성 기피 ② 존중 ③ 준법성 ④ 투명성, 책임성 ⑤ 정직성 ⑥ 사회 정의, 공정성임을 다시 밝혀둔다.

■ 불량 식품 제조 유통, 아동에게 유해한 물질 제조 판매, 생태환경 오염 발생 물질 부정 폐기 · 처리와 같은 부도덕한 기업

행위(해악성)

■ 탈법적 재산 형성과 상속, 분식 회계와 부정 대출, 주가 조작과 내부 거래, 불법 비자금 조성, 기타 부동산 투기와 같은 불로 소득 창출 등 불법적이고 비합리적인 경영·경제 행위(준법성, 정직성, 투명성)

■ 정경 유착과 정부 특혜에 의한 부정과 불공정, 계열 기업 간 자본·경영·인적 교류와 유대로 인한 과점적 불공정 경쟁, 문어발식 기업 다각화와 외형 성장 치중, 탈법적 합병·매수, 높은 외부 자본·금융 의존도 등 부실 경영과 경제 질서 파괴 및 경영 차원의 문제(정직성, 준법성, 공정성, 투명성)

■ 부의 집중에 의한 소득 분배의 불균형, 권위주의 국가의 후원 아래 노동의 착취, 종업원의 민주적 경영 참가에 대한 저항 등 기업 부문의 사회적 불균형 조장과 사회적 불만 야기의 문제(사회 정의, 존중)

■ 혈족 중심의 폐쇄적, 독점적 기업 소유 및 지배 구조, 탈법 승계, 개인 집중 경영 행태, 중앙 집권적 통제 등 기업의 사회 조직 원리와 관련된 문제(공정성, 투명성, 준법성)

■ 고객, 종업원, 협력업자, 지역 사회, 주주에 대한 사회적 책임 의식과 사회적 공헌에 대한 관심 부족(사회정의, 책임성, 존중)

■ 이와 같은 관행과 행태가 그 자체 반사회적 윤리 규범의 저촉으로 단정하기 어려운 측면이 있음에도 불구하고 소위 국민 정서의 차원에서 불평 불만과 지탄의 대상이 된다는 사실이 더 심각한 문제다.

한국의 고도 경제 성장의 이면에는 정치적 논리를 앞세운 경제 개발 정책의 후유증으로 정경 유착과 부정부패라는 윤리 문제를 태생적으로 안게 된 기업 활동이 도사리고 있었다는 사실은 누구도 부인할 수 없는 주지의 현실이다. 여기서 생성한 기업체의 경영 왜곡을 지대 관련 비리(地代關聯非理)와 대리 관련 비리(代理關聯非理)로 나눈다(이필상, 1998). 전자는 주로 정부의 특혜와 연결되어 발생하는 정경 유착과 특혜에 의한 비윤리적 경제 행위고, 후자는 이해 관계자들 사이의 주식 관련 부정 행위나 자금 유용 등 금융 특혜와 관련 있는 부당 행위에 의해서 이루어진다. 이러한 시대적 맥락 속에서 1990년대의 경제적 난관을 겪는 과정에 미국의 '기업윤리 강령' 채택(1995)이나 일본의 뇌물 사건에 대한 판결(1995)을 계기로 비윤리적인 기업 관행에서 변화를 가져온 배경 아래 우리나라에서도 이 방면의 움직임이 등장하게 되었다.

전국경제인연합회(전경련)의 주도로 1996년 초 '기업윤리 헌장'을 제정한 것을 시발로 일단 기업윤리 내지 윤리경영에 대한 의식의 각성이 현실화하는 경로에 들어서게 되었다. 이 헌장의 내용에는 기업의 사회적 책임 완수, 창의와 경영 혁신을 통한 정단한 이윤 창출, 공정 경쟁, 중소기업과 협력 증진, 소비자와 고객의 이익 증진, 환경 친화적 경영, 지역 사회 발전에 대한 기여 같은 항목을 담았다. 표면상으로는 이만하면 기업윤리의 주요 내용을 모두 포괄하는 것으로 보이지만, 당시만 해도 구체적 실행 계획을 포함하지 않았고 윤리 강령의 실천 정도를 파악하려는 종업원의 행동 지침은 모색하지 못한 한계를 드러내었다는 평가다(이필상, 1998 : 175).

우리나라는 특히 1987년의 민주주의 이행 이후 기업계를 향해 윤리적인 경영을 요구하는 목소리가 높아졌음을 업계에서도 의식하게 되었고, 특히 1997년의 IMF 외환 금융 위기를 거치며 우리나라 기업계에서도 기업 투명성 문제가 부각되면서 기업윤리에 대한 관심이 증대하기에 이르렀다는 업계의 자체 평가가 나온 바 있다. 최근에는 국가 차원에서도 법제화와 제도화를 시도하며 이러한 움직임을 지원하게 되었다. 그리하여 "이 같은 흐름 속에서 윤리경영은 단순한 기업의 사회 공헌 등 기업 이미지 제고 차원이나 수사학적인 개념을 뛰어넘어 전략경영의 일환으로 자리매김되고 있음"이라는 자체 평가가 나오고 있다(전경련 2007a, 15). 이를 뒷받침하는 또 한 가지 언명을 직접 인용하겠다(전경련, 2007b : 5).

> 윤리경영이 경제계의 화두가 되어 윤리경영을 기업 경영의 으뜸으로 삼고자 하는 기업이 빠른 속도로 증가하고 있습니다. 많은 기업들이 기업윤리 헌장을 제정하고 그에 따른 강령과 실천 지침을 작성하는 한편, 윤리경영 전담 부서를 설치해 기업윤리를 정착시키기 위하여 전사적인 노력을 기울이고 있는 실정입니다. 또한 신문고 제도, 공익 신고 제도 등 다양한 프로그램으로 기업윤리를 실천하고 있습니다.
>
> 그동안 전경련은 이러한 기업들의 윤리경영을 지원하기 위해 많은 노력을 기울여왔습니다. 윤리경영 인프라 구축을 위해 기업윤리위원회를 확대 개편하고 기업윤리실무위원회를 강화하는 등 윤리경영 역량 강화를 위한 조직적 체계를 정비하였으며, 국내외 윤리경영 모범 기업들의 추진 사례를 정리해 회원사에 배포해왔습니다. 또한 윤리경영학교를 개최해 윤리경영을 추진하고 있거나 도입하려는 기업들에게 이론과 사례가 겸비된 실제적인 교육을 실시함으로써 윤리경영 도입에 도움이 되고자 했습니다.

이 장황한 인용문은 전경련이 발행한 2007년도 『윤리경영 : 이해와 실천』의 발간사 서두다. 만일 이대로라면 우리나라에서도 기업윤리의 의식은 물론 제도의 도입에서도 상당한 진전이 있어보여서 고무적이라 할 만하다. 같은 해에는 『윤리경영자율진단표(*Business Ethics Index*)』를 발간하여 기업 활동의 각 분야와 이해 관계 당사자들에 해당하는 진단을 하기 위한 구체적인 평가용 자료를 제공하고 있다.

그러면 실제는 과연 어떠한가? 최근에 전경련에서는 하나의 보고서를 온라인상으로 발표하였다(전경련, 2009). 이슈 페이퍼(Issue Paper) 형식으로 발표한 이 보고서에는 2009년 현재의 윤리경영 현황과 CSR 추진 실태 조사 결과를 담고 있다. 그 결과를 여기에 간략하게 소개하려고 한다. 이 조사 연구는 매출액 상위 200대 기업체 중 전경련 회원사 139개사를 대상으로 질문서를 이용한 전화 조사를 실시하여 88개사(63.3%)의 응답을 받아 분석한 것이다.

① 2005년을 기준 연도로 하여 비교할 때, 2009년 현재 윤리헌장 채택률은 95%에 이르고 있다. 이는 2005년의 80.5%에서 상당히 증가한 것이다. 이로써 최소한도 윤리경영 추진의 기본 방향을 설정하는 윤리 헌장(강령) 도입이 정착 단계에 들어선 것으로 평가하고 있다.

② 이 헌장에서 중요시하는 내용 중에는 내부 업무 수행 기준과 규정 준수가 60%, 공정 거래 및 법률 준수가 28.8%, 사회공헌 활동이 11.3%의 순으로 보고되었다.

③ 윤리경영 교육을 시해하는 기업체는 92%로 기준 연도의 60%에서 급증하였다.

④ 이해 관계자 소통을 위한 제도로서는 간담회 운영과 지속가능보고서 발간을 실시하는데, CSR 추진 과정에서 이해 관계자와 소통과 대화를 위한 제도를 운영하는 곳은 64%로,

지속가능보고서, 간담회, 설명회, 설문 조사 등으로 다양한 이해 관계자의 의견을 반영하고 있다.

⑤ 전체 응답 기업체의 70%가 CSR 전담 부서를 운영 중이어서 기준 연도의 31%에 비해 역시 급성장하였다.

⑥ 전담 부서를 설치함으로써 추진 성과에 개선이 있다고 보고한 기업체가 92%로 효과가 있음을 보여준다.

⑦ 효과적인 사내 확산 제도라고 지목한 내용은 교육(41.3%)이 으뜸이고 이어 윤리 헌장(강령)의 제 · 개정과 준수 서약 제도, 전담 부서 설치 · 운영을 들었다. 기타 개인과 부서 평가시 CSR 성과를 반영하고 정기적인 CSR 추진성과 점검과 우수자(부서)에 대한 포상 등이 효과가 있다는 보고를 하였다.

⑧ CSR 추진 단계는 54%가 전사적 경영 계획에 반영하여 추진하거나 세부 추진 계획을 세워 경영 계획에 구체적으로 반영한다(32%)는 응답이 가장 많은 것으로 보아, 일단 전사적 차원의 CSR 전략 수립이 이루어지는 것으로 보인다.

⑨ 윤리경영이나 CSR 활동의 필요성을 인식하고 적극적으로 참여한다(50%)는 응답과 필요성은 인식하나 참여가 부족하다(47%)는 대답이 거의 동률을 보인다. 필요성 인식에 비해 참여율은 저조하다고 보아야 할 것이므로 참여의 활성화가 시급하다.

⑩ CSR 추진상의 애로 사항은 노하우와 정보 부족(36.3%)이 가장 큰 장애이고, 추진 성과에 대한 확신 부족(26.3%), 영업 성과와 충돌(25%), 의지나 지원 부족(21.3%), 임직원의 의식 변화 지체(21.3%) 등을 지목하였다.

⑪ CSR 전 분야를 포괄하는 위원회를 설치 · 운영 중인 기업체는 21개사이고, 포괄적인 것은 아니지만 윤리경영위원회

등 CSR 관련위원회를 설치한 곳도 53개사나 되었다.

⑫ 향후의 역점 분야는 기존의 윤리 · 투명 경영(28%)에 더하여 최근의 전 지구적 관심사로 떠오른 환경 중심 녹색 성장(25%)과 이해 관계자 소통(20%)에 대한 중요성을 강조하였다.

위와 같은 결과를 두고 이 보고서는 마지막으로 몇 가지 시사점을 지적하고 있다(전경련, 2009 : 10).

■ 국내 기업체의 CSR 활동을 위한 기본적인 제도와 시스템은 이제 정착 단계에 접어든 것 같지만, 양적인 발전을 토대로 내실을 기해야 하는 전환기를 맞이하고 있다. 그 내용은 다음과 같다.

① 기업체의 핵심 역량과 연계된 사회 문제에 대해 관심을 가지고 지속적이고 전략적인 CSR 활동이 필요하고, 이를 위해서는 장기적이고 전사적인 시각에서 CSR을 바라보며 기업체 구성원들이 비전을 공유하는 것이 가장 중요하다.

② 다양한 이해 관계자(소비자, 협력사 등)의 참여를 유도하고, 이들과 지속적인 의사 소통으로 신뢰도를 제고하는 노력이 필요하다.

③ 자가 진단 평가 체제를 구축하고 CSR 활동을 시스템화하여 각 기업체의 특성에 맞는 분야를 중심으로 전문화할 필요가 있다.

아마도 위와 같은 보고 내용이면 더 이상 첨부할 필요가 없을 것이다. 다만 사회의 전반적인 분위기로 미루어 기업윤리의 정착이 과연 실질적인지를 진지하게 성찰할 것을 제안하고 싶다. 일반적인 의식이나 제도 관행에서 개선하고 업그레이드해야 할 요소들이 산재하고 있을지도 모를 일이다. 그리고 이런 연구의 대상이 주로 전경련 회원사라는 점을 상기하면 상당수 기업체들, 특히 중소 규모의 회사에서는 아직도 윤리경영 의식이나 실천 수준이 매우 저조하지 않을까 하는 일말의 우려를 접을 수가 없다. 그런 의미에서 앞으로는 한층 더 광범위한 대상에 대한 심층적인 연구 조사가 필요하다는 점을 지적해둔다.

이 대목에서 주목할 사항이 한 가지 있다. 전경련 차원에서 윤리경영 문제를 심도 있게 검토하고 그 실현을 위한 노력을 경주하는 과정에서 강조하는 쟁점 사항이 무엇인가 하는 것이다(전경련, 2007b : 145-148). 여기에는 세 부문의 문제 제기와 개선을 위한 제안이 들어 있다. 첫째는 정치 개혁의 필요성이고, 둘째는 기업측의 윤리경영 실천과 정착 노력 증대며, 셋째는 정부·기업·시민사회의 공동 노력의 촉구다.

먼저 정치 개혁과 관련해서는 우선 정치 자금 문제로 국민의 기업에 대한 부정적인 인식이 커지고 있어서 기업 경영 환경이 악화하는 현상을 우려하면서, 이를 위해서는 정치 자금 제도와 관행의 개혁을 촉구하고 있다. 아울러 이런 사태를 윤리경영·투명경영 정착의 계기로 삼아야 한다는 점을 강조한다. 이를 위해서는 이사회나 주주총회 같은 최고 의사 결정 기구에서 정치 자금의 조성 규모에 대한 승인을 얻는 등 기업 내부의 정치 자금 조성 통제 장치의 필요성을 제기한다. 그러나 무엇보다도 부패 없는 사회를 이룩하기 위해서는 정치(공직 포함)－기업－시민사회의 건전한 관계 정립에 의한 근본적 부패 척결의 사회 체계 개선이 필요함을 지적한다. 좀더 구체적으로는 다음과 같은 제안을 하고 있다.

■ 정치 개혁에 관해서는 :

① 윤리경영을 채택하고 있는 기업들이 정치 구조 개혁과 정부의 정책 수행 과정의 투명성 확보 없이는 근본적인 윤리경영의 실천이 어렵다는 지적과,

② 그러므로 저비용 고효율 정치 구조로 전환하기 위한 정치 개혁의 선행이 필수적이라는 의견, 그리고

③ 당면 정치 개혁의 과제로는 1) 정치 자금 수입·지출 내역 투명화로 투명성 제고 2) 선거공영제 실시, 비례대표제 확대, 정당 구조 개선 등 고비용 정치 구조 개선이 필요함을 제안하며,

④ 아울러 공직 부문에서는 각종 정부 조달 사업·인허가·규제 개혁 과정에서 절차의 투명성을 더욱 높여가는 노력이 필요하다는 점도 지적하고 있다.

■ 기업의 윤리경영 실천·정착 노력에 관련한 제안으로는:

① 기업 부문에서는 종래 윤리경영이 "사회적 책임을 환수하기 위해서"라는 관념으로부터 이제는 점차 '생존 전략'으로 인식 전환이 일고 있으며,

② 200년 이후 윤리경영을 도입, 채택하는 기업체들이 증가 추세에 있고,

③ 윤리경영이 이루어지기 위한 결정적인 요소로서 CEO의 강력한 윤리경영 실천 의지가 가장 중요하다는 인식이 확산되고 있으며(76.3% 응답, 2002년 조사),

④ 아울러 이해 상충 발생시 CEO의 윤리경영에 입각한 경영 판단이 긴요함을 인식하고,

⑤ 윤리경영을 효과적으로 도입하여 성공적으로 정착하기 위해서는 전담 핵심 인력을 선임하여 교육·연수 등 전사적

지원이 선행해야 함을 강조하며,

⑥ 하도급 및 납품 업체 등 협력 회사와 공동 실천 프로그램 마련이나, 고객·주주 등 이해 관계 당사자들과 간담회 등으로 윤리경영을 소개하고 실천하는 프로그램 마련이 중요함을 지적하고,

⑦ 윤리경영은 중장기적 안목으로 실질적 프로그램을 갖추고 꾸준히 실천해나가는 것이 정도이지, 단기적 반대 급부를 바라고 도입하면 오히려 기업 이미지 손상을 가져온다는 인식과 정치권과의 부적절한 유착이 초래한 부정적 이미지 개선을 위한 기업 부문의 합의에 기초한 윤리경영 실천이 무엇보다도 중요함을 밝히고 있다.

■ 부패 극복을 위한 국가－시장－시민사회의 공동 노력에 관해서는 :

① 부패 문제는 어느 한 부문에 국한되지 않고 정치·사회·문화 전반에 만연한 고질적 병폐임을 인식할 필요가 있고,

② 부패 척결을 위해서는 사회 전반의 근본적인 쇄신이 필요한데, 여기에 정부－기업－시민사회의 공동 협력이 긴요하며,

③ 개혁과 반부패의 대상으로만 인식해오던 정치·기업 부문이 이제는 개혁과 반부패의 주체로서 스스로 실천 프로그램을 마련하고 실천하도록 하는 공간이 필요하고,

④ 국가－시장－시민사회 공동의 노력으로 정치 자금 법·제도 개혁, 정부 입찰·조달 과정의 투명화, 윤리경영의 전기업적 확산 및 정착 등을 견인할 수 있어야 할 것임을 천명한다. 이러한 언명에서 보듯이 기업윤리의 문제는 단순한 기업 차원의 경영 의식과 관행의 변화로만 이루어지는 것이 아니라, 전

사회적인 문제와 깊은 관련이 있으므로 이를 해결, 개선하기 위해서도 공동의 노력이 수반해야 한다는 논리는 매우 설득력이 있다. 문제는 이의 실천인데, 이에 대한 심각한 고민도 있어야 할 것이다.

2. 직업윤리의 현주소

우리나라의 직업윤리에 관한 언급은 대체로 윤리학자나 종교가들이 도덕적인 기준으로 평가하는 논평 형태를 띠는 것이 상례이고, 대학 교재 형식의 일반 서적이 가끔 눈에 뜨일 정도다. 본격적인 사회과학적 연구는 아직 거의 찾기 어렵다. 그나마 소수의 연구에 대해서는 이제 곧 소개하려니와, 그 전에 우리가 일상에서 경험하는 몇 가지 문제점을 지적하면 다음과 같은 것이 있다(김수곤, 1998 ; 김경동, 2007). 여기에서도 이 책의 제3장에서 예시한 사회윤리의 실천 규준을 적용해서 평가해볼 수 있다.

■ 근로자로서 가져야 할 직업 의식 부족, 직장과 업무에 대한 헌신 몰입(commitment)의 취약 : 예로 제조업에서 불량품의 양산 현상(책임성, 정직성)

■ 특히 서비스 부문 종사자들의 무조건적 서비스 정신 결핍(책임성)

■ 유통 분야에서 고객을 속이고 부정 거래를 시도하는 행위(정직성)

■ 노동 운동의 본래 목적에 대한 왜곡, 정치적 이념적 노동 운

동(준법성, 투명성, 책임성)
■ 노사 관계 및 경영자 고유 권한(managerial prerogatives)의 본질에 대한 오해(준법성, 책임성)
■ 노사 갈등의 '기 싸움식' 극단주의와 불공정 · 탈법 노사 분쟁(공정성, 준법성, 해악, 사회 정의)
■ 전임 노조 간부의 회사 급여 수수, 파업 등 무노동에 대한 임금 요구, 불법 노동 행위로 인한 해고자의 복직 요구 등 편법 노동 운동 관행(준법성, 책임성, 투명성, 정직성, 사회 정의)
■ 노동귀족주의로 인한 부정 비리와 노동 부문 내부의 분절(fragmentation)과 불균형(준법성, 투명성, 책임성, 공정성, 사회 정의)

유감스럽게도 우리나라에서는 '직업윤리' 또는 '노동 윤리'라는 주제로 한국인의 의식이나 관행을 실증적으로 연구한 사례가 매우 드물다. 대개 직업관, 직업에 대한 태도나 만족도, 직업의 위신 평가 등을 주로 연구해오기는 했어도 윤리 문제에 초점을 맞춰 직접 경험적 연구를 실시한 예가 희소한 편이다.[1] 소수의 국제 비교 연구가 있기는 하나 대개 국제적 부패 연구의 일환으로 이루어지는 경향이 있고, 직업윤리 자체를 다룬 경험적 연구는 주로 교직이나 공무원, 변호사, 정보 처리 요원 등 전문직의 특정 직역에 국한되어 있다(장홍근 외, 2007 : 163-164).

이런 선행 연구를 간략하게 소개하겠다.

---

1) 이런 주제를 다룬 보기는 김경동(1992)의 일과 직업에 대한 관념과 일에 대한 태도, 직업 평가, 직장 생활에 대한 태도나 만족도, 직무에 대한 태도 등에 대한 연구 결과가 대표적이다. 그 외에 홍두승 외(1998) ; 유홍준(2000) ; 한상근 외(2002) ; 서우석(2006) ; 장홍근 외(2006) 등이 있다.

먼저 제조업, 서비스업, 전문가 등이 취업한 기업체와 특정 직업인의 밀집 집단을 방문하여 근로자들을 조사한 연구에서 직업윤리 중 가장 우선적인 덕목으로 성실성(41.6%), 책임성(22.7%), 전문성(10.1%)이 가장 높은 비율의 응답으로 밝혀졌다. 그리고 직업별 윤리 수준 점수는 5점 만점에 생산직(2.77), 전문직(2.7), 서비스직(2.6)의 순서로 별 차이가 없었다(김병숙 외, 2007).

다음, 16~18세 일반인, 대학생, 고등학생을 대상으로 조사한 연구에서 역시 중요한 직업윤리의 덕목으로 지목한 것은 책임감, 성실, 정직, 신뢰성 등이었다. 그리고 우리나라 직업인들의 직업윤리의 수준에 대한 질문에서는 과거 10년 전에 비하면 조금은 개선을 보이고 있으나, 현재의 직업윤리는 국민들이 일반적으로 보기에 여전히 수준 미달이라는 인식이 강했다. 우리 국민은 성품, 태도, 외형, 생산성 등의 측면에서는 직업윤리 수준이 상대적으로 양호한 반면, 근무 시간 준수, 충실성, 상호 존중, 협동, 의사 소통 등에서 비교적 저조하다는 평가가 나왔다. 또한 부정 비리에 대한 인식으로 직무 관련 선물 수수에 대한 질문에서는 매우 엄격한 태도를 보였지만, 조직체 차원의 부정을 목격했을 때는 고발하는 등 적극적 대응보다는 내부 시정 요구나 외면하는 소극적 자세가 두드러졌다. 직무 관련 비윤리적 행위라고 지적한 것은 금전적 비리가 으뜸이었고, 직무상 권한 남용과 인사상 비리 등의 순으로 비윤리적 행위가 비교적 광범위하게 일어나고 있다는 분석을 하였다(장홍근 외, 2006).

최근(2007)의 직업윤리 국제 비교 연구 결과도 다음과 같이 요약할 수 있다(장홍근 외, 2007).

첫째, 직업인의 직업윤리 덕목 중 한국, 일본, 미국, 독일 순으로 창의성보다 책임감의 중요성을 더 강조하고 있다.

둘째, 자발성과 조직 순응의 상대적 중요성에 대해서는 차이가 크지는 않지만, 미국이 조직 순응을 더 강조하는 데 비해 나머지 세 나라는 자발성을 중시한다.

셋째, 한국과 일본은 청렴성보다 직무 능력을 중시하는 반면 미국과 독일에서는 직무 능력을 더 중요한 덕목으로 간주한다.

넷째, 자기들이 소속한 직업 집단의 직업윤리 수준에 대해서는 미국(3.43)이 가장 앞서고 이어 독일(3.39), 한국(3.16), 일본(3.01) 순으로 평가하였다.

다섯째, 직업윤리 수준이 높다고 평가한 사람들의 특성을 보면, 일이 삶에서 중요하다는 응답자, 경제적 보상보다는 적성이나 일의 흥미를 더 강조하는 사람, 자기 발전보다는 고용의 안정성을 더 중시하는 직업인 그리고 자신의 직업이 사회적 지위가 높다고 인식하는 사람들이었다.

여섯째, 직업윤리의 수준이 낮다고 평가한 이유로는, 한국에서는 직무 수행 불성실과 동료의 신뢰와 협조 부족을 더 많이 지적하였고, 미국에서는 동료 신뢰와 협조 부족, 직무상 권한 남용을, 일본에서는 동료 신뢰와 협조 부족, 직무 수행 불성실, 직무상 권한 남용을, 독일은 동료 신뢰와 협조 부족에 이어 직무 수행 불성실, 직무상 권한 남용을 크게 꼽았다. 금전적 비리는 다른 나라에 비해 한국에서 가장 많이 지목한 항목이었다.

마지막으로 한국의 사회 복지 현장에서 윤리적 딜레마는 직접적인 서비스와 간접적인 서비스 두 측면에서 볼 수 있는데, 직접적인 서비스에서 일어나는 윤리적 딜레마는 의료 사회 사업, 아동 복지, 청소년 복지, 가족 복지, 노인 복지, 정신 보건 복지 등 모든 분야에서 일어날 수 있다. 이에 대한 연구들은, 아동 보호 전문 기관에서 사회복지사의 윤리적 딜레마를 다룬 것이 있는데(이세원, 2008), 여기서는 아동 학대 이슈와 관련이 있다. 의료 사회 사업 종사자는 생명 의료 윤리와 관련된 딜레마에 직면하기도 한다(윤현숙, 2008). 정신 보건 영역에서는 정신장애인의 자기결정권과 온정주의 간의 갈등에 대한 연구들이 있다(서미경, 1998 ; 2003). 간접적인 서비스에서는 제한된 자원의 배분 문제에서 어떤 것이 공정한 배분인가에 관련해서 딜레마가 형성될 수도 있다. 특히 사회복지공동모금회에서 배분하는 기준이 윤리적인가에 대해서는 언론에서도 지적된 것이 있어 모금회측에서 방침을 표명한 바도 있다.

사회 복지 현장에서 사회복지사의 윤리적 결정은 매우 중요한 역할을 함에도 불구하고 한국에서는 아직까지 현장의 윤리 문제에 대한 연구가 많이 실시되지 않고 있다(최명민, 2008). 또한 사회 복지 교육에서 윤리와 철학은 전공 선택이며 사회복지사 자격 취득 과정에서도 선택 과목으로 지정되어 있어 실질적으로 사회복지사의 윤리에 대한 전문적인 훈련은 부족한 상황이다. 이는 현장에서의 윤리적 전문성에 대한 무관심을 시사한다고 할 수 있다.

최근에 사회복지사의 윤리와 사회 복지 기관의 윤리경영에 대한 인식이 생기면서 한국사회복지사협회에서 사회 복지 윤리경영 선도 기관 육성 사업을 실시하여 2009년 1월에 2차년도 결과 보고 대회를 가지고, 사회복지윤리경영정보센터를 실시하는 등 기관의 윤리 차원의 향상을 시도하는 것을 볼 수 있다. 그러나 아직까지 실무자 차원의 교육은 활발히 진행되지 않고 있으며, 윤리 강령은 피상적으로 활용되고 있는 듯하다. 우선은 한국 사회복지사들이 윤리적 딜레마에 얼마나 직면하는지에 대한 실태와, 그들의 윤리적 민감성에 대한 조사(최명민, 2008)와 그들의 윤리 결정 근거가 무엇인지에 대한 연구가 필요하며, 이에 기초하여 교육 프로그램을 개발하여 학교뿐 아니라 보수 교육으로 지속적인 훈련을 제공할 필요가 있다.

그 밖에 전문직 부문의 윤리 문제는 특별히 대학 교수의 연구와 관련하여 사회적 쟁점으로 떠오르고 있어서 대학과 교수 집단에서는 이에 대한 자체 연구와 실천 프로그램의 정립에 노력을 경주하고 있다. 의료, 법률, 회계 등과 관련한 전문직에서도 간간히 언론의 주목을 받는 사건이 없는 것은 아니지만, 이들 분야에서 특별히 전문직 윤리 문제를 두고 고민한다는 흔적은 아직은 크게 눈에 띄지 않는 편이다. 물론 법조계에서 최근에 재판과 관련한 논란이 있기는 했지만, 이는 순전히 윤리적인 쟁점보다는 법 집행을 둘러싼 전문적인 쟁점에 더 가까운 것으로 보인다. 그러나 결과적으로는 법률 적용 대상인 국민에게 불공정한 재단을 하는 결과가 온다면 여기에는 분명히 윤리적인 쟁점이 개재할 수밖에 없다.

전반적으로 직업윤리에 관한 연구는 부족한 실정이며 따라서 이에 대한 개선책의 연구도 미비한 것이 현실이다. 사실 직업에 관한 연구는 직업 자체가 워낙 다양하고 범위가 넓기 때문에 포괄적으로 연구하는 것이 불가능하다는 제약이 있는 것도 무시할 수 없다. 그러나 이 방면의 연구는 더욱 활성화할 필요가 있을 것이다.

제 7 장
사이버윤리의 문제 :
정보 사회의 인간과 자아에 대한 성찰

1. 예비적 고찰 : 사회학적 인간관과 자아관

지금까지는 주로 기업과 직업을 중심으로 사회윤리의 쟁점들을 고찰하였다. 현대 사회에서 사회윤리가 각별한 관심의 표적이 되는 계기가 다분히 인간의 경제 행위와 관련이 깊기 때문이다. 그러나 오늘날 전 세계에 걸쳐 인간의 삶을 뒤흔들고 있는 또 하나의 영역이 있다면 그것은 필연적으로 정보 통신 기술의 혁신이 자아낸 정보 사회의 사이버 공간이 될 수밖에 없다. 그리고 이 부문에서는 전혀 예기치 못한 새로운 사회적 상호작용이 일어나고 있기 때문에 거기서 발생하는 윤리적인 문제 또한 종래의 정통적인 접근만으로는 이해하고 다루기가 어려운 점이 없지 않다. 따라서 이는 사회윤리의 관점에서는 새로운 도전으로 볼 수 있다.

본 저서에서는 이런 뜻에서 사이버윤리의 문제를 별도로 검토하기로 한다. 다만 이 문제는 여러 면에서 일반적인 기업윤리나 직업윤리와는 다른 배경에서 생성하는 것이므로 이 주제를 다루기 위해서는 그러한 변화가 일어난 배경적 요인과 그것이 내포하는 사회학적 함의를 좀더 자세히 검토하는 맥락 속에서 사이버윤리를 살펴보는 것이 필요하다. 정보 통신 혁명이라 일컫는 기술 혁신이 초래한 유비쿼터스 시대에 사회학적 관점에서 사회윤리를 생각하기 위하여 "오늘날 인간은 과연 무엇인가"를 묻는다면 당연히 사이버 세계를 문제 삼을 수밖에 없다. 인간과 자아에 대한 사회학적 접근은 기본적으로 자아의 생성과 사회 질서의 형성·유지에 기초가 되는 사회적 상호작용을 핵심에 둔다. 그런데 상호작용이 일어나는 상황, 맥락, 즉 사회적 환경이 이제는 사이버 공간이라고 하는 전혀 새로운 모습을 띠고 등장했기 때문에 우리는 그 현상에 주목하지 않을 수 없는 것이다. 따라서 여기에서는 먼저 인간과 자아에 대한 사회학적 접근의 개요를 일별한 다음, 사이버 세계의 특성을 개관하고 그 안에서 살아가는 인간과 자아의 모습을 고찰하면서, 기술 혁신이 자아내는 인간 사회의 주요 쟁점을 문명론적 시각에서 성찰하기로 한다. 결국 사이버 세계의 사회윤리 문제는 일종의 문명론적 차원의 쟁점이라는 인식이 필요하게 된 것이다.

1) 사회 속의 인간

제1장 서론에서 이미 약간은 언급하였지만, 사회윤리를 생각할 때도 사회학적 인간관은 사회를 떠난 인간을 상정할 수

없다. 사람은 본시 여느 짐승이나 미물처럼 태어나자말자 홀로 생존할 수 있는 동물이 아니다. 반드시 누군가 곁에서 보육(nurture)하고 양육(culture)해야 살아남을 수 있는 취약한 존재며, 사회화를 거쳐 학습을 해야만 온전한 구실을 하는 사람으로 자랄 수 있다. 인간은 원초적으로 '사회 속의 인간'이며 사회 구조의 속박과 문화의 결정에서 자유로울 수 없는 존재다. 이 점에서 사회학적 인간은 일단 사회에다 무게를 두는 '**사회** 속의 인간(man in SOCIETY)'이다. 구조결정론 혹은 문화결정론의 관점에서 보는 인간이다.

그렇다고 해서 인간이 마치 로봇처럼 사회 구조적, 문화적, 생물적, 물리적 환경에 의해 전적으로 '결정'되고 순전히 피동적으로 반응만 하는 존재일 수는 없다. 사회가 인간의 자아를 문화로 완전히 채워 그 내용까지 송두리째 결정해주는 것은 아니며, 자아는 스스로의 자유와 완성감을 실현할 문화적 사회적 환경 여건을 마련할 여지를 향유하기도 한다. 이때 나의 선택이 나의 사람됨을 좌우해주는 복잡한 여러 요인들의 인과적 결정에 의해서 이루어졌음을 부인할 필요는 없지만, 동시에 나는 환경에 자신의 자국을 남기는, '결정'하고 '선택'하는 존재이기도 하다는 점을 또한 인정할 필요가 있다. 이처럼 자유 내지 자율성을 중시하는 눈으로 보면 이번에는 인간 쪽에다 무게중심을 옮기는 '사회 속의 **인간**(MAN in society)'을 만난다.

이런 논의에서 주의할 것은 어느 쪽이든 극단적인 사고를 경계해야 한다는 점이다. 인간은 원초적으로 사회 문화적 결정에 의하여 좌우되는 존재임을 확인하는 것은 당연하지만, 마찬가지로 그러한 맥락 속에는 인간의 자율성을 형성하는 데 기여하는 요소도 항상 내포되어 있음을 간과해서는 안 된다. 그

것은 자신의 배경과 현재의 상황을 직시할 수 있는 통찰력을 충분히 가지도록 하는 요소다. 그래서 리즈먼(David Riesman) 등은 "일반적으로 사회 규범에 동조할 능력은 있으면서도 동조할지 안 할지를 선택할 자유가 있는" 자율적인 퍼스낼러티를 상정하였으며, 버거(Peter L. Berger)는 인간 사회를 인형극에 비유하여 인간과 꼭두각시의 차이를 이렇게 표현했다. "우리는 움직이는 도중 동작을 멈추고 위를 쳐다보고 우리를 움직이고 있는 기계를 지각할 가능성을 지니고 있다. 바로 이러한 가능성에서 자유를 향한 첫걸음을 볼 수 있는 것이다"(김경동, 1978 : 70).

여기서 우리는 사회 속의 인간이 인간다워지는 근거를 분명히 밝히고 자아를 형성해가는 과정을 면밀하게 제시한 상징적 상호작용론을 주목하게 된다. 이 이론은 무엇보다도 인간이 여타 동물과 달리 상징력(symbolate), 즉 상징을 조성하고 의미부여와 해석을 하고 전달하는 능력을 갖추었다는 전제에서 출발하며, 대표적인 학자가 미드(George Herbert Mead)다(김경동, 1997). 미드에 의하면 우선 "인간 사회란 마음(의식, mind)과 자아(the self) 없이 존재할 수 없다"(Mead, 1935 : 227). 물론 자아는 사회 없이 존재하지 않는 사회적 소산이다. 인간은 사회적 상호작용을 거치지 않으면 자신의 존재나 자신의 마음을 의식할 수 없다. 이 마음은 자아가 스스로를 성찰하고 생각할 수 있는 능력을 갖추었으므로 타인은 물론 자신과도 의사소통이 가능하다. 다만 인간이 처음 태어났을 때는 아직도 그러한 의식이 작용할 여지가 없고 그런 능력을 제대로 발휘하지 못할 뿐이다. 오로지 사회화라는 학습 과정을 거쳐서야만 비로소 자의식이 뚜렷한 자아를 갖게 된다.

말할 나위도 없이 여기에는 반드시 '타인'이 있어야 한다. 어린아이는 주위의 가족이나 기타 중요한 사람들이 돌봐주어야 생존하므로 당초에는 이들 중요한 타인들(significant others)이 어린이의 의식과 자아관을 형성하는 데 중대한 기여를 한다. 자라나면서 옳고 그른 것에 관한 일반적인 관념 의식을 계발하는 때는 소위 '일반화된 타인들(generalized others)'이 준거가 된다. 내가 만나서 상호작용하는 여러 종류의 사람들이 나에 대해서 갖는 인식, 평가, 반응, 태도 그리고 나를 취급하는 방식 등이 조합하여, 마치 거울에 비친 자신의 얼굴처럼 나의 바깥에서 하나의 나를 형성하게 하는 원천이다. 이를 두고 경상 자아(鏡像自我, Looking-Glass Self)라고도 한다.

이 같은 사회화에 의한 자아 형성 과정은 세 가지 단계를 거친다. 첫 번째 예비 단계(preparatory stage)에서는 아이가 주위 사람들을 단순히 모방하여 사람들의 구실(role)을 배우지만 그 의미는 이해하지 못한다. 두 번째 놀이(遊戲, play) 단계에서는 남의 행동을 보고 흉내 내어 자신도 '놀아'보면서 의미도 어느 만큼은 이해한다. 다만 이때의 자아는 아직도 일체성을 지니지 않고 구체적이며 개별적인 태도로만 구성된다. 세 번째 게임(game) 단계에서는 비로소 짜임새 있는 개성으로서 사람됨(personality)이 발달하기 시작한다. 타인의 행위가 내게 어떤 의미가 있는지를 판단하고 그에 대한 타인의 반응을 기대했다가 그 반응의 의미를 해석하여 그에 적절히 반응하는 게임 플레이가 시작되는 것이다. 나는 나 자신과 대화를 해서 게임의 전략을 혼자 숙의하는 마음의 능력을 발휘할 뿐 아니라 타인의 신발을 신고 타인의 마음을 읽을 줄도 알게 된다. 일반화된 타인들의 구실을 제대로 습득하고 그들을 기준 삼아 일반적인 '사회적 자아'가 나의 의식 속에 생겨나는 것이다.

물론 이렇게 생성된 자아라고 해서 단순히 타인으로 구성된 사회의 문화적 가치나 구실 체계를 수동적으로 받아들여 일방적으로 습득하기만 하는 존재는 아니다. 자아는 자아 지향적이고 자아 통제적이며 스스로 결정하고 행동하는 능동적인 존재이기도 하다. 이를 미드는 주체적 혹은 주관적 자아(영어의 I)라 했다. 여기에 대비하여, 일반화된 자아를 대표하는 객체적, 객관적 자아(영어의 ME)를 설정했다. 객관적 객체적 자아는 앞에서 살펴본 대로 주위의 타인들 혹은 그들의 일반화된 양상인 사회의 관점에서 자신을 판단하고 주관적 자아의 행동을 규제하는 자아다.

2) 게임 플레이어, 인간

지나치게 개략적인 요점만 소개했지만, 상징적 상호작용론의 자아관에서 주목할 것은 내 속에서 나 자신과 그리고 외부의 타인들과 '게임'하며 생성하는 자아상이다. 실상 인간은 사회의 무대에서 한평생 게임을 계속 시연하며 살아가는 사회적 존재요 게임 플레이어다. 요즘 사이버 세대의 말대로 하면 '게이머'다. 그러고 보니 개개인의 사람됨을 가리키는 퍼스낼러티(personality)라는 단어의 persona는 라틴말로 '가면'을 뜻하고 연극 따위의 등장인물을 일컫는다. 융(Carl G. Jung)의 심리학에서는 무의식 속에 감춘 개성을 의미하기도 한다. 결국 사회학적 인간관에는 무대 위에서 탈을 쓰고 게임을 하는 인간이 떠오른다. 그리고 인간의 자아는 나면서 동시에 남인 거울 속의 자아다. 타인과 동떨어져 존재할 수도 의미를 지닐 수도 없는 것이 자아다. 사회 속의 인간, 사회적 자아가 사회학적 인간관과 자아관의 요체다.

그런데 흥미롭게도 우리에게 소위 '공업후사회(post-industrial society)'라는 신조어로 익숙해진 다니엘 벨(Daniel Bell)이 과학기술사의 맥락에서 인간의 삶이 변천해온 모습을 '게임'으로 파악하고 있음을 볼 수 있다(Bell, 1990 : 16). 인간의 생산 활동이 변함에 따라 달라지는 사회조직의 특징을 비교 묘사하는 대목에서 다음과 같이 서술하고 있는 것이다.

첫째, 농경 사회와 그 전 시대에 채취 활동을 위주로 한 농림수산업 및 광업 등 1차 산업에 주로 종사하는 활동은 '자연을 상대로 하는 게임(games against nature)'이고, 둘째, 공업사회에서 재화의 대량 생산을 위해 동력을 기계에다 응용하는 제조업 중심의 활동은 '가공한 자연을 상대로 하는 게임(game against fabricated nature)'이며, 셋째, 공업후사회의 가공 처리(processing), 제어 및 정보를 주로 다루는 활동은 '사람들끼리 하는 게임(games between persons)'이라 하였다.

이와 같은 벨의 지론에서 우리는 다시 한 번 인간이 게임 플레이어라는 관념과 접하게 된다. 물론 여기서는 생존을 위한 필수 요건인 생산 활동의 특성에 따라 게임의 상대와 성격이 달라진다는 것을 지적하고자 한 것이다. 특히 공업후사회에서는 생산 활동도 인간 대 인간의 게임이라 한 주장은 다시 한 번 생각할 여지가 있다는 데 주의를 요한다. 왜냐 하면 이제부터 개관하고자 하는 사이버 세계는 유비쿼터스의 공간이며 거기서 인간은 인간뿐 아니라 기계와 사물과도 연결지어 게임을 해야 하는 위치에 서게 되기 때문이다.

2. 사이버 세계의 인간과 자아

1) 사이버 세계의 기술적 특징

현대 사회는 공업 사회를 딛고 새로이 전개하는 정보 사회라 한다. 이 정보 사회는 여러 분야의 기술 혁신이 종합적으로 작용하여 질적으로 차원이 다른 기술적 가능성을 제공함으로 말미암아 생성한 신유형의 사회다. 재료공학과 미세공학의 발달에 힘입어 만들어낸 작은 칩을 전자공학에서 창안한 컴퓨터라는 전산기기에 장착하여 정보 처리 기능을 대폭 강화하였다. 광섬유와 같은 신물질과 항공우주공학에서 개발한 통신 기술을 가미하여 혁명적인 정보 통신의 변혁을 가져왔다. 이러한 사회의 특성을 적시하는 용어들이 속속 등장하는 가운데 우선 '사이버'가 떠올랐다. 사이버란 컴퓨터가 사람의 머리를 대신해서 스스로 조정・제어하는 기계・기술적 변화를 상징하는 말이다.[1] 그러나 오늘날에는 정보 사회의 생성・전개와 관련이 있는 각종의 새로운 기술 혁신을 가리키는 단어들이 이 분야의 담론을 화려하게 장식하고 있다(김경동, 2002b ; 류영달, 2003 ; 황준석, 2004 ; 황준석, 김승현, 2005).

첫째, 컴퓨터의 자동 제어 기술과 통신 기술의 혁신적 조합

---

1) 최근의 한 시사 영어 해설서는 'cyber-'라는 단어를 '컴퓨터로 자동 제어되는, 인공두뇌화된 ; 컴퓨터와 관련된'이라고 풀이하고 있다(김용국, 이동현, 1999 : 82). 물론, 이 말은 cybernetics, 즉 인공두뇌 연구를 뜻하는 말에서 따온 미완성 어두에 해당하며, cybernetics는 미국의 수학자 Norbert Wiener가 그리스말의 kybern, kybernet를 빌어 명명한 말이다. 원래는 배의 키잡이, 조타수, 조종사, 운전자를 의미한다. 여기에 cybernetics와 automation을 조합하여 cybernation, 즉 컴퓨터 등을 이용하여 제조 과정이나 작업 같은 것을 자동 제어한다는 말이 나왔다(김용국, 이동현, 1999 : 82 ; 시사영어사, 1992 : 561).

이 창출한 정보 통신 혁명을 일반적으로 '정보화'라 한다.

둘째, 재료공학이 발명한 신물질(예 : 광섬유)을 이용하여 통신의 속도를 획기적으로 증대시킨 변화는 '네트워크화'다.

셋째, 네트워크라는 물리적인 하부 구조의 기반 위에 전 세계적 차원의 모든 미디어와 컴퓨터를 연결시키는 소프트웨어 기술의 접목이 '인터넷화'다.

넷째, 인터넷을 세상 밖으로 끌어내어 수많은 사람들이 비교적 쉽게 정보를 검색하고 교류할 수 있도록 한 '월드와이드웹(WWW. World Wide Web)'은 전 세계 정보가 거미줄처럼 얽힌 새로운 망이다.

다섯째, 전자공학의 기술 혁신으로서 전자 기기가 자료를 인식, 저장, 전달하는 등의 처리 방식을 아날로그에서 숫자(0과 1)로 전환한 것이 '디지털화'다. 특히 이 디지털 기술의 특성은 ① 빛의 속도로 이동하며 정보를 전달하는 광속성 ② 반복 사용해도 정보가 줄어들거나 질이 떨어지지 않는 무한 반복 재현 가능성 ③ 정보 가공이 쉽고 다양한 형태로 변형할 수 있는 조작과 변형의 용이성 ④ 정보의 전달과 흐름이 양쪽으로 가능한 쌍방향성 ⑤ 방대한 정보 처리를 위한 압축이 가능한 압축성으로 요약할 수 있다(윤종언, 김득갑, 2000).

여섯째, 디지털 기술의 발달로 음성, 문자 데이터, 영상 등의 모든 정보 신호를 컴퓨터가 쉽게 신속하게 처리하여 여러 종류의 전달 매개인 멀티미디어와 연결시켜 통신할 수 있도록 해주는 '융합(fusion)' 기술에 힘입어 기존의 제품이나 산업 간에 '컨버전스(convergence, 수렴통합)'가 일어날 수 있게 되었다. 요컨대, 유선과 무선, 음성과 데이터, 통신과 방송, 통신과 금융, 홈네트워킹 등의 융합이 자유자재로 가능해졌다.

일곱째, 이제는 컴퓨터 기술의 발전이 '언제나, 어디서나, 누구나 이용 가능한' 소위 '유비쿼터스(ubiquitous, 遍在)' 컴퓨팅의 단계로 접어들었다. 유비쿼터스 컴퓨팅은 우선 초소형, 저가격 컴퓨터와 사물을 인식하는 센서 그리고 이들을 공동으로 움직이는 작동 기능 장치(effector)를 내장하여 인간 주변의 모든 물건에 네트워킹을 한다. 여기에 인터넷이라는 통신 플랫폼을 이용하여 PC와 휴대전화 이 둘을 결합한 스마트폰, iPad 같은 기기, 정보 가전, 게임기, 차량 내비게이션 등 다양한 형태의 정보 단말이 각양각색의 정보를 틈새 없이(seamless) 교환할 수 있도록 한다. 이를 실현하는 주요 구성 요소는 브로드밴드, 모바일 통신, 상시 접속, IPv6, 경계 없는 인터페이스 등이다(류영달, 2003).[2)]

유비쿼터스 기술의 특징은 마치 직물 속의 실처럼 엮어 있어 눈에 보이지 않는다(invisible)는 점이다. 그저 평온하고 조용하게(calm and silent) 일생생활 속에 스며들어서(disappearing) 인간의 활동을 지원하지만 사용자는 특별히 주의를 기울이지 않으면서 실시간으로(fresh) 정보를 포착할 수 있도록 연결(connected)해주는 기능을 한다. 인간의 통신 환경이 인간과 인간뿐 아니라 인간과 기계, 기계와 사물, 사물과 사물을 연결시켜주는 다중적 공간을 마련하게 되었다. 심지어 인간의 몸 속에 미세한 칩을 심어두고 그것을 인간의 뇌나 신경 계통과도 연결시킴으로써 인간의 의식으로 의도하는 바를 그 칩들이 인지하고 그 신호를 칩들과 연결된 다른 기기나 사물에 전달함으로써 인간이 이루고자 하는 활동이나 기기의 작동이 가능하게 되는 수

2) 유비쿼터스 컴퓨팅이라는 말은 미국 제록스사의 Mark Weiser가 1991년 *Scientific American*에 발표하면서 사용하기 시작한 개념이다(류영달, 2003 : 32).

준까지 유비쿼터스 기술은 손을 뻗친다. 따라서 우리가 주목하고자 하는 것은 이러한 유비쿼터스 시대의 사이버 세계는 매우 특이한 상호작용의 환경을 인간에게 제공한다는 점이다. 무엇보다도 편재성을 표상하는 유비쿼터스 정보 통신 기술(ICT, Information-Communication Technologies)의 혁명은 '공간'의 관념에 전혀 새로운 의미를 부여한다(하원규, 2003).

2) 사이버 세계의 공간적 특성

과거 공업 사회 이전의 사회에서는 주로 물리적 공간 속에서 상호작용이 일어났다. 그리고 이러한 환경에서는 대면적 상호작용이 주종을 이루었고, 기계를 매개로 하는 의사 소통은 대체로 전화나 무선 통신 기기에 의존해야 했다. 대중 매체에 의한 통신은 물론 일방적인 것이 특징이었다. 정보화로 말미암아 인터넷상의 전자 공간인 온라인 공간이 생겼고 그 속에서 실시간으로 쌍방향의 상호작용이 활발해졌다. 이제 유비쿼터스 시대의 사이버 공간은 물리적 공간과 전자 공간이 실시간으로 연결되는 제3의 유비쿼터스 공간이다.

앞에서 벨이 생산 활동을 위한 인간의 게임이 인간과 자연, 인간과 가공한 자연 그리고 인간들끼리의 게임이라 규정하였음을 보았다. 이것을 공간이라는 개념으로 다시 정리하면 사람이 사람(P2P, 즉 Person to Person의 속어 표현)과 통신하는 공간, 사람이 기계(P2M, Person to Machine)와 연결되는 공간, 기계와 기계(M2M)가 연결되는 공간에서 이제는 사람이 기계와 사물(P2M2T, Person to Machine to Things)로 연계되는 공간으로 확장되어가는 것을 볼 수 있다. 그런데 여기서 홍미로운 것은 바로 이러한 P2M2T 의 공간에서는 비로소 인간 중심의 상호작용이 더욱더 자유롭게 일어난다는 점이다. 적어도 기술적으로 보면, 한 사람이 다양한 형태의 컴퓨터가 편재한 상황에서 컴퓨터와 그것들을 연결하는 다양한 매체와 네트워크의 존재를 거의 의식하지 않은 채 무수한 다른 사람들과 자유자자재로 상호작용을 실시간으로 할 수 있게 되었다는 말이다. 이렇게 되면 이제는 공간 개념만이 아니라 시간 개념 까지도 달라진다. 모든 것이 실시간이라는 사실은 시간 관념에 엄청난 변화를 초래하기 때문이다. 공간의 편재성은 시간의 현재성을 가능케 한다고 볼 수 있다. 과거, 현재 그리고 미래의 융합이 이루어지는 형국이다.

이 말은 온라인상의 사이버 세계를 오프라인 세계의 현실과 구별하여 의사 현실(擬似現實, virtual reality)이라 한 것과 관련해서 고찰할 때 더욱 분명해진다.[3] 온라인상의 의사 현실은 인간이 컴퓨터라는 기계적 수단을 가지고 구성하는 상호작용의 세계를 뜻하지만, 무수한 컴퓨터가 단순한 수단이 아니라 그 자체 상호작용의 물리적 환경이 되는 유비쿼터스 사이버 세계에서는 온라인상의 현실이 곧 실재 현실로 구성된다. 의사 현실은 인간이 컴퓨터 속으로 끌려 들어가야 가능한 세계지만, 유비쿼터스 컴퓨팅은 컴퓨터가 사람들과 함께 현실 세계에서 편재하기 때문에 의사 공간과 현실 세계가 융합하여 현실 공간을 무한대로 확장시킨다. 의사 공간이 네트워크를 타고 자연스럽게 현실의 생활 공간으로 편입되는 것이다. 따라서 인터넷

3) 지금까지는 virtual reality라는 말을 가상 현실로 번역해 써왔지만 이 표현은 정확하지 않다. virtual이라는 말은 실재와 거의 같다는 식으로 사용하는 말이지 없는 것을 있다고 하는 가상적 현실을 의미하지 않는다. 광학에서 허상이라 할 때도 가상이라는 말이 아니라 실재와 닮은 모습을 뜻한다.

시대의 의사 현실에서는 다시 오프라인의 실재 현실로 오가는 데 그만한 시간을 별도로 요하는 데 비해서, 유비쿼터스 시대의 온라인 현실은 곧 실시간으로 오프라인 현실일 수도 있다는 차이가 생긴다. 이제 우리는 이 같은 미묘한 기술적 맥락을 염두에 두고 사이버 세계의 인간과 자아에 관한 성찰을 할 차례가 되었다.

3) 사이버 세계의 인간과 자아

위에서 주로 기술적인 관점에서 개관한 유비쿼터스 시대의 사이버 세계 속의 인간의 존재 양식은 일차적으로 네트워크라는 그물에 의해서 다른 사람들과는 물론이고 기계들과 사물들과 그것들이 표상하거나 대표하는 활동과 서비스에 무수히 연결되어 있는 P2M2T의 형식을 띤다. 이러한 조건에서 생성하는 사이버 공간은 하이퍼링크에 의해 다선적으로 연결되는 복합적이고 중층적인 구조를 띠며 경계가 없는 무한대의 공간이면서 자유로이 드나들 수 있는 공간이다. 시간적으로는 앞에서 밝힌 대로 정보를 실시간으로 환원시키는 점에서 신속성, 순간성, 동시성을 지닌다. 이와 같은 공간 속에서 이루어지는 의사소통의 내용은 아무 때나 임의로 수정·삭제·재현할 수 있으므로 편집성과 조작성이 특징이다(김문조, 2000 ; Rafaeli and Newhagen, 1996).

그런데 P2M2T의 복합적 연결로 제3의 공간을 형성하는 유비쿼터스 기술의 이상적 목표는 인간 중심의 세계, 인간이 더욱더 편리하고 자유로워질 수 있는 공간의 구성이다. 하지만 결국 인간은 이러한 유비쿼터스 공간이라 할지라도 그가 연계를 맺고 있는 기계와 사물과 각종 활동의 영향을 받으며 생활세계를 구성해야 한다는 조건을 무시할 수 없다. 이 말은 인간이 그러한 공간적 사회적 조건에서 결코 자유롭지 않을 수도 있다는 사실을 암시한다. 여기서 우리는 제3의 공간에서조차 '사회 속의 인간'이 **사회** 속의 인간이면서도 역시 사회 속의 **인간**이라는 명제와 다시 만난다.

그러면 사이버 세계의 사회적 공간은 어떤 특성을 드러내는가? 무엇보다도 구조적 특성을 이해하기 위해서 실재하는 현실의 오프라인 세계와 대비해볼 수 있다. 여기서 대표적인 공동체인 국가, 지역 공동체, 가족은 구체적인 공간적 경계를 세우고 그 안에서 인간은 일정한 통제를 위한 규범 체계의 간섭을 받아야 한다. 주로 언어라는 상징 체계를 활용하여 의사 소통을 이어가고 그 과정에서 집단 소속감을 형성하므로 공동체적 동일시를 경험한다. 그 공동체에 한 번 소속하면 멤버십을 쉽사리 바꿀 수도 없고 비교적 오래 지속한다. 이때 공동체와 개인의 관계는 상당 정도 전체와 부분의 관계이고 공동체의 일원으로서 개인은 공동체적 아이덴티티에 의해서 자신의 아이덴티티를 확인한다. 때로는 공동체를 위하여 자기를 희생할 것을 요구받을 수도 있고 적어도 사를 억제하고 공을 앞세우는[滅私奉公] 정신을 강조하는 공간이다.

이에 비해서 사이버 세계의 온라인 공간은 경계가 없는 무한대의 공간인 게 특색이다. 물리적 경계가 없기 때문에 하나의 사회적 단위로 구분할 수 있는 근거는 참여자들이 스스로 선택하는 의사 소통의 주제별 영역이 된다. 각종의 웹사이트, 카페, 채팅 룸, 홈페이지, 이메일, 페이스북, 트위터 같은 모습으로 인간이 드나들며 의사 소통하는 이런 영역은 국경처럼 내부의 안전을 위해 외부인의 진입을 제한하기보다는 오히려 자유롭게 접근해오기를 바라는 개방적인 영역이다. 무경계는 곧 개방을 의미한다. 따라서 진입하는 사람, 의사 소통하는 상대를 나이, 성, 지위, 계급, 국적 같은 특질로 특별히 가리지도 않는 평등과 무차별의 공간이다. 이런 공간에서 강제나 통제가 가당치 않음은 쉽게 알 수 있다. 참여자는 특별히 보호받거나 공동체와 동일시할 필요를 느끼지 않으며 사회적 유대 또한 비교적 느슨하므로 수시로 자유롭게 출입하는 자유의 공간이다. 그 속에서 인간은 시공간의 제약에서 탈피할 수 있으므로 심리적으로도 탈억제, 개방, 평등, 때로는 친밀함과 협동 그리고 복합적 아이덴티티를 누린다. 참고로 여기에 사이버 세계의 특징을 요약하는 [표 7-1]을 제공한다(최호철, 2000).

[표 7-1] 인터넷 사이버 공간의 특성

(1) 일반적 특성
▸기본적 성격의 패러디 "나는 접속한다, 고로 존재한다(I click, therefore I exist)" "나는 표현한다, 고로 존재한다(I type, therefore I exist)" "나는 이동한다, 고로 존재한다(I travel, therefore I exist)"
▸물리적-공간적 특징 탈영토, 무경계(boundaryless) 전지구적 확장(global expanse) 탈육신(bodyless) 탈구조(structureless) 탈실체(substanceless) 탈중심(centerless) 탈뿌리(이동성, rootless) 속도(speed)
▸사회 문화적 특성 접근(용이)성(accessibility) 편의성(convenience) 익명성(anonymity)

익면성(匿面性, faceless)
개방성(openness)
평준화-평등성(성별, 연령, 계급, 지위, 지역, 학벌 등, leveling/equality)
수평적 관계(개방성, horizontal relations)
무차별성(성별, 연령, 계급, 지위, 지역, 학벌, 인종, 종교, 신념 등, non-discriminating)
자유(사회적 규범, 제약, 금기, 제재, 억제 약화, 탈억제, freedom)
유대 약화(이동성, week ties)
문화와 관계의 사물(사)화(私物化, 私事化, privatization)
개인화(individuation)
통제가능성(control)
다원적 정체의 확인, 정립, 변경 가능성(multiple identity)
다양성(배경, 관심, 이해관계 등, diversity of contacts)
흥미, 심미적 매료(excitement)
정보 보존성(훼손 없이 보존, information conservation)
최소투입, 최대산출(minimum input, maximum output)
신체적 거리(physical distance)
오프라인과 다른 온라인 심리적 기제
(on-line psychological mechanism)
파괴력(destructive force)
정보의 바다(sea of information)
연결망(network)
매체(media)
생활세계(lifeworld)
상호작용(interactive)
상호의존(interdependent)

(2) 긍정적 기능

▸정치적 측면
참여민주주의(participatory democracy)
여론형성(opinion formation)
의제설정(agenda setting)
집단형성(group formation)
이익 표출(expression of interest)
동원, 집단행동(mobilization, collective action)
선거운동(election campaign)
집단적 의사결정, 투표(collective decision making, voting)

▸사회문화적 측면
다양한 문화(cultural diversity)
열린 문화(open culture)
자아실현 가능 공간(space for self-actualization)

정보교환(information exchange)
건전한 인간관계 형성(sound human relationship)
다양한 체험(diversity experience)
자율적 자아 표현(autonomous self expression)
사회적 지적 자원 확장
(expansion of social intellectual resources)
미래문화 예비경험(exposure to future culture)

물론 이 공간의 참여자들 스스로가 일정한 목표를 내세우고 특정한 자격 조건을 제시하여 구성원을 제한하여 자체의 공동체적 유대를 강조하는 공간이 없는 것은 아니다. 그리고 그런 공동체가 때로는 오프라인 공동체와 유사한 사회적 특징을 지니게끔 진화할 수도 있다. 오히려 오프라인 공동체보다도 더 밀접하고 친밀한 의사 소통을 할 수 있을뿐더러 전통적인 오프라인 세계의 위계 질서나 권력에 의한 의사 소통의 왜곡으로부터도 해방되어 대등한 위치에서 자유로이 상호작용할 가능성이 있으므로 하버마스(Juergen Habermas)가 그토록 염원하는 합리적 의사 소통을 더 용이하게 할 여지조차 발견한다. 이처럼 열린 가능성의 세계가 사이버 세계라면 그런 공간적 환경 속에서 우리가 이제 관심을 집중하고자 하는 것은 거기서 제기되는 인간의 아이덴티티의 성격과 그 안에서 일어나는 사회적 상호작용의 문제다.

아이덴티티(ID로 약칭)를 광의로 이해하면 생존하는 인간뿐 아니라 사망한 인간과 동식물과 물질 등 세상 만사에 대하여 특이성을 인정하고 독자적인 부호, 문자, 음향, 영상 등의 정보를 부여함으로써 개체를 식별하는 것을 일컫는다. 인간의 아이덴티티는 단기간에 변경되지 않는 정적인(static) 것으로 이름, 성, 주소 같은 것과, 위치, 선호, 방향, 행동 패턴 등 정적인 것에서 유추하거나 시간에 따라 수시로 변하는 동적인(dynamic) 것이 있고, 이를 식별 방식에 따라 더 세분하면 다음과 같은 유형으로 인식할 수 있다(황준석, 서덕록, 2004).

1) 인지(know, knowledge)용 : 당사자의 아이덴티티 인지 여부를 확인하는 인증용으로 문자열, 비밀번호, 암호 등

2) 소유(has, possession) 여부 : 아이덴티티 정보를 담고 있는 물건의 소유 여부로 판별하는 전자인증서, 공증 문서, 신분증 등

3) 본질(is, being)에 해당하는 것 : 생물학적으로 고유한 정보로서 지문, 홍채, DNA 생체 정보(biometrics) 등

4) 행동(do, behavior) 양식 : 아이덴티티로 인지되기 위하여 사전에 약속한 행위를 수행할 수 있는지의 여부로 판단하는 음성 인식, 서명 행위 등

이 네 가지는 모두 디지털 기술과 접목하여 아이덴티티로 사용 가능한 것들이다. 그러나 이런 요소들은 모두가 물리적 신호로 표상되는 것이지만 인간의 사회적 아이덴티티에는 비가시적으로 주관적인 정체 의식의 요소가 곁들인다는 점에 주목해야 한다.

실상 우리가 사이버 공간 속의 온라인 커뮤니케이션을 자세히 살펴보면 매우 특이한 사실 한 가지를 발견할 수 있다. 비록 그 양태는 비대면성(非對面性)을 특징으로 하지만, 그 공간은 "지금까지 우리가 경험한 그 어떤 공간보다도 강렬한 자아 표현의 공간"이라는 사실이다(장근영, 2005 : 2). 이 말은 사이버 공간이 내게 어떤 의미가 있기 위해서는 실재 세계의 오프라인에서처럼 대면적 상호작용을 하지는 않지만 온라인이라는 인터넷 네트워크상으로 직접 참여해야 한다는 전제가 따름

을 명시하고 있다. 이를 데카르트적 명제로 패러디하면, "나는 접속한다, 고로 존재한다"로 표현할 수 있다(박길성, 2002: 38). 현실 세계의 오프라인 공간에서는 내가 그냥 존재하기만 해도 나의 아이덴티티는 주어진 맥락에 따라 정해져 있고 인지 가능하다. 나를 굳이 적극적으로 표현하지 않아도 나의 아이덴티티는 정적이든 동적이든 어떤 형태로든 거기에 이미 있고 그것을 표현할 방법과 수단은 무수히 있다. "내 이름은 아무개요 나는 어디 살며 무엇을 하는 사람이요" 하는 방식으로 가능하다.

그러나 사이버 공간에서는 내가 나의 ID를 제시하고 나의 존재를 확인시키기 전에는 내가 아예 존재조차 하지 않으므로 자신을 그런 형식으로 드러내지 않으면 나의 아이덴티티가 성립하지 않는다. 다시 패러디하면, 이번에는 "나는 표현한다, 고로 존재한다"라는 명제가 제격이다. 바로 이런 까닭에 온라인 세계의 아이덴티티는 바로 커뮤니케이션, 즉 상호작용의 형식을 빌어야만 존립한다. 내가 나의 상징적 ID를 기호로 제시하는 것만으로는 미흡하고 반드시 어떤 형태로든 나를 표현하는 의사 소통이 일어나야 비로소 나의 아이덴티티를 인지할 수 있다. 따라서 온라인 커뮤니케이션은 오프라인 의사 소통에 비해 훨씬 더 활발할 수밖에 없다. 나를 계속 표현하지 않는 순간 나의 아이덴티티는 소멸하기 때문이다. 나아가 그것은 시공간의 벽을 넘어 자유자재로 이루어질 수 있으므로 활발한 상호작용이 일어날 뿐 아니라 그 영역이 무한정 커지는 확장성이 주요 특성이 된다.

그처럼 상호작용이 확장한다는 것은 그 공간이 시공의 벽이 없이 무한대로 열려 있다는 것을 상기시키고 따라서 참여자는 자유로운 이동이 가능하다는 것을 뜻하기도 한다. 오프라인 세상에서 나는 신체적으로는 한 군데 고정되어 있는데 온라인 세상 속의 나는 네트워크의 그물을 타고 전 지구 어느 곳이든 마음대로 이동할 수 있으므로 그야말로 나는 모바일 단말의 유비쿼터스의 존재가 된다. 이제 나의 아이덴티티는 "나는 이동한다, 고로 존재한다"는 새로운 패러디가 시사하는 바 끊임없이 움직이는 존재로 드러난다. 그래서 이들을 새로운 '유목민'으로 명명하기도 한다(박길성, 2002 : 35). 이처럼 열리고 넓어진 사이버 공간에 내가 접속하기만 하면 제멋대로 움직이며 나를 표현할 수 있다는 것은 곧 내가 여러 가지 다른 종류의 삶을 즐길 수 있고 나 아닌 나의 삶도 내가 원하고 희망하는 대로 영위할 수 있다는 가능성을 암시하기도 한다(박길성, 2002 : 44). 여기에 이르면 나의 아이덴티티 자체가 무한정이 된다.

이 대목에서 우리는 처음으로 다시 돌아가 사회적 상호작용 속의 인간, 게임 플레이어로서 인간과 자아의 모습을 다시 만난다. 통상 게임이라 하면 경기, 사냥 또는 전투를 연상하며, 온라인 게임도 예외는 아니다. 하지만 게임의 사회적 네트워크 어플리케이션 기능에 주목하면 온라인 게임의 주요 기능은 '사회적 상호작용에 의한 자기표현'이 된다(김주환 등, 2005 ; 장근영, 2005 : 4). 스스로를 표현하지 않으면 존재조차 하지 않는 인간으로서 사회적 상호작용에 끊임없이 참여해야만 나의 존재가 지속하고 아이덴티티가 성립·존속하는 게임의 세계가 바로 사이버 세계요 거기에 유비쿼터스 세계의 인간과 자아의 정체가 떠오른다.

이렇게 구성되는 사이버 공간의 온라인 공동체는 일반적인 오프라인 공동체처럼 개인을 보호하고 규범을 제시하고 동조를 이끌어내는 공동체가 아니다. 스스로를 표현하고 드러냄으로써 존재하는 개인들이 다양한 방식으로 자기를 표현하는 카오스(chaos)와 같은 커뮤니케이션, 즉 사회적 상호작용 과정으로서만 존재하는 공동체다. 경계 없는 공간을 수시로 이동하며 간단없이 드나드는 자아들이 누구나 맥락에 따라 단속적으로 참여하는 이 공동체에서는 멸사봉공의 희생이라는 이데올로기는 무의미하다. 나를 죽이는 순간 나도 없고 공동체도 존재하지 않기 때문이다. 따라서 사이버 세계의 온라인 공동체는 오프라인 세계보다 더 유동적이고 역동적이다. 개방적이므로 유연하고 동시에 불확정적이다. 한마디로 카오스다.

그러면 이러한 공동체 속의 자아는 어떤 모습으로 존재하는가? 또 한 번 미드의 자아론을 원용할 때, 주관적 자아(I)는 자신이 만들어낸 ID를 내세워 네트워크에 접속함으로써 사이버 공간의 상호작용에 참여하기 시작한다. 일단 참여하는 순간부터 계속 자신을 표현해야 존재하므로 사이버 공간 속의 주관적 자아는 무수한 불특정 타인들과 끊임없이 상호작용하는 자아이다. 그 과정에서 상호작용하는 수많은 타인들이 나를 규정해주는 모습으로서 객관적 자아(ME)가 떠오른다. 나는 이제 더 이상 처음의 주관적 자아만이 아니라 다양한 객관적 자아의 모습으로 유동적으로 존재하며 소멸한다. 나의 아이덴티티는 주체적 자아인 내가 나의 존재를 밝히기 위해서 표현하는 의사 소통의 내용과 형식으로 우선 드러나지만 그 순간부터는 그것에 반응하는 무수한 불특정 타자(他者)들의 활발한 반응으로 규정하고 변질하는 객체적 자아의 아이덴티티가 수시로 모습을 달리하며 현현(顯現)한다. 이것이 사이버 세계의 인간의 자아상이라 할 수 있다.

이제 우리는 그처럼 역동적인 모습으로 존재하는 인간이 얼마나 스스로의 삶을 자율적으로 결정하면서 자유롭게 살아가는지, 아니면 사이버 공간 속에서 펼쳐지고 형성되는 사회 혹은 공동체가 개인의 삶을 얼마나 좌우하고 속박하는지를 물을 차례다. 이 문제는 우리가 서두에서 제기했던 '사회 속의 인간'의 쟁점에서 핵심적인 것이다. 그런데 이는 어쩌면 문명사적인 중대성을 띠는 것으로 볼 수도 있으므로, 아예 여기서는 문명론적 관점에서 인간의 미래를 고찰하는 접근으로 대신할 필요가 있을지도 모르겠다.

3. 유비쿼터스 시대의 인간과 사회 : 문명론적 성찰

사이버 세계의 인간과 사회의 문제를 문명론적 시각에서 접근하고자 한다면 적어도 다음과 같은 차원의 딜레마와 맞설 수 있어야 할 것이다. 첫째는 인간과 기술의 관계에서 발생하는 딜레마요, 다음은 인간과 사회 사이에 일어나는 긴장과 갈등이 제기하는 딜레마다(김경동, 2002a ; Kim, 2007).

일차적으로 사이버 세계가 기술이 만들어낸다는 사실의 의미를 물어야 할 것이다. 네크워크, 인터넷, 디지털, 웹, 컨버전스 그리고 유비쿼터스 등의 실로 생소한 단어들이 지배하는 기술의 세계가 일단 인간의 삶에 침투하여 그야말로 편재(유비쿼터스)하는 세상이 도래하였다. 그리고 기술 혁신이란 자가추진력(self-propelling forces)을 지녔기 때문에 인간의 의지와는 상관없이 지속적으로 변해나갈 것이 명약관화(明若觀

火)다. 이때 우리는 그러한 기술 혁신의 양면성에 주목해야 한다. 지금까지 기술 혁신은 인간에게 거의 무한정의 선택 가능성을 제공해왔다. 이제는 생명의 신비마저 베일이 벗어지려는 숨 막히는 순간이 다가오는 중이라 언젠가는 인간 스스로가 신(神)으로 승화할 수 있다는 착각마저 불러일으킬지도 모르는 상황이다. 바로 이같이 무서운 가능성 앞에서 우리는 겸허한 성찰을 요구받고 있는 것이다. 사이버 기술의 무한 가능성에 대처하는 데에서도 우리는 "21세기에 가장 관심 있게 토론할 주제 중에는 우리의 새로운, 따라서 때로는 가공할, 역량 혹은 가능성들(capabilities)에 대하여 어떻게 한계를 부과할 것인가 하는 문제가 포함될 것"이라는 경고에 귀 기울여야 하게 되었다(*Newsweek*, 2000 : 308).

유비쿼터스 기술의 '가공할' 역량에 힘입어 인간이 조성하는 사이버 세계는 실로 '대담한 신세계(the Brave New World)'라 할 만하다는 것을 앞에서 엿보았다. 무한정 열린 공간에서 자유자재로 이동하며 자아를 마음껏 표현할 수 있고 수없는 아이덴티티를 지닐 수 있는 세상이라면 그럴 만도 하다. 그 사회가 제공하는 가능성의 범위는 아마도 역시 무한정일 게 틀림없어보인다. 그러므로 그 속에서 인간의 창의력을 마음껏 발휘하여 창안해낼 수 있는 새로운 공동 사회의 태동이라든가 한층 더 높은 차원의 문화의 출현을 기대해볼 여지도 충분히 있다. 생각만 해도 뿌듯한 신세계를 펼칠 꿈을 실현할 마당[場]이 거기 기다리고 있지 않는가 말이다. 하지만 그 세계가 자아낼 수 있는 미래상은 어느 누구도 예측할 수 없다는 데에는 크게 주의를 기울이지 않는 듯하다.

인간은 사이버 공간에서 끊임없이 생성 · 소멸하는 새로운 공동체를 창출하면서 그 결과물로 생성·소멸하는 전혀 새로운 성질의 사회적 맥락에서 과연 어떻게 '적응'해나갈지를 물어야 할 것이다. 나아가 어떤 사회를 꾸려가고자 한다는 기획이 정말 있는지를 자문해야 할 것이다. 그 속에서는 심지어 자아의 정체가 너무도 다양하고 복잡해서 정말 카오스라고 해도 지나침이 없다. 무작정 일단 들어가(접속해서) 참여하기만 하면 새로운 내가 순간적으로 생겨나고 변질하고 소멸하는 이 공간에서 예상치도 못한 새로운 종류의 상호작용을 지속해야만 존재하는 나의 정체는 과연 무엇인지 혼란스러울 수밖에 없다.

게다가 현재 사이버 공간에서 일어나는 의사 소통의 언어 내지 기호 자체가 벌써 오프라인 세계의 기존 언어나 기호 체계를 무시하고 참여자들 스스로가 수시로 만들어내는 새로운 표현들로 전환하고 있음을 목도한다. 그리고 이런 언어나 기호 체계에 익숙한 세대 또는 이를 적극 활용하는 온라인 참여자들 사이에서는 그것이 곧 바로 오프라인상의 현실 세계로 전이하여 거기에서도 유효한 상징으로 활용하는 의사 소통 매체가 되고 있다. 인간의 사유와 의식은 언어로써 구성하고 표현하는 동시에 언어는 사회적 상호작용의 매체로서 사회를 구성하는 요소가 되므로, 언어의 변화는 곧 사회의 변화를 뜻한다. 아울러 자아를 표현하는 언어는 곧 아이덴티티의 상징으로 의미를 지니게 되므로 이와 같은 사이버 세계의 의사 소통 언어에서 일어나는 변화는 분명히 인간의 자아관에도 일정한 영향을 미칠 것이 분명하다. 그러면서 인간은 사이버 공간에서 지속적으로 새로운 언어의 실험을 진행하고 있다. 그리고 현실 세계에서는 아직도 윤리적인 판단을 위한 훈련이나 준비가 거의 없다고 해도 과언이 아닐 만큼 제도와 규범과 관습이 기술 혁신의 속도를 미처 따라가지 못하는 문화 지체가 심각한 상태인데도 사이버 공간에서는 이미 각종의 일탈 행위를 비롯한 온갖 부정적인 사건들이 시시각각으로 벌어지고 있어서 인간을 괴롭힌다.

그렇더라도 자신이 만들어내는 유동적인 카오스의 신세계를 스스로 감당할 수 있을지를 예측할 수만 있다면 다행이다. 만약 그런 대비가 없이 무작정 상황에 끌리다시피 그 속에서 헤매다니기만 한다면 새로이 생성하는 사이버 세계는 인간에게 어떤 재앙으로 다가올지를 아무도 장담할 수가 없는 것이다. 내가 누구인지를 모르는 인간이 그가 만들어내고 있는 사회가 규정하는 객체적 자아의 손아귀에서 놀아나기만 한다면 참담한 그림이 아닐 수 없다. 이 대목에서 더 근원적으로 제기해야 할 의문은 역시 인간의 본성에 관련된 문명론적 쟁점으로 귀착한다.

이렇게 기술이 인간에게 다양한 가능성의 문을 열어주는 동시에 새로운 지배자로 군림하여 어쩌면 악역을 마음껏 수행할 수도 있게 된 유비쿼터스 시대를 살면서 비로소 인간은 인간의 욕망과 욕구 충족의 한계를 생각해야 하고 욕구 조절의 지혜를 가꾸어야 하게 되었다. 정신과 이성의 새로운 발견을 요청받게 되었고 거기에는 인문주의적이고 높은 교양에 바탕한 세련미가 넘치는 문화의 창안에 대한 요구가 있다. 사이버 공간에서 형성·변질하는 문화는 계속 새로이 등장해야 하는 속성으로 말미암아 거칠고 정교함이 떨어지는 성향이 짙을 수밖에 없기 때문에 이를 가다듬을(culturing) 필요가 발생했음이다. 그런데 그처럼 인문주의적 문화의 창출을 위해서도 유비쿼터스 시대의 기술을 제대로 잘 활용하기만 하면 거의 무한정의 가능성이 있다는 아이러니가 여기에는 함께 도사리고 있다. 기술에 예속되어 끌려가는 것이 아니라 인간의 선택과 의지로써 기술을 이용하여 유비쿼터스 시대를 선도하는 새로운 문명을 만들어가자는 요청이 우리 앞에 놓인 셈이다.

결국 이러한 문화를 창출하고 신문명을 건설하기 위해서 우리는 새로운 사회를 구축하는 지침이 될 새로운 패러다임을 모색해야 할 단계에 와 있다. 인간은 어차피 사회 속에서 인간이 되고 남과 더불어 살아야 하는 제약을 숙명으로 지니고 있으면서도 그 사회를 만드는 주체가 되기도 하고 계속 변화시키는 능동적인 존재이기도 하다. 기술도 인간의 창조물에 다름 아니다. 그런 기술이 인간을 지배하기 시작할 때 인간의 삶은 비극일 수밖에 없다. 역으로 인간이 기술의 주인 노릇을 똑똑히 할 수 있어야 기술은 인간에게 행복을 기약하는 요인이 된다. 하물며 그 기술이 자아내는 새로운 세계, 사이버 세계가 인간을 지배하도록 버려둘 수는 없다. 여기에 인간주의적 결단을 요청하는 이유가 있다. 인간이 중심에 서서 기술로 만들어진 세계가 조성하는 새로운 사회를 인간다운 공동체로 만드는 일이 새로운 시대의 새로운 인간의 진정한 새 과업일 터다. 여기에 각별히 사이버윤리의 문제를 다룰 정당성과 사유가 있는 것이다.

4. 사이버윤리의 문제

앞에서 사이버 세계에서 일어나는 일탈적인 행위의 문제를 지나가는 말로 언급한 바 있다. 이제 사이버윤리의 주제를 생각하려면 이와 같은 일탈적인 행동을 한층 더 면밀히 검토할 필요가 있고 그에 입각하여 대책을 강구하게 된다.

1) 사이버 세계의 일탈과 사회 문제

무엇보다도 정보화 시대에는 정보의 폭주와 디지털화의 가속화에 미처 적응하지 못하고 사이버 세계에 대한 접근성이 떨어지는 사람들을 중심으로 연령, 소득, 인종 등의 계층 간 차이가 더 커질 가능성이 증대한다. 이미 위의 [표 7-1]에서 사이버 공간의 특성 항목으로 지적한 소위 정보 격차의 문제다. 심지어 '소익부노익빈(少益富老益貧)'이라는 신조어가 생길 정도다. 이는 일종의 사회 구조적 문제기는 하지만 이로 인해서 윤리적인 문제가 발생할 수도 있다는 점에 유의해야 한다.

마찬가지로 정보의 독점과 집중 가능성을 남용하여, 정부가 오히려 사생활 침해, 감시와 위협 등으로 개인을 무력화하고 시민의 권리를 손상시킬 소지도 없지 않다. 국가를 운용하는 사람들의 의지에 따라서 이런 현상의 유무가 달라질 수 있다는 것이다.

다음으로, 직접적인 윤리 문제로서 다양한 사이버 범죄의 급증이 이미 현실화하고 있다. 인터넷을 이용한 대규모의 횡령, 배임, 사기 같은 고차적인 사이버 공간의 경제 범죄, 주로 음란·폭력물의 유통, 아동과 청소년의 음란·폭력물 접근 등은 범죄형 사회 문제다.

또한 인터넷 자살, 인터넷 윤락, 가정 파괴를 비롯하여 사이버자폐증, PC 또는 게임 중독증, 대인기피증, 사회공포증, 게임에 자극받은 공격성과 같은 각종 신종 정신 질환이 증가하는 추세다. 게다가 정신적 폭력 등 종래의 대인, 대물 범죄는 물론이고, 해커와 같은 사이버 범죄, 사이버 테러, 정보 전쟁의 위협까지도 존재한다.

그뿐 아니라 문화의 글로벌리제이션으로 선진 강대국의 문화, 특히 대중 문화가 전 세계를 석권함으로써 문화의 동질화 내지 수렴(conversion)을 촉진하여 민족 문화와 전통 문화의 약화를 초해할 수 있다. 특히 문화의 동질화 과정이 사회윤리적인 문제가 되는 것은 서방 문화의 일방적인 문화제국주의적 침투 과정에서 외설과 폭력이 지배적인 서양의 저질 문화가 유입되어 비서방 문명권의 정신 생활을 오염시키는 결과를 초래하고 있다는 우려와 관련이 있다. 이러한 내용을 요약 정리하는 뜻에서 [표 7-2]를 제시한다(추병완, 2002).

이러한 여러 가지 문제점들은 앞서 제3장에서 제시한 사회윤리의 주요 기준으로 예시한 여섯 가지로 범주화하면 다음과 같이 볼 수 있다.

① 남에게 피해를 입히지 않는 해악 금지의 원리로 보면 크래킹, 바이러스 유포, 사기, 엽기 행위, 폭탄, 자살 등 반사회적 행위 등을 하지 말아야 할 것이고,

② 타인의 인간 존엄성, 권리, 사생활 등을 존중하는 원칙에 따르면, 저작권 침해, 불건전 언어, 중독, 비방 등의 행위를 삼가야 할 것이며,

③ 법과 규칙을 지키는 준법성 기준에 의하면 거의 모든 일탈 행위가 법적으로 문제가 될 것이고,

④ 해명이 가능하고 책임 소재가 분명한 투명성과 책임성의

[표 7-2] 사이버윤리의 문제가 되는 사이버 공간의 부정적 측면

(1) 정치 분야의 문제
숙의 부족(lack of deliberation) 경청 결여(lack of listening) 감성 매체(emotional media) 정보 격차(information divide) 기존 의견 단순 보강(simple reinforcement of opinion) 강요(coercion) 이의 부정(denial of dissent) 무책임(irresponsible) 집단 비판/따돌림(collective criticism/exclusion) 관용 부족(lack of tolerance) 다양한 대안/의견의 인식 부족 (lack of awareness of diverse options/opinions)
(2) 기타 각종 사회 문제
'경찰 없는 거대 도시(metropolis without police)' 무법지대(a land of disorder/lawlessness) 음란물 유통(pornography) 폭력물(violence) 불건전 통신 언어(은어, 비속어, 욕설 등, unsound languages) 유언비어(rumor) 개인 비방(slander) 흑색선전(mud-slinging) 개인 정보 오남용(abuse/misuse of private information) 인터넷 사기(internet fraud) 남의 것 망가뜨리기(cracking) 바이러스 제작 유포(virus spreading) 저작권 침해(copyright violation) 사이버 불량배(cyber hooligan) 사이버 성폭력(cyber sexual harrassment) 사이버 성매매(cyber prostitution) 사이버 집단 따돌림(cyber collective exclusion) 사이버 범죄(cyber crimes) 자살 사이트(suicide sites) 폭탄 제조 유포 사이트(explosives (bomb) sites) 엽기 사이트(bizarre sites) 인터넷 중독(internet addiction)

원리에 따라서 개인 정보 남용 등의 행동을 문제 삼게 될 것이며, ⑤ 정직과 진정성으로 부정에 타협하지 않는 정직성의 위반이 일어나는 행위는 거의 모든 불법 행위가 해당할 것이고, ⑥ 정의롭고 공정해야 하는 사회 정의와 공정성의 원리에 배치되는 것은 성폭력, 유언비어, 따돌림 등의 행위라 하겠다.

2) 사이버윤리 문제에 대한 대응

위에서 주마간산격으로 개관한 사이버 시대의 특징은 그 자체 매우 잡다하고 혼란스러울 뿐 아니라 대개가 현재도 진행 중이며 변화를 거듭하고 있다는 점이다. 사이버 세계 자체가 계속 변해가는 열린 사회이므로 인간이 잘 이용만 하면 무한한 가능성을 제공하는 공간임에 틀림없다. 그러나 다른 한편으로는 제대로 대처하지 못할 때는 실로 무서운 결과를 초래할 수도 있는 공간이다. 그런 만큼 그 안에서 무한정의 자유와 평등을 누리는 데 비례하여 그에 상응하는 책임을 질 만한 의식과 가치관의 확립이 긴급한 실정이다. 소위 사이버 시민 의식 혹은 올바른 '네티즌 의식' 같은 것을 하루속히 형성할 필요가 있는 것이다. 특히 사이버 공간은 현실 세계에 비할 때 인간의 비도덕적 비윤리적 행위를 유혹하는 다양한 요소를 지지고 있으므로 더욱더 확고한 윤리 의식을 요구한다. 그럼에도 우리 사회의 여러 제도적이고 정책적인 대처는 아직도 상당히 미흡하다 할 것이다.

근자에 이러한 사이버 일탈 현상이 세간의 이목을 끌게 되면서 국가 차원의 제도 마련과 아울러 정보 통신 관련 기업 부문에서도 전문적이고 기술적인 대처 방안들을 강구하고 있다지만, 여기에도 일정 수준의 문화 지체 현상이 지속한다고 볼 수밖에 없다. 법률적인 제도의 개선이라든지 교육과 같은 인간 의식과 행동의 변화를 가져올 수 있는 조처가 그리 쉽게 이루어지지 않는 것이 현실적 제약이기 때문이다. 그렇더라도 이 문제는 시급히 대처해야 하는 영역이므로 몇 가지 기본적인 생각을 정리해본다.

먼저 정책적인 대책으로 사이버 경제의 확산에 따른 사회·문화적 충격을 최소화할 수 있는 안전 장치 마련이 시급하다. 아울러 여태껏 존재하지 않았던 새로운 기술의 도입, 활용에 대한 사회윤리적 대비가 전혀 공백인 상태가 문제이므로 건전한 정보 통신 이용의 윤리 확립이 급선무다. 구체적인 분야에서는 음란·폭력물의 유통, 사생활 침해, 아동과 청소년의 음란·폭력물 접근, 기타 인터넷을 이용한 대규모 횡령이나 배임 같은 고차적인 사이버 범죄와 각종 정신 질환에 대한 대책 강구, 사회적 일탈로 인한 사회 해체 현상에 대처, 사회 통합 구축의 노력 등의 문제에 대한 대처 방법을 시급히 강구해야 할 것이다. 또한 해킹, 사이버 테러, 정보전 같은 사태에 대처하여 행정, 통신, 금융, 전력 등 국가 정보 통신 기반 시설의 보호 장치를 정비하는 일도 중요하다.

결국 사이버윤리와 시민 의식 함양을 위한 교육(학교, 가정, 사회)의 강화가 우선해야 하는데, 특히 청소년 세대가 인터넷 세계와 친근하면서 또한 그 폐해에 가장 민감하게 반응할 수 있는 층이므로 이들에 대한 조기 교육의 체제를 갖추는 것이 중요하다. 한편, 이 부문에서도 기업윤리 강령 또는 전문직 윤리 강령 같은 정보 윤리 강령을 제정하여 모든 국민이 정보 통신 기기를 사용하여 사이버 세계에서 사회적 행위를 할 때는 항상 이를 참고삼아 조심하여 위반함이 없도록 최선을 다하는 사회적 풍토를 형성해나가는 사회 운동도 벌이기를 권장하는 바다.

5. 소 결

워낙 사이버윤리 문제가 근자의 특이한 시대적 상황에서 발생하게 된 것이므로 이에 대한 철학적 담론이 있을 여지가 별로 없다고 할 수 있다. 그렇더라도 일단 그러한 논의는 한 번 시도할 필요가 있다. 가장 기본적인 현상은 사이버 공간에서 일어나는 사회적 상호작용이 매우 개인화(individuation)한 성격의 것임에도 불구하고 그 여파는 무한정의 다수자에게 무서운 강도로 미칠 수 있다는 점이다. 개인이 인터넷이라는 네트워크에 접속하지 않는 한 아무런 일도 발생할 수 없지만, 일단 그 세계에 들어가서 어떤 짓을 하게 되는 순간부터 그것이 파급할 수 있는 충격은 일반 오프라인의 현실 세계에서는 상상하기도 어려운 힘으로 다가올 수 있다. 그리고 그러한 파급 효과는 무한대로 확장할 수 있다는 점도 우려의 요인이 된다.

이런 상황이라면 우선은 개인의 인터넷 소통의 영향을 받는 불특정 다수의 복리와 권리를 무시할 수 없게 된다. 따라서 결과주의적 사유로 이 문제에 접근하는 것이 필요하다. 공리적 이해 관심은 물론 권리와 정의를 충분히 거론할 수 있는 문제다. 그러나 동시에 그와 같은 접속 행위를 시작하는 개인에게 상당한 도덕적 윤리적 책임의 무게가 실리게 마련이다. 그러므로 클릭하는 순간의 그 개인의 도덕성, 덕성, 윤리적 자각 같은 것의 성숙도가 문제가 될 수 있다. 비결과론적 윤리 이론의 관점이 중요해지는 대목이다. 결국은 사이버 공간의 사회적 상호작용에 참가하는 개인의 윤리가 사회윤리의 핵심적인 이슈로 떠오른다고 보아도 좋을 것이라는 견해가 우선하게 될 것이다. 따라서 앞으로 우리 사회의 사회윤리 문제를 개선하고자 하는 노력에서도 이 수준의 해결책을 강구해야 하는 필요성이 생기는 셈이다.

제 8 장
사회윤리의 개선을 위한 미래의 과제

지금까지 매우 피상적이고 개괄적으로 사회윤리 전반, 기업윤리, 직업윤리 및 사이버윤리의 이론과 현실에 대한 검토를 했고 이제 마지막으로 미래를 향한 개선의 노력에 관하여 언급할 차례다. 사회윤리의 미래를 생각하는 것은 그것이 어디까지나 우리 사회가 선진국이 되기 위한 필요조건으로 매우 중요한 요소기 때문이다. 따라서 우선 이 결론 부분에서는 선진사회의 요건을 생각해보고 그 기준에 도달하기 위하여 사회윤리의 변화를 어떻게 추구할지를 고찰하기로 한다.[1)]

다만 그에 앞서 우리는 서장(제1장)에서 제시한 발전의 핵심 가치의 틀을 다시 한 번 새겨보아야 한다. 우리가 선진 사회를 성취하려 할 때 추구하는 바 가치 목표의 체계가 바로 거기에 담겨 있기 때문이다. 따라서 사회윤리의 개선을 위한 방

1) 여기에 담은 내용은 주로 김경동(2002a ; 2007)에서 발췌하였음을 밝힌다.

안을 강구할 때도 이러한 가치 체계를 항상 염두에 두고 추진할 필요가 있다.

발전의 핵심 가치는 한마디로 '좋은 삶'을 지향하는 삶의 가치라고 했다. 삶의 가치는 개인의 차원에서 자아의 실현·완성을 위하여 삶의 질적 향상과 삶의 기회의 신장을 목표로 삼는다. 삶의 질 향상을 위한 수단은 물질적 경제적 자원의 확충과 정신적 심리적 안정 및 행복을 위한 조처를 요구한다. 삶의 기회는 참여와 선택의 폭을 넓히는 방법과 정의와 균등을 강조하는 접근으로 신장할 수 있다. 한편, 사회의 발전은 문화적 역량을 마음껏 개화시키는 것이 목표다. 이를 위해서는 사회 구조의 유연성을 증대시켜야 하고 사회의 질을 드높일 것을 요구한다. 사회 구조가 유연해지려면 참여와 선택 및 사회 이동의 기회를 확장하는 제도적 마련을 요청한다. 그리고 사회의 질적 향상은 투명성·신뢰·안정·응집·포용·자율(힘 싣기)와 같은 측면에서 사회의 성격 자체가 변하기를 희망하게 된다.

그러한 가치의 실현을 지향하여 사회윤리의 개선과 그것을 내포하는 선진 사회의 성취도 추구해야 한다. 이때 선진 사회가 되기 위한 구체적인 요건을 따져보지 않을 수 없다.

1. 선진 사회의 요건

우리가 사는 시대는 기술 혁신의 충격이 지속하고 사회와 문화가 점차 다원화하는 현상은 돌이킬 수 없는[不可逆的] 변동임을 인식해야 한다. 특히 전지구화(globalization)의 물결 속에서 치열한 국제 경쟁에서 생존해야 하는 절체절명의 순간들이 닥쳐오고 있다. 이런 상황적 여건에서 낙오하지 않고 선진 사회가 되기 위해서는 최소한도 다음의 요건을 충족시킬 수 있어야 한다.

① 경제의 지속적 성장 : 특히 기업의 자구책 강구(기술 개발, 경영 혁신, 윤리경영, 사회 공헌)와 이를 지원하기 위한 정부 규제의 대폭 완화 그리고 근로자와 국민의 각성(3D 기피 지양, 생산성 향상, 과소비 탈피)이 필수적이다.

② 삶의 질적 향상을 위한 생태계의 보호와 생명 존중 : 생활 수준이 올라가고 욕구가 다양해짐에 따라 사람들은 삶의 질적 향상에 관심을 갖게 된다. 이때 자연 생태계의 보호와 생명 존중의 가치는 더욱 중요한 이슈로 등장하면서 경제 성장을 위해서도 간과할 수 없는 요소라는 인식이 확산하고 있다.

③ 시민 민주 정치의 정착 : 의회, 정당, 선거, 권위주의, 특권 의식, 시민 의식, 사회적 갈등, 대중영합주의(populism) 등 복잡다단한 정치적 문제의 해소로 성숙한 시민민주주의 정착이 시급하다.

④ 정의롭고 푸근한 복지 사회의 정착 : 비참하고 억울한 국민이 없게 분배 정의 실현, 계층 간 격차 축소, 공정한 경쟁, 자발적 참여, 사회안전망 등에서 복지 구현이 막중한 과제다.

⑤ 도덕 사회의 건설 : 규칙 준수, 질서 존중, 타인 의식 함양, 공익 정신 강조 등으로 사회 전반의 윤리 수준을 격상시킬 필요가 있다.

⑥ 문화적으로 풍요한 사회 : 독서, 정보 경쟁, 교양 국민, 외래 문화의 선별적 수용과 대중 문화의 질 향상, 문화 혜택을 누리는 문화 복지 사회 구축이 필수 조건이다.

⑦ 인간을 위한 창의성 교육 : 가정 교육의 복원, 청소년에 대한 사회의 관심 고취, 학교 교육의 정상화(입시 위주, 지식 주입식 교육 지양, 교육 현장의 부정 비리 청산, 인간성 교육, 창의력 훈련 강조), 대학 교육 정상화, 교육의 정치 이념화 극복 등으로 선진 교육 정착이 절실하다.

2. 선진적, 합리적 사회윤리 확립을 위한 패러다임의 전환

이 같은 선진 사회에 걸맞은 합리적인 사회윤리 확립을 위해서는 사회적 패러다임 자체의 전환이 필요하다.

첫째, 우리에게는 부정부패를 극복해야 할 절체절명의 정상화가 급선무다.

둘째, 우리나라 사람들이 흔히 빠지기 쉬운 비리의 유혹은 '적당주의,' '편법주의,' '얌체주의,' '남이야주의,' '인간적으로 봐주기' 등의 사회 심리적 요소들이다. 전 세계가 하나로 연결되는 전지구화 시대에 세계 무대의 경쟁에서는 합리적 규칙과 질서를 중시하는 도덕성 회복이 전제 요건이다. 모두 함께 협력하고 양보하여 진정한 의미로 인간적으로 서로 돕는 전 지구적 선진 사회의 규범을 익힐 때가 되었다.

셋째, 사고의 개방성, 의식과 사회 구조와 이념의 유연성이 있어야 국제 환경에서 적응, 생존할 수 있다.

넷째, 연고주의, 집단이기주의를 극복하고 사회적 공공 복지를 지향한 공익 정신, 특히 노블레스 오블리주 정신의 정착이 필요하다.

다섯째, 특권과 불평불만이 없고 경쟁에서 억울한 자가 없는 공정성을 살리려는 노력이 절실하다.

여섯째, 아무도 책임지지 않는 사회는 모두가 남의 탓만 하며 사회를 결국은 망가뜨리게 마련이다.

패러다임의 전환에서 가장 핵심적인 것은 시스템의 합리화다. 현재 우리는 어쩌면 1960년대 고도 성장을 위하여 구축한 낡은 시스템에 대한 근본적인 개선을 시도하지 못한 채 21세기 격변의 시대를 살고 있는지도 모른다. 이제는 국제 경쟁에서 살아남아야 생존이 가능하고 선진국 도약도 꿈꾸어볼 수 있다. 이를 위한 핵심적 화두는 '합리화'다. 그러한 과제의 내용으로는 다음과 같은 것이 있다.

① 도에 지나친 인정주의를 극복하고 사고, 행동, 제도, 조직 등의 합리화가 절실하다.

② 불신의 시대, 이중성을 탈피하고 신용 사회, 신의 회복으로 신뢰 사회를 만들어야 한다.

③ 지금까지는 주로 인치(人治)에 의존해오던 시스템에서 법치(法治)로 변환하는 확실한 시스템 전환이 필수적이다.

④ 여기에는 연고, 패거리를 탈피하고, 적재적소, 공정성과 전문성을 중시하는 합리적인 인사(人事)가 기본이다.

⑤ 가능하면 개별 작업 시스템에서 공동 작업, 팀워크 시스템으로 전환하여 효율성을 높이고 일의 시너지 효과를 제고하는 방향의 시스템 전환이 필요하다.

⑥ 모든 일에 책임 행정, 책임 경영의 정신이 투철하게 시스템의 정상화를 서둘러야 할 것이다.

3. 선진적 의식의 함양 고취

사회윤리를 확립하기 위해서는 제도적 변화도 필요하지만 역시 인간의 의식에서 선진적인 변화를 일으키는 것도 병행해야 효용이 있다. 이를 위한 제안을 다음과 같이 할 수 있을 것이다.

1) 지도층의 자세

사회의 윤리를 확립하고 정상화를 기하기 위한 변화에서 무엇보다도 지도층의 솔선수범이 가장 긴요하다. 우리 사회가 특히 지도층에게 기대하는 수준이 높은 만큼 저들의 행위에서 부정적인 것이 나타나면 일반 국민이 과도할 정도로 민감하게 비판하고 시정을 요구하는 경향이 있다는 점도 염두에 두어야 한다. 지도층이 구비해야 할 덕목은 아래와 같이 정리할 수 있을 것이다.

① 국가 발전에 공헌하는 공인으로서 올바른 역사 의식의 함양이 절실하다.

② 사회의 엘리트로서 소명감, 살신성인과 노블레스 오블리주 정신을 품어야 한다.

③ 성(誠)의 도덕을 실천하도록 해야 한다.

④ 민주 시민 사회의 지도층다운 유연한 자세를 견지할 것이다.

⑤ 정치 권력을 족벌과 패거리의 사물화(私物化)하는 전근대적 의식을 버리고 합리적 권력관을 함양하여 합리적인 정치

사회의 건설에 앞장서야 한다.

⑥ 국민의 불신과 비방 대신, 사랑과 존경의 대상이 되려는 노력을 경주할 필요가 있다.

⑦ 글로벌리제이션의 물결에서 뒤지지 않는 전문성과 역량을 갖추고자 하는 노력도 소홀히 할 수 없다.

⑧ 즐거운 일터를 만들고 보람으로 가득 찬 지도층으로 거듭나야 한다.

⑨ 자리보다 일, 높은 자리보다 더 중요한 일 자체에 보람을 느끼는 풍토를 진작하도록 한다.

⑩ 소신으로 일하되, 국민과 더불어 일하는 지도층으로 우뚝 서야 한다.

⑪ 합리와 법리를 존중하되, 유연하게 봉사하는 지도층이 되려고 노력할 것이다.

⑫ 개방적이고 적극적인 창의성을 발휘하는 지도층으로 사회를 이끌어나가야 한다.

2) 민주 시민 사회의 열린 시민 의식

한편으로는 시민 스스로도 글로벌 시대에 걸맞은 민주 시민으로서 성숙해지는 변화를 추구해야 한다. 그 내용을 예시하면 다음과 같다.

① 올바른 시민됨(citizenship)의 의식, 시민적 정체 의식의 자각이 필수적이다.

② 과거 농경 사회의 폐쇄적 연고주의에 바탕한 집단이기주의를 넘어 국민적, 전 지구적 시민 의식을 함양하는 데 힘을

기울여야 한다.

③ 권위주의 체제의 신민(臣民) 의식을 탈피하고 진정으로 성숙한 시민으로서 정치적 효능(效能, efficacy)을 발휘할 수 있도록 자기 계발에 힘써야 한다.

④ 나의 인격과 이익만큼 타인의 인격과 이익도 중요시하는 양보와 협동의 자세야말로 성숙한 사회윤리의 기본이다.

⑤ 오늘날처럼 글로벌 시대의 다문화 사회를 감안하면 타인에 대한 관용의 태도는 필요불가결의 요건이다.

⑥ 결정 행사를 위한 의사 소통은 자유롭고 이성이어야 한다. 어떤 이유로든 타인을 억압하거나 배제하는 감정적 처우는 극복의 대상이다.

⑦ 규칙 준수 의식의 강화는 선진 사회의 기본적 요건인 동시에 사회윤리가 바로 서는 기본이기도 하다.

⑧ 시민의 자발적 참여는 정치뿐 아니라 사회의 모든 영역에서 이루어져야 한다.

⑨ 시민의 권리와 요구에 앞서 이제는 시민의 책임과 의무를 중시하여 남을 돕는 일에 앞장서는, 서로 돕고 함께 나누는 자원 봉사 운동이 꽃피도록 해야 진정한 선진 사회다.

⑩ 그리하여 마침내 급속히 무너지고 있는 공동체를 다시 세우는 운동이 활발히 일어나야 사람이 사람답게 사는 사회를 만들어나갈 수 있을 것이다.

⑪ 그리고 무엇보다도 지금은 정보 통신 기술 혁명이 급진전하는 시대다. 누구나 자유로이 정보 통신 기술의 혜택을 누릴 수 있어야 마땅하지만, 사이버 세계에서 일어나는 사회적 상호작용에 참여할 때는 사이버 공동체의 성숙한 시민으로 철저히 윤리적 기준을 준수하여 그러한 유비쿼터스 사회가 모두

에게 행복하고 유익한 공간이 될 수 있도록 윤리 기준과 법률을 준수하는 데 솔선해야 할 것이다.

4. 선진적 사회윤리 확립을 위한 제도적 노력

1) 사회윤리 프레임의 개선

이런 의식의 함양, 윤리적 품성의 사회화 또는 행동의 학습은 어릴 때부터 가정에서 시작해야 하며 그 일차적인 책임은 부모와 가족 성원이 일상 속의 직접적인 행동과 생활로 모본을 보이는 데 있다. 그러기 때문에 부모에 대한 자녀의 인성교육, 사회성 교육이 시급하고 불가결한 국가적 과제라고 해야 할 것이다. 인간의 행위를 좌우하는 데에는 인센티브(誘因, incentive)의 제공이 유효하다. 잘한 일은 칭찬하고 상주는 반면, 잘못은 꾸짖고 벌주는 긍정적 유인과 부정적 유인이 반드시 따라야 의식이 행동으로 현실화할 수 있다. 이런 접근으로 가정에서 비롯하여 학교와 직장, 대중 매체와 각종 평생 사회교육 체제 등의 통로를 이용하는 사회화 노력은 지속적으로 이루어져야 한다.

그런데 이 맥락에서 제도와 의식의 변화를 가져올 수 있도록 하는 하나의 특수한 개선책을 시사하는 개념을 소개하고자 한다. 그것은 한마디로 사회윤리 프레임(frame)이라는 것인데, 여기에 이 아이디어를 적용할 것을 제안한다. 그러기 위해서는 이 개념이 비교적 생소한 것이므로 이에 대한 자세한 해설을 곁들여야 하겠다.

(1) 프레임으로 바라보는 세상

사람들은 날마다 끊임없이 크고 작은 일에 대한 판단을 내리고 그 기초 위에 행동을 결정하며 살아간다. 인간을 연구하는 학자들은 당연히 무엇이 그러한 판단과 결정을 좌우하는지를 묻게 된다. 상식적으로, 가장 우선하는 전제는 인간이란 생각해서 행동할 줄 아는 이성적 존재라는 점이다. 그러나 이는 하나의 필요조건에 불과하다. 인간은 무척이나 감성적인 존재이기도 하며 생각보다는 자주 비이성적이고 불합리한 결정을 행동으로 옮긴다. 그렇더라도 일단 판단하고 결정하는 주제나 상황에 대한 정보와 지식은 필요하다. 하지만 그런 정보와 지식을 얻는 과정이 당장 문제가 되고 습득한 내용을 해석하는데도 무수한 요인이 작용한다. 두뇌의 생리적 반응까지도 연구해봐야 할 과제가 된다. 인간의 행동에 영향을 미치는 요인들은 무한정이라 해도 과언이 아니다.

행동하기 위한 상황 판단은 최소한의 정보를 요하고, 정보를 흡수하여 유용한 지식으로 삼으려면 사물에 대한 지각(perception)과 인지(cognition)가 일차적 필요조건이다. 사람들이 오관(五官)이 접수하는 감각으로 경험하는 인상들을 조직하고 해석해서 주어진 환경(상황)에다 의미를 부여하는 과정을 말한다. 문제는 인간의 지각 자체가 매우 불완전하고 제한적이라는 점이다. 우리가 지각하고 이해하려는 세상은 무척이나 복잡하고 다양한데 한순간에 그 모든 자극을 송두리째 흡수해서 한꺼번에 지각하고 인지하는 것은 불가능하다. 당초에 우리의 감각 기관이 포착할 수 있는 공간적 범위 안에 있어야 한다는 객관적 조건을 충족해야 함은 물론이지만, 더 중요한 요소는 우리의 지각 자체가 매우 선택적으로 일어난다는 사실이다. 이른바 선별적 지각(selective perception)이 작동한다. 같은 상황에서 동일한 대상을 관찰하지만 사람마다 시간의 맥락에 따라 다르게 지각하고 인지하게 된다는 것이다. 현실 인식의 차이를 말한다.

일반적으로 지각-인지 과정에는 지각하는 사람의 태도, 동기, 이해 관심, 기대, 경험, 지식 등 내적인 특성과 여기에 일정한 작용을 하는 사회 경제적 지위, 가족 배경, 교육 수준, 직업, 나이, 성별 지위, 거주 지역 등 사회 인구학적 변수가 영향을 미친다. 그런데 특별히 다음과 같은 성향들이 인간의 선별적 지각에 현저한 작용을 한다는 것을 지적한다(Robbins and Judge, 2007 : 134-137).

① 후광 효과(halo effects) : 관찰 대상의 특출하게 두드러진 한 가지 특성만을 수용하여 그것으로써 그 대상의 일반적 특성으로 간주하려는 성향

② 대비 효과(contrast effects) : 대상을 개별적으로 파악하기보다는 다른 유사한 대상과 비교해서 인지하려는 성향

③ 투사(projection) : 자신의 생각을 대상에도 그대로 적용하여 그 특성을 이해하려는 성향

④ 고정 관념(stereotyping) : 대상의 특성 자체를 개성으로 간주하기보다 대상이 속한 무리나 범주의 다른 대상들과 동일시하여 일반화하려는 성향 같은 맥락에서 인간의 판단과 결정에 지대한 영향을 미치는 현상을 지목하는 심리학적 개념이 있다. 대략 1970년대 말~1980년대 초부터 노벨경제학상 수상자인 심리학자 카네만(Daniel Kahneman) 등의 연구에서 제창한 프레임(frame)

이라는 말이다(Kahneman and Tversky, 1979 ; Kahneman et al, 1991 ; Gilovich, Griffin and Kahneman, 2002 ; 최인철, 2007 ; Kahneman and Tversky, 2009). 우리나라에서는 서울대의 최인철 교수가 최근에 펴낸 책에서 이 주제를 집중적으로 다루고 있다(최인철, 2007). 이 말의 의미는 다양하지만, 아마도 영어를 좀 아는 사람이면 이 단어를 듣고 제일 먼저 떠오르는 게 사진틀, 즉 액자일 터이고, 백화점에서 프레임 파는 곳을 물으면 액자상점을 가리킬 것이다. 물론 안경테도 창문틀도 프레임이다. 세상을 보는 '마음의 눈' 혹은 '마음의 창틀'이라 할 수 있다. 여기에는 기분, 무드, 심정, 마음 상태 등도 연관이 있다. 학문에서는 '준거틀(frame of reference)'이라는 말로 이론이나 연구가 의지하는 개념적 구도를 지칭하기도 한다. 그런데 "누군가 나를 억울하게 프레임해서 마치 내 잘못인 양 꾸몄다"라고 변명하는 말은 의도적으로 증거나 사건을 날조하여 오해를 불러일으킴으로써 올가미를 씌우려 한다는 의미를 함축한다.

앞에서 잠시 고찰한 선별적 지각을 다시 상기하면 우리의 현실 인식은 결국 우리가 세상을 볼 때 쓰는 마음의 창틀(프레임)에 따라 달라질 수 있음을 암시한다. 우선 푸른빛 렌즈를 끼운 안경을 쓰고 세상을 바라보면 온통 푸르게 보이고 둥근 창틀로 바깥을 보면 둥글게만 보이듯이, 우리의 마음의 프레임은 일단 우리가 지각하고 인식하는 모호한 세상에 질서와 의미를 부여하며 대상의 의미를 선별적으로 파악하게 하는 조력자인 동시에 우리의 지각과 인식을 챙기는 일종의 검열관과 같은 기능을 한다. 이런 프레임은 우리의 신체적 상태, 사회적 지위, 전통적인 인습, 심지어는 주위의 가시적인 여건과 물건 같은 것들의 영향을 받아 달라질 수 있는 심리 현상이다. 그리하여 우리는 일상적으로 고정 관념, 착각, 편견, 선입관 등의 노예처럼 생각하고 행동하기 쉽다.

우리가 프레임에 관심을 가져야 할 중요한 이유는 "어떤 프레임으로 세상을 접근하느냐에 따라 우리가 삶으로부터 얻어내는 결과물들은 결정적으로 달라"지기 때문이다(최인철, 2007 : 20). "프레임이야말로 우리 마음에 깔린 기본 원리면서 동시에 행복과 불행, 합리와 비합리, 성공과 실패 그리고 사람들 사이의 상생과 갈등을 결정하는 가장 중요한 요인이라"는 것이다(최인철, 2007 : 205). 그런데 일방적으로 주어지는 삶의 "상황에 대한 프레임은 철저하게 우리 자신이 선택해야 할 몫이다. 더 나아가 최선의 프레임을 선택하고 결정하는 것은 우리에게 주어진 인격성의 최후 보루이자 도덕적 의무"라고도 한다(최인철, 2007 : 184). 프레임이 이처럼 중요한 것이라면 우리의 직접적인 관심사인 사회윤리는 과연 어떤 관련성이 있으며 이를 어떻게 활용할 수 있을지가 궁금해진다. 여기서 우리는 "프레임을 바꾸면 인생이 바뀐다"는 선언(최인철, 2007 : 205)에 귀 기울여봄직하다. 사회윤리의 개선을 위해 우리 사회의 구성원들이 되도록 많이 올바른 방식으로 생각하고 행동하게 하는 프로그램을 창안해내려고 할 때, 그들의 마음의 프레임을 어떻게 변화시킬 것인지를 고려하는 일이 중요하다는 것을 시사해 주기 때문이다.

(2) 사회윤리 정상화를 위한 프레임 가꾸기

한마디로 사람들의 마음을 윤리적으로 생각하고 행동하는 프레임으로 가꾸기(리프레이밍, reframing) 위해서는 우선 프레임이 어떻게 작동하는지를 이해해둘 필요가 있다. 여기서 변화를 유도하는 방법도 도출할 수 있을 것이다.

우리들의 삶을 지배하는 핵심 프레임에는 크게 네 가지가 있다고 한다(최인철, 2007 : 73-182). 그 중에서 우리의 주제와 연관 있는 것은 자기 중심적인 프레임이다. 심리학자들은 '자기'를 가리켜 독재 정권이라 부른다. 사람들이 읽고 말하고 보는 것 등 모든 것을 간섭하고 통제하는 '자기'라는 것은 세상을 보는 방식을 일방적으로 결정해버린다. 모든 것을 자신의 관점에서 인식하는 투사 효과가 작동하면 지각 자체가 왜곡될 수 있다는 선별적 지각의 논지를 상기할 필요가 있다. 따라서 우선 자기 중심적인 프레임으로 모든 사물과 대상을 판단하는 버릇을 성찰하고 그로부터 벗어나 역지사지(易地思之)의 관점으로 세상을 바라보는 자세를 갖추는 것이 긴요하다. 이와 같은 자기 중심성에서 탈피하는 순간 삶의 여러 면에서 놀라운 변화가 일어날 수 있는 것이다.

사실 사회윤리는 무엇보다도 항상 다른 사람들과 함께 살면서 그들의 존재를 의식하면서 수행하는 행위에 해당한다. 그러니까 사회적 상호작용에 참여할 때 자칫 모든 것을 자기 중심으로 생각하고 판단해서 행동하며 선별적 지각에 의한 일정한 고정 관념으로 사람을 평가하는 함정에 빠지기 쉽다. 사회 생활에는 항상 상대가 있기 마련이므로 가장 조심해야 할 일은 나의 안경을 끼고 상대를 대하고 내 방식으로 행동하지 않도록 해야 한다는 점이다. 언제나 상대방의 신발을 신고 상황을 인식하고 판단하도록 하지 않으면 오히려 상대의 감정을 상하게 하고 자존심에 손상을 입히는 우를 범할 수 있으므로 우리의 프레임을 자기로부터 상대에게 맞추는 노력이 필요하다.

다음으로 심리학에서는 지혜로운 사람의 10가지 프레임이 있다고 한다. 우리의 관심사를 위해서는 이 모두를 나열하고 채택할 필요는 없고 그 중에서 적절한 것만을 선택적으로 언급하면 족할 것 같다(최인철, 2007 : 183-204).

첫째, 우리가 어떤 일을 프레임할 때 그 일의 의미를 중시하느냐 아니면 구체적인 절차에 더 큰 비중을 두느냐에 따라 가치가 달라질 수 있다. 전자는 삶의 가치에서 높은 수준의 '상위 프레임'이라 하고 후자는 '하위 프레임'이라 한다. 상위 프레임에서는 '왜(Why)'를 묻지만 하위 프레임에서는 '어떻게(How)'를 묻는다. 왜 그 일이 필요한지, 이유, 의미, 목표, 중요성 등을 염두에 두고 이상과 비전을 세우는 프레임이 윗길이고, 그 일이 하기 쉬운지, 시간이 얼마나 걸리는지, 성공할 수 있는지 등을 묻는 프레임은 아랫길이라는 뜻이다. 기업 운영이든 직업 활동이든 혹은 사이버 공간의 상호작용이든 거기에 임하는 마음의 프레임은 바로 이러한 상위 프레임으로 무장하는 것이 긴요하다.

둘째, '관계 프레임'이라는 것이 있다. 행복 연구가들이 발견한 행복의 가장 중요한 조건은 돈이 아니라 관계였다. 특히 현대 사회에서는 인간 관계의 성격이 자기 중심적인 고립 속에 소외당하는 사람들이 대거 발생하게 하는 급격한 사회 변동이 도사리고 있다. 따뜻한 공동체적 관계는 약화일로에 있고 이해관심으로 엮어진 이익 사회의 공리적 관계가 지배적인 시대를 살고 있다. 그러므로 사회윤리가 정상화하는 데에도 인간 관계의 프레임으로 보는 시각이 긴요하다. 어떤 관계로 접근할 것인지에 따라 우리의 윤리적인 행위의 성격도 달라질 수 있기 때문이다.

셋째, 인생에서 현재는 단순히 미래를 위한 준비기가 아니고 마음껏 즐기고 감사하는 삶을 사는 시기다. '지금 여기(here and now)' 프레임으로 현재의 순간을 충분히 즐기는 사람이 행복을 누린다. 윤리적인 행위도 '언젠가 다음에 제대로 하면 되지…'라는 생각으로 미루면 의미가 없고, 지금 여기서 당장 실천함으로써 오히려 더 흐뭇하고 보람을 느낄 수 있는 것이다.

넷째, 과거를 회상할 때 해보지 못한 일에 대한 회한이 떠오르는 것이 인지상정(人之常情)이다. 그러나 행복과 성공은 과감하게 실행하는 '접근 프레임'으로 세상을 향해 나아가는 사람의 몫이다. 윤리적인 행위도 해보지도 않고 이런저런 핑계를 대며 주저하고 회피하기보다는 일단 실천하고 보는 마음의 프레임이 필요하다. 실제 경험하고 나면 결단코 후회하지 않을 뿐더러 그렇게 하기를 정말 잘했다는 뿌듯한 감동을 맛보게 될 것이기 때문이다.

다섯째, 언어는 인간만이 가진 문화의 열쇠라 한다. 그만큼 우리가 쓰는 말은 우리의 사람됨을 비롯하여 우리가 세상을 보는 마음의 프레임을 결정한다. 당연히 일상적으로 쓰는 말 속에 무심코 묻어나오는 '대충해,' '충분해,' '다 먹고 살자고 하는 일인데…' 식의 체념의 언어나 무책임한 말은 부정적인 결과를 가져오고 만다. 반대로 감동, 기쁨, 설렘, 만족, 행복, 감동과 같은 말이 넘쳐나는 삶이라면 아름답고 행복할 것이다. 또한 주위 사람들의 좋은 점, 장점을 발견하고 칭찬하며 상호 격려하는 긍정적 표현도 상생의 길이다. '긍정의 프레임'은 긍정적인 언어로써 육성할 수 있다. 우리가 윤리적인 행위를 자신이나 타인에게 권장하는 점에서도 이처럼 여러 가지 긍정적인 표현으로 인식하고 그러한 관념을 공유한다면 훨씬 더 활성화할 수 있을 것이다. 사회 전체나 기업체 혹은 직장 차원에서도 이처럼 칭찬하고 떠받드는 말로 포상하는 제도를 추진하는 것도 같은 맥락에서 의미 있는 일이 된다.

여섯째, 같은 논리로 누구나 본받고 싶은 영웅이나 인물이 있게 마련이다. 역사 속의 인물이나 때로는 현재의 영웅에 대한 이야기도 있다. 이런 '영웅 본받기 프레임'을 가져보는 것도 인간의 자기 계발이나 행복을 위해 도움이 된다. 굳이 영웅이 아니라도 자신이 스스로 되고자 하는 이상적인 자아상을 설정하고 그 이상을 향해 노력하는 것도 일종의 영웅 프레임을 갖는 것과 같다. 앞에서 언급한 선별적 지각에 영향을 미치는 성향 중에서 후광 효과를 감안하자는 것이다. 영웅과 같은 특출한 대상을 설정함으로써 세상을 보는 눈도 그러한 후광 효과로 생긴 프레임으로 바라볼 수 있다는 말이다. 사회윤리의 실천에서도 그런 '영웅'이 나올 수 있고 이들을 널리 알리는 이야기를 만들 수 있으며 이를 본받고자 하는 사람들이 많이 생기도록 하는 방법도 있다. 특히 많은 사람들에게 잘 알려진 인물의 행동을 귀감으로 제시함으로써 후광 효과를 이용한 사회윤리 정착을 위한 홍보 효과도 거둘 수 있다. 그리고 개인은 마음의 프레임만 한 번 간직하기로 작정하면 자신이 그처럼 타인의 모본이 되는 영웅으로 성장하는 것도 가능하다.

지금까지의 논의를 요약 정리하면 이렇다. 사회윤리를 정립하는 마음의 프레임을 가꾸기 위해서 우리는 먼저 자기 중심적인 프레임을 탈피하여 삶의 의미와 이상을 추구하는 상위 프레임과 관계 프레임으로 재무장하고 지금 여기 프레임으로 회피하거나 미루지 말고 접근 프레임으로 적극 참여하여 체험 프레임으로 직접 행동하는 것이 중요하다. 그 과정에서는 서로 칭찬하고 격려하는 긍정의 프레임으로 임하며 영웅 본받기 프레임으로 서로에게 모본이 되도록 행동한다.

그런데 이 같은 프레임의 일반 유형에 더하여 우리의 직접적 관심사인 사회윤리 자체를 주제로 다룰 때 한 가지 고려해야 할 사안이 있다. 그것은 윤리적 행위의 자발성 문제다. 원래 인간은 자기 중심적인 본성을 지닌 존재지만, 사회 생활을 함으로써 사회적 정체를 획득하고 정상적인 인간으로 살아가는 실존적 조건 때문에 어느 정도는 사회적 규범의 강제력에 좇아 행동하며 살아간다. 윤리적인 행위도 기초적으로는 사회 규범을 준수하는 것이므로 강제에 의한 행동이 된다. 그러나 인간에게서 자율성이나 자유 재량의 가능성을 제거하면 인간다움의 요건 하나가 빠지는 것이 된다. 사회적 규제에도 불구하고 인간은 자기 의지로써 행동할 능력이 있는 것이다. 다만 어떤 조건에서 사람들은 이 자유 재량을 발휘하느냐가 문제다. 윤리적인 행위는 바로 이 자유 재량에 의하여 사회의 질서 유지와 사회의 질을 향상시키려는 높은 뜻(大義, causes)에 공헌하겠다는 이상을 실현하는 행위다. 그러므로 윤리적 행위를 진작시키려면 이 같은 자유 재량 프레임을 강화하도록 하는 것도 매우 중요한 과제라 할 것이다. 누가 강제로 시켜서 혹은 어떤 구체적인 보상을 기대해서 행동하는 것이 아니라 어디까지나 스스로 자유 재량을 발휘하여 윤리적으로 올바르게 행동한다는 프레임은 앞에서 예시한 '상위 프레임'의 한 좋은 보기라 할 수 있다(김경동, 2007). 그러한 윤리적 행동의 가치는 결국 제1장에서 제시한 사회 발전의 핵심 가치인 삶의 가치를 더욱 신장시키고자 하는 대의를 표상하는 것이다. 선진 사회를 지향하는 이유도 거기에 있다.

다만 그 어떤 프레임이든 실효를 거두려면 반복적인 습관 기르기의 노력을 요구한다. 한 번 결심하면 프레임이 저절로 바뀌고 또 필요하면 아무 때나 바꾸기 쉬운 그런 현상이 아니다. 프레임 자체가 일종의 습관적인 반응이므로 한 번 굳은 습관이 쉽사리 바뀌지 않듯이, 프레임이 하나의 습관처럼 굳어지려면 무수한 반복에 의하여 프레임하고 또 리프레이밍하는 노력이 긴요하다. 규칙적이고 반복적인 연습으로 새로운 프레임을 습득해야 한다. 윤리적인 행동도 마찬가지다.

여기에 사회심리학적 이론 한 가지를 더 보태려고 한다. 어차피 사회윤리는 사람과 사람이 서로 만나고 부딪히며 살아가는 사회 생활의 질서와 관련이 있다. 이런 상황에서 사람들이 다른 사람을 어떻게 평가하고 대우하느냐에 따라 사회적 상호작용이 비교적 순조롭고 질서에 무리가 없든지 아니면 상호작용이 망가지고 질서에 금이 가든지 어느 쪽으로든 판가름이 날 소지가 충분히 있다. 마음의 프레임이라는 개념으로 접근하면 내가 다른 사람에 대해 어떤 이미지를 갖고 그에게 다가가 상대하느냐 하는 프레임의 중요성을 지적하는 것이라 볼 수 있다. 상대방에 대한 나의 태도와 행동은 상대방에게는 마치 거울에 비친 일종의 자아상을 형성하는 데 작용한다는 이론이 있다. 제7장에서 잠시 언급한 것으로 경상 자아(the Looking-Glass Self) 이론이다. 달리 낙인론(labeling theory)으로도 풀이할 수 있다(김경동, 2008).

이들 이론에 의하면 인간의 자아상 내지 자아 정체 의식의 형성 과정에는 다른 사람들이 나에게 보여주는 태도와 행동과 언행 등이 반드시 개입한다. 이때 타인은 하나의 거울이 되어 나의 모습을 간접적으로 나에게 보여준다는 원리다. 이것이 경상자아론에 해당한다. 그런 식으로 남이 나에게 보여준 반응이 나의 모습을 일부지만 간접적으로 반영한다는 원칙을 달리 해석하면 남이 나에게 "너는 이런이런 사람이다"라고 이름을 붙여주는 것으로 비유할 수 있다. 어릴 때부터 "너는 왜 항상 나쁜 짓만 하고 다니냐!"고 부모에게 지속적으로 야단맞는 아이는 언젠가는 자신이 나쁜 짓만 하는 사람이라는 자아관을 지니게 된다는 말이다. 그런 다음부터는 실지로 자신도 모르게 나쁜 짓을 하는 사람이 되어간다. 낙인론의 요체다. 앞에서 영웅 프레임을 말할 때 자신도 영웅이 되고자 하는 마음의 프레임을 지니게 되면 실제 영웅이 될 수도 있다는 논지와 일맥상통한다. 다른 사람이 나를 영웅으로 치켜 올려주면 나는 저절로 영웅이 되어갈 수도 있다는 말이다.

이 같은 논리에 따르면 사회윤리는 내가 다른 사람에게 어떻게 대하며 행동하고 말하는지, 다른 사람이 나에게 어떻게 대하고 행동하고 말하는지에 따라 우리 서로는 영향을 받을 수 있다는 전제에서 출발할 때 자연스럽게 제대로 정착할 수 있다는 가능성이 열리는 셈이다. 이는 공자의 가르침이나 성서의 황금률에 해당하는 덕 윤리의 논지와도 동일하다. 따라서 우리가 일상적으로 남을 대하고 행동할 때 서로에게 해악을 끼치지 않고 다른 사람들을 불편하게 만들지 않는 대신 서로 존중하고 격려하는 자세로 임할 수만 있다면 사회윤리의 질서도 무리 없이 정립할 수 있다는 것을 강하게 시사한다. 그리고 이런 자세는 곧 쌍방의 마음의 프레임과도 연관이 있는 것이다.

그런데 이러한 노력은 어디까지나 개인 차원의 일이고 그러한 개인의 노력을 강화해주는 사회 전체 차원의 노력도 따라야 진정으로 실효 있는 프레임 형성이 가능하다. 그것은 곧 문화적 맥락의 변화를 뜻한다. 다시 말해서 개인의 수준에서는 습관이라 할 수 있는 것은 사회적 차원에서는 문화적 관습이 되는 셈이다. 이 둘이 잘 조화를 이루면 금상첨화의 효과를 얻게 될 것이다. 특히 사회윤리는 시민 개인의 행동으로 나타나므로 개인의 프레임만 잘 만들어지면 족할 것 같으나 실은 사회 전체의 분위기나 관습 자체에 윤리적인 문화가 깊숙이 그리고 널리 번져 있지 않으면 개인의 자연스러운 윤리적 행위를 유도하기가 쉽지 않다.

(3) 새로운 프레임으로 조성하는 성숙한 사회윤리 문화

19세기 프랑스 지식인 토크빌(Alexis de Tocqueville)은 일찍이 미국 사회의 자발적 사회 참여에 대한 관찰에서 '마음으로부터 우러나는 습관(habits of the heart)'이라는 말로 그 특징을 표현하였다. 미국인들은 어떤 사회적 쟁점이 생기면 시민 스스로가 힘을 모아 결사체를 조직하고 풀뿌리에서부터 적극적으로 참여함으로써 건전한 시민민주주의를 운영하고 있었다는 것이다. 이처럼 미국 시민들이 자발적으로 참여하는 것은 마음에서 자연스럽게 표출하는 습관과 같은 자발적 참여와 봉사의 프레임을 그 사회의 문화 속에 이미 간직하고 있었더라는 날카로운 지적이었다(Bellah et al, 1985 : vii).

우리가 사회윤리의 정상화를 위한 실천 프로그램을 더욱 효과적으로 실시하려고 할 때 이처럼 우리 사회의 문화 자체를 윤리적인 프레임으로 다시 조성하는 일의 중요성을 일깨우는 논리라 할 수 있다. 일상적 행동 양식의 한 모습으로 나타나는 문화는 마음으로부터 우러나는 습관으로 자리잡은 마음의 프레임을 가리킨다. 이미 그 문화 속에 배태한 프레임이므로 자연스럽게 행동으로 표출한다는 의미다. 이때 주목해야 할 것은 사회 전체에 그러한 문화를 어떻게 진작시키는가 하는 문제다. 만일 미국과 같이 그 사회의 역사적 전통 속에 비교적 성숙한 시민 민주 사회의 윤리적 문화가 오랜 기간에 걸쳐 형성되어 있다면 그것을 기억으로 되살려 더욱 강화, 확산시키면 족할 것이다. 문제는 매우 복잡다단한 역사적 단절과 굴곡을 경험한 우리 사회에서는 이런 전통이 문화적 기억으로 남아 있지 않기 때문에 어떤 조치가 필요한지를 찾는 일이다.

앞에서 언급한 것이지만, 여기에는 부득불 교육이 등장할 수밖에 없다. 다른 묘안이 나오기 어렵다는 말이다. 교육은 무엇보다도 가정 교육에서 시작해야 하고 이제는 학교와 같은 공교육이 정식으로 이 기능을 담당하도록 해야 한다. 물론 현대 사회는 여러 형태의 사회 교육, 평생 교육이 펼쳐지고 있으며 대중 매체의 역할이 더욱 막강해지고 있는 시대다. 따라서 이 문제는 별도로 취급하고 가정 교육과 학교 교육부터 생각해보기로 한다.

우리나라 어머니들처럼 교육에 가히 '광적인' 관심을 갖는 사례도 드물 것이다. 그런데 이러한 어머니의 관심이 한 군데로 쏠리는 데 문제가 있다. '입학 시험 위주'의 교육이다. 이 문제를 자세히 분석하는 것이 주안점은 아니므로 여기서 장황한 해설은 필요 없고 요점만 지적하면 한마디로 어머니들이 일찍부터 지식 위주의 교육에 대한 일차적이고 집중적인 관심에서 탈피하여 자녀들의 창의력 향상과 사회성 육성에 더 큰 노력을 기울이도록 지향성을 바로잡아 주는 것이 시급하다. 성숙한 사회윤리 문화의 조성도 이러한 자녀들의 사회성 교육에 대한 어머니들의 관심에서 출발할 때 가장 확실한 실효를 거둘 수 있다. 이를 위해서는 학교 교육의 제도적 개선이 필요한 것은 물론이지만 시민 사회의 영역에서 본다면 광범위한 '어머니 교육' 프로그램의 확산이 가장 시급한 과제로 떠오른다. 결국 어머니 교육은 주로 시민 사회 부문의 사회 교육 내지 평생 교육의 몫이다. 국가적 차원에서 이러한 어머니 교육의 광범위한 확산을 제안한다. 여기서 어머니들로 하여금 윤리적 프레임을 지닐 수 있는 교육을 지속적으로 실시한다면 우리 사회에도 사회윤리 문화의 조성이 더욱 활발해질 수 있을 것이다.

다음은 물론 학교 교육에서도 이제는 윤리 교육, 도덕 교육을 교과서 암기 위주의 형식적인 수준에 머물지 말고 현장 교육에 의해서 몸에 익혀 습관화하는 노력을 강화해야 할 것이다. 처음부터 윤리적 행동 실천하기가 학교 교육 속에 뿌리내려야 할 것이다. 이러한 교육의 지향 자체를 조금만 바꾸어도 현재와 같은 입시 지옥을 조성하는 학교 교육의 개선에 크게 기여할 소지가 있다는 점도 염두에 둘 필요가 있다.

그리고 오늘날 정보화 사회의 다중 매체가 제공하는 콘텐츠도 문화의 중요한 부분이다. 따라서 현대에는 뭐니뭐니해도 IT 기술이 창출한 다양한 대중 매체를 활용하는 길을 적극 개척해야 한다. 이 맥락에서는 여러 가지 방안을 생각할 수 있겠지만, 이 자리에서는 기본적인 접근 원리만 언급하고자 한다.

① 대중 매체는 광범위한 사람들을 대상으로 신속한 내용을 전달하는 장점이 있으므로, 우선은 사회윤리의 중요성과 실천 과제 등을 여러 모습으로 전파하는 프로그램 개발을 서둘러야

할 것이다.

②그 내용은 일단 사회윤리에 대한 교육 자체를 주로 다루는 프로그램을 비롯하여 국내외의 다양한 현장 체험을 자주 보도하고 홍보하는 것에서 출발할 수 있다.

③앞서 선별적 지각이나 프레임에 대한 논의에서 언급한 대로 어떤 특출한 인물을 내세워 그 후광 효과를 활용하는 영웅 프레임을 적극적으로 가꾸는 노력이 유용할 것이다. 대중에게 인기가 높은 인사들의 모범적인 사례들을 예시하여 이들의 모습이 자주 매체에 나타나게 하는 방법이 있을 터인데, 이런 접근은 사실 상 일석이조의 결과를 함축한다. 우선 유명 인사의 후광 효과를 이용하여 윤리적인 행동의 프레임을 육성하는 일 자체가 중요하고, 아울러 이것이 지도층의 솔선수범이라는 일종의 노블레스 오블리주 정신의 좋은 예가 될 수 있기 때문이다.

④그런데 우리가 더 큰 관심을 가져야 할 접근은 그와 같은 영웅 만들기를 시민 사회 영역 자체 안에서 시도하는 일이다. 사회윤리 부문에서 모범적인 '보통' 시민들 중에서 진정한 의미의 영웅을 찾아내어 이들을 칭찬하는 동시에 그들로 하여금 모든 국민들에게 모본이 되게 하는 접근이다. 이는 윤리적으로 올바르게 살아가려는 사람들을 적절하게 격려하는 효과도 있는 동시에 이들이 다른 많은 사람들의 '영웅'이 됨으로써 사람들이 그 후광 효과에 의하여 영웅 프레임을 가꿀 수 있도록 장려하는 뜻도 있는 것이다.

이제 이러한 기본 원리에 입각하여 구체적으로 어떤 프로그램을 개발하고 시행할지는 현장의 여러 당사자들이 전문가들과 협력하여 결정하고 실천해야 할 것이다. 중요한 것은 우리가 심리학에서 제시한 프레임이라는 유용한 아이디어를 사회윤리의 정상화라는 과제 영역에서도 적극 수용할 수 있다는 점이고 이를 더 광범위한 전사회 차원에서 성숙한 사회윤리 문화를 조성하고 진작시키는 일에 적절하게 활용할 수 있음을 확인했다는 점이다. 지금부터는 이를 실천에 옮기는 노력을 관계 분야의 모든 이들이 합심하여 경주하는 일만 남은 셈이다. 이로써 한국 사회도 성숙한 사회윤리의 문화가 활짝 꽃피는 진정한 선진 사회로 성큼 발돋움하는 계기가 될 것이다.

2) 윤리 강령의 제도화

어차피 모든 개선을 위한 사회 변동은 개인 수준의 프레임, 즉 의식 변화와 동시에 제도적 차원에서도 필요한 조처를 취해야 가능하다. 그러한 제도적 노력의 첫걸음이 모든 분야에서 윤리 강령과 같은 행동 지침을 마련하고 이를 실천하도록 조직체 차원의 구조 개혁을 추진하는 것이다. 전문가들의 조사에 의하면 현재 우리나라에는 의료, 언론, 교육, 법조, 정부, 공직, 전문직, 기술 연구, 기업(주로 대기업) 등 각 분야에서 수백 개의 윤리 강령을 가지고 있는 것으로 집계되었다. 그런데 그 중 가장 부실하고 후진적인 사례가 국회의원의 윤리 강령이라는 평가가 나왔다고 한다.

이제는 추상적인 윤리 강령이나 제정하여 벽에 걸어놓는 식의 형식주의를 탈피할 때가 되었다. 이를 한층 더 구체화해서 실천하는 방안에 대하여 성찰해야 한다. 이를 위한 몇 가지 제안을 한다.

①강령의 내용과 문장 표현에서 이상적인 기준과 목표를 표방하는 데 그쳐서는 무의미하고 실천이 어렵다. 그러므로 윤리적인 행동과 생활을 저해하는 요인들에 대하여 소상히 밝히고 이들을 극복하여 건전하고 합리적인 사회윤리의 확립을 지향하는 일종의 소극적 접근이 유효하다.

②강령의 구체화 작업에서 다음 순서는 그러한 추상화의 수준이 높은 언명들을 실천하기 위한 실천적인 행동 준칙들을 구체화하는 일이다.

③실천 단계에서는 우선 각종의 제도적 인프라를 구축하는 것이 필수적이다. 그냥 강령과 준칙만 만들어놓고 서랍 속에서 썩힌다면 무용지물이다. 제도적 인프라의 보기는 다음과 같다.

■윤리 강령의 제정 및 실천을 위한 특별위원회와 그 산하에 특수임무팀(task force)을 구성한다.

■이들은 기본적으로 윤리 강령의 제작을 비롯한 전 과정에서 협력하고 단결해서 일할 수 있도록 자유 재량을 주어야 한다.

■실천 단계에서는 전 구성원을 대상으로 행동을 모니터하는 과정이 필요하다. 이를 위해서는 개인 고발, 내부고발자 보호, 감시 감독 등의 업무가 관여한다. 일종의 핫라인(hot line)이나 기타 영상 자료를 활용하여 업무 수행을 돕는 방법도 있다.

■윤리 강령 위반 사례에 대해서는 징계를, 모범 사례에 대해서는 포상과 칭찬을 제도화한다. 이를 위한 평가 심의 기구를 두어야 할 것이다.

■물론 적극적 접근에서는 간단없는 교육과 훈련이 필수적이다.

■이 모든 과업을 수행하자면 적어도 조직체의 최고 지도자급 간부가 직접 지휘하는 전담 부서를 두고 전 과정의 업무를 책

임지고 수행하도록 해야 할 것이다. 이는 단순히 "미안하다"는 말로 얼버무릴 성질의 것이 아니고 진정성을 보여주어야 함을 암시한다.

5. 소 결

이로써 우리는 한국의 사회윤리 문제를 개괄적으로 논의하는 작업을 마무리한다. 사회윤리 분야가 포함하는 영역이 원체 다양하고 범위가 넓기 때문에 기업윤리, 직업윤리 그리고 사이버윤리만을 집중적으로 다루어보려고 한 것인데, 이를 위해서 먼저 철학적 이론들을 피상적이나마 개관하였고 문제 제기의 차원에서 한국의 사회윤리 문제를 포괄적으로 검토하였다. 그리고 기업윤리, 직업윤리, 사이버윤리를 차례로 살펴보았다.

끝으로 다시 한 번 철학의 윤리 이론을 되새겨보면서 결론에 대신하고자 한다. 인간의 사회적 행동을 윤리의 관점에서 설명하려는 철학적 이론에서 결과주의가 시사하는 것은 그 행위가 공동 생활을 하는 다른 사람들에 미치는 영향을 중심으로 윤리적 평가를 하는 데 기준을 제공한다는 점이다. 어차피 사회 생활을 영위하는 인간의 행위는 그것이 타인과 사회 전체에 어떤 의미를 지니며 해악 아니면 혜택을 줄 수 있기 때문이다. 따라서 개인이 어떤 행동을 할 때 자신의 행위에 대한 윤리적 판단의 기준을 그러한 가능성에서 찾을 수 있게 하는 이론적 관점이다.

그러나 다른 한편으로는 인간이 하는 행동은 다른 사람이 있든 없든, 타인이 나의 영향을 받든 아니든 상관없이 근원적으로 도덕적으로 옳고 윤리적으로 마땅한지를 가릴 줄도 알아야 인간다운 인간으로 간주할 수 있다. 더구나 성숙한 시민 사회, 선진 사회를 지향한다면 당연히 그 정도의 자기 수양과 도덕성 함양에 대한 요구가 있을 수 있다. 나아가 타인에 대한 관심도 단순한 다수의 행복이라는 기준을 넘어 인간으로서 존엄과 권리를 인정하고 사회가 모든 인간을 정의롭고 공정하게 대우하는 것도 중요하다. 비결과주의적 윤리 이론이 개입하는 맥락이다.

결국 사회의 제도적 시스템이 합리적이고 성숙해야 하는 동시에 사회의 구성원 각자가 개인으로서도 성숙하고 합리적인 사회윤리관을 갖추는 것이 긴요해지는 것이다. 이를 위해서는 넓은 의미의 교육으로 마음의 프레임을 개선함과 아울러 윤리 강령의 정착과 같은 제도적 노력이 함께 이루어지는 것이 필수적인 요구 사항이 된다. 우리 사회가 하루속히 이러한 모습으로 성숙한 선진 사회가 되기를 꿈꾸어본다.

□ 참고문헌

김경동. 1978.『인간주의사회학』. 민음사.

______. 1988.『노사 관계의 사회학』. 경문사.

______. 1992.『한국인의 가치관과 사회 의식 : 변화의 경험적 추적』. 박영사.

______. 1993.『한국사회변동론』. 나남.

______. 1997.『현대의 사회학, 전정판』. 박영사.

______. 2000.『선진 한국, 과연 실패작인가?』. 삼성경제연구소.

______. 2002a.『한국사회발전론』. 집문당.

______. 2002b.「사이버 시대의 도래와 삶의 질 : 문명론적 고찰」. 김경동 외,『사이버 시대 의 사회 변동』11-29. 집문당.

______. 2007.『급변하는 시대의 시민 사회와 자원 봉사 : 철학과 과제』. 아르케.

______. 2008.『현대의 사회학, 신정판』. 박영사.

김광웅. 1998.「'좋은 정부'를 위한 행정 윤리」,『한국의 사회윤리 : 현재와 미래』 87-111. 아산사회복지사업재단.

김기태. 2008.『현대 사회와 직업윤리 : 취업 가이드와 직장 예절을 중심으로』. 대왕사.

김문조. 2000.「사이버 문화의 특성과 동학」,『사이버 시대의 삶의 질』231-248. 아산 사회복지사업재단.

김병숙. 최병훈. 김소영. 2007.「재직 근로자의 직업윤리 의식 조사」,『진로 교육 연구』20(1) : 55-73.

김상균. 오정수. 유채영. 2008.『사회 복지 윤리와 철학』. 나남.

김성수. 2009. 『21세기 윤리경영론 : 이론과 사례』. 삼영사.
김수곤. 1998. 「노동 윤리」, 『한국의 사회윤리 : 현재와 미래』 179-195. 아산사회복지사업재단.
김용국. 이동현. 1999. 『최신 시사 영어 18000』, 아이피에스.
김정자. 2004.. 「사회 복지 실천에서 윤리의 문제」, 양옥경 외, 『사회 복지 윤리와 철학』, 나눔의 집.
김정년. 2008. 『윤리경영이 글로벌 경쟁력이다』. 율곡출판사.
김주환. 진보래. 최승범. 2005. 「관계적 자아 형성의 장으로서의 사회적 네트워크 어플리케이션 게임」, 『정보과학회지』 23(6) : 19-28.
김태길. 1999. 『직업윤리와 한국인의 가치관』. 철학과현실사.
______. 2004. 『윤리 문제의 이론과 사회 현실』. 철학과현실사.
류영달. 2003. 「유비쿼터스와 교육의 변화」, 한국정보사회학회 후기학술대회, 『유비쿼터스 사회의 조망』 29-50.
박길성. 2002. 「문화 양식 : 이동, 네트워크, 합성」, 김경동 외, 『사이버 시대의 사회변동』 31-57. 집문당.
서미경. 1998. 「정신 보건 영역에서의 고지된 동의 과정에 관한 연구」, 『정신 보건과 사회 사업』 6 : 5-24.
______. 2003. 「정신장애인의 인권 보장과 제한에 관한 연구」, 『한국사회복지학』 55 : 231-254.
서우석. 2006. 「직업 의식의 세대 간 차이 : 일과 직업 특성의 중요성에 대한 인식을 중심으로」, 장홍근 외, 『한국인의 직업 의식과 직업윤리』 105-132. 한국직업능력개발원.
시사영어사. 1992. 『영한대사전』. 시사영어사.
신유근. 1994. 「기업윤리와 경영 교육」, 한국경영학회, 『한국의 기업윤리 : 실상과 과제』 35-39. 세경사.
양옥경. 2008. 「사회 복지 실천에서의 윤리적 결정 모델」, 양옥경 외, 『사회 복지 윤리와 철학』. 나눔의집.
양옥경 외. 2008. 『사회 복지 윤리와 철학』. 나눔의집.
오혜경. 2006. 「인간 서비스 전문직 종사자와 윤리적인 함정」. 『상황과 복지』 8 : 155-205.
______. 2004. 「사회 복지 실천의 가치와 윤리에 관한 연구」. 『사회 복지 리뷰』 9 : 115-143.
유성은. 2007. 『기업윤리와 경영 성과』. 한국학술정보.
유홍준. 2000. 『직업사회학』. 경문사.
윤종언. 김득갑. 2000. 『디지털 시대의 의미와 대응 전략』, 삼성경제연구소.

윤현숙. 2008. 「발달에 따른 윤리적 딜레마」, 양옥경 외, 『사회 복지 윤리와 철학』. 나눔의집.
이세원. 2008. 「아동 보호 전문 기관 사회복지사의 윤리적 딜레마와 의사 결정에 관한 연구」, 『한국사회복지학』 60 : 53-76.
이종영. 2008. 『기업윤리 : 윤리경영의 이론과 실제』. 삼영사.
이필상. 1998. 「기업윤리」, 『한국의 사회윤리 : 현재와 미래』 163-177. 아산사회복지사업재단.
장근영. 2005. 「온라인 공간과 온라인 게임 속에서의 커뮤니케이션과 인간 심리」, 한국정보사회학회 특별 학술 심포지엄, 『컨버전스 시대의 기술 및 사회 발전과 혁신 정책』 1-11.
장홍근. 한상근. 이지연. 정윤경. 홍두승. 서우석. 이기홍. 2006. 『한국인의 직업 의식과 직업윤리』. 한국직업능력개발원.
장홍근. 오영훈. 최지희. 이동임. 정윤경. 서우석. 이기홍. 2007. 『한국인의 직업 의식과 직업윤리(2007) : 국제 배교 맥락에서 본 한국인의 직업 의식』, 한국직업능력개발원.
전국경제인연합회. 2007a. 『윤리경영자율진단지표』. 전국경제인연합회.
전국경제인연합회. 2007b. 『윤리경영 : 이해와 실천』. 전국경제인연합회.
전국경제인연합회. 2009. 「윤리경영 현황 및 CSR 추진 실태 조사 결과」. Issue Paper 152.
정진성. 이재열. 박경숙. 정재기. 남은영. 장진호. 2009. 『한국 사회의 트렌드를 읽는다』. 서울대 출판부.
조남홍. 2008. 『파업 윤리가 필요하다』. 경제풍월.
조선일보. 2009. 「대통령 권력 집중 막고, 깨끗하고 실력 있는 공무원 키워야」 4. 13, A12.
진교훈. 2003. 『현대 사회윤리 연구』. 울력.
최명민. 2008. 「윤리적 민감성 검사 도구(SWEST) 개발 및 활용에 관한 연구」, 『한국사회복지학』 60 : 5-28.
최인철. 2007. 『나를 바꾸는 심리학의 지혜 : 프레임』. 21세기북스.
______. 2000. 「사이버 시대의 언어 생활」, 『사이버 시대의 삶의 질』 263-288. 아산사회복지사업재단.
추병완. 2001. 『정보윤리교육론』. 울력.
______. 2002. 「사이버윤리의 정립 방안」, 김경동 외, 『사이버 시대의 사회 변동』 231-264.. 집문당.
탁희준. 1990. 「노동의 윤리」, 『현대 한국의 사회윤리』. 179-186. 아산사회복지재단.
하원규. 2003. 「유비쿼터스 IT 혁명이란 무엇인가?」, 한국정보사회학회 후기 학술

대회, 『유비쿼터스 사회의 조망』 1-27.
한상근 외. 2002. 『한국인의 직업 의식 조사(II)』. 한국직업능력개발원.
홍두승. 서우석. 이기홍. 이지연. 1998. 『한국인의 직업 의식 구조 : 예비적 고찰』. 한국직업능력개발원.
황경식. 2008. 『개방 사회의 사회윤리』. 철학과현실사.
______. 2009. 「정감어린 여행(Sentimental journey) : 덕 윤리학자 슬로트(Michael Slote)와의 대담」, 『철학과 현실』 82 : 257-298.
황성철. 1996. 「사회사업가의 윤리적 갈등과 의사 결정에 관한 연구」, 『한국사회복지학』 29 : 218-240.
황준석. 서덕록. 2004. 「유비쿼터스 환경에서의 아이덴티티 관리 시스템의 비용 모델링과 분석 : 정보 보호 · 정책 분석」, 한국정보사회학회 후기 학술 대회, 『정보 통신 융합 기술과 유비쿼터스 사회』 1-20.
황준석. 김승현. 2005. 「컨버전스 환경에서의 IT 산업 진흥을 위한 혁신 정책의 틀 연구」, 한국정보사회학회 특별 학술 심포지엄, 『컨버전스 시대의 기술 및 사회 발전과 혁신 정책』 1-27.

梅津光弘. 2002. 『ビジネスの倫理學』. 東京 : 丸善株式會社.
呉善花. 2008. 『韓國倫理崩壞 : 1998-2008』. 東京 : 三交社.
中村瑞穗. 2007. 『日本の企業倫理 : 企業倫理の硏究と實踐』. 東京 : 白桃書房.
Bell, Daniel. 1990. *The Third Technological Revolution*. Seoul : Korea Telecom.
Bellah, Robert N., Richard Madsen, William M. Sullivan, Ann Swidler, and Steven M. Tipton. 1985. *Habits of the Heart : Individualism and Commitment in American Life*. New York : Harper & Row.
Carroll, Thomas C. Jr. 2006. *Social Ethics : Classical & Applied*. Dubuque, IW: Kendall/Hunt.
De George, Richard T. 1993. *Competing with Integrity in International Business*. New York : Oxford University Press.
Gilman, Charlotte Perkins. 2004. *Social Ethics : Sociology and the Future of Society*. Westport, CT : Praeger.
Gilovich, T. D., Griffin, and D. Kahneman. 2002. *Heuristics and Biases : The Psychology of Intuitive Judgment*. Cambridge : Cambridge University Press.
Hartman, Laura P. 2005. *Perspectives in Business Ethics, Third Edition*. New York : McGrow-Hill Irwin.
Hartman, Laura P. and Joe DesJardins. 2008. *Business Ethics : Decision-Making for Personal Integrity and Social Responsibility*. New York : McGrow-Hill Irwin.

Henslin, J. M. 1995. *Sociology : A Down-to-Earth Approach*. Boston : Allyn and Bacon.

Jacobs, Norman. 1985. *The Korean Road to Modernization and Development*. Urbana, IL : University of Illinois Press.

Kahneman, D., J. L. Knetsch, and R. H. Thaler. 1991. "The Endowment Effect, Loss Format, and Status Quo Bias." *Journal of Economic Perspectives* 5 : 193-206.

Kahneman, D, and A. Tversky., 1979. "Prosepect Theory : An Analysis of Decision under Risk." *Econometrica* 47 : 263-291.

__________________.2009. *Choices, Values, and Frames*. Cambridge : Cambridge University Press.

Kim Kyong-Dong. 1973. "Toward a Sociological Theory of Development : A Structural Perspective." *Rural Sociology* 38 : 462-476.

__________. 1993. "The Mixed Role of Intellectuals and Higher Education in Building Democratic Political Culture in the Repbulic of Korea." In Larry Diamond (ed.). *Political Culture and Democracy in Developing Countries* 199-219. Boulder, CO : Lynnr Rienner.

__________. 2004. "The Culture of Industrial Relations in Korea : An Alternative Sociological Approach." *Asian Journal of Social Science* 32(3) : 458-475.

__________. 2007. "Reflections upon the Dilemmas of Civilization : The Wisdom of Yin-Yang Dialectics." In Kyong-Dong Kim and Hyun-Chin Lim (eds.) *East Meets West : Civilizational Encounters and the Spirit of Capitalism in East Asia*. Leiden · Boston : Brill.

Mappes, Thomas A. & Jane S. Zembaty. 2007. *Social Ethics : Morality and Social Policy*. Second Edition. New York : McGraw-Hill.

Mead, George H. 1935. *Mind, Self, and Society : From the Standpoint of a Social Behaviorist*. Chicago : University of Chicago Press.

Newsweek, 2000. January 3.

Niebuhr, Reinhold. 1932. *Moral Man and Immoral Society*. New York : Charles Scribner's Sons.

Paine, Lynn Sharp. 2003. *Value Shift : Why Companies Must Merge Social and Financial Imperatives to Achieve Superior Performance*. New York : McGraw-Hill.

Pavalko, R. M. 1971. *Sociology of Occupations and Professions*. Itasca, IL : F. E.

Peachock.

Rafaeli, S., and J. Newhagen. 1996. "Why Communication Researcher Should Study the Internet : A Dialogue." *Journal of Communication* 46(1).

Rawls, John. 1971. *A Theory of Justice*. Cambridge, MA : Harvard University Press.

Reamer, F. G. 2006. *Social Work Values and Ethics*. NY : Columbia University Press.

Robbins, Stephen P., and Timothy A. Judge. 2007. *Organizational Behavior. 12th Edition*. Upper Saddle River, NJ : Pearson Prentice Hall.

Shaw, Willaim H. 2008. *Business Ethics, Sixth Edition*. Belmont, CA : Wadsworth/Thomson.

Sims, Ronald R. 2003. *Ethics and Corporate Social Responsibity : Why Giants Fail*. Westport, CT : Prager.

Snoeyenbos, Milton, Robert Almeder, & James Humber. 2001. *Business Ethics, Third Edition*. Amherst, NY : Prometheus Books.

Weber, Max. 1951. *The Religion of China*. H. H. Girth, tr. & ed. New York : Free Press.

__________. 1968. *Economy and Society : An Outline of Interpretive Sociology*. Edited by G. Roth and C. Wittich. New York : Bedminster.

□ 찾아보기

[ㅅ]

[ㅇ]

[ㅈ]

□ 지은이 / 김경동

서울대 사회학과를 졸업한 뒤, 미국 미시간대 대학원 사회학과(MA)와 코넬대 대학원 사회학과(Ph.D.)를 졸업하였으며, 서울여대와 서울대 사회학과 교수, 서울대 사회과학연구소장과 기획실장, 한국사회학회 회장 등을 지내기도 하였다. 현재 KDI국제정책대학원 초빙 교수, 서울대 명예교수, 국제사회학회 회원, 대한민국학술원 회원, 서울특별시 자원봉사센터 이사장, 한국자원봉사협의회 공동대표로 활동하고 있으며, 중앙문화대상 학술대상과 자유경제출판문화상, 옥조근정훈장 등을 수상하였다. 주요 저서로는 『사회학의 이론과 방법론』, 『한국인의 가치관과 사회 의식』, 『한국사회변동론』, 『현대의 사회학』, 『선진 한국, 과연 실패작인가?』, 『한국사회발전론』, 『시대의 시민사회와 자원 봉사 : 철학과 과제』, 『기독교 공동체 운동의 사회학 : Koinonia의 이론과 전략』 등, 시집과 소설을 비롯하여 40여 권의 국·영문 저서와 연구보고서를 출간하였고, 국내외에 190여 편의 논문을 발표하였다.

□ 지은이 / 김여진

서울대 윤리교육과를 졸업한 뒤 미국 사우스캐롤라이나대 사회복지대학(MSW), 시카고대 사회복지행정대학원(Ph.D)을 졸업하였다. 성균관대와 서울대, 중앙대, 연세대 등에서 사회복지학과 강사를 지냈으며, 지금은 한림대 사회복지학부 조교수로 있다. 주요 논문으로는 「중고령 전업 주부와 취업 여성의 삶의 질에 영향을 미치는 요인 연구」, 「직장에서 경험한 강한 감정의 전이(spillover)와 교차전이(crossover) : 시카고 지역 맞벌이 부부를 중심으로」 등이 있고, 저서로는 『사회 조사 연구 방법 : 사회 연구의 논리와 기법』(공저)이 있으며, 『서울시 위탁아동 복지시설 운영방안 연구』에 대한 보고서를 발표하기도 하였다.

한국의 사회윤리

초판 1쇄 인쇄 / 2010년 8월 25일
초판 1쇄 발행 / 2010년 8월 30일

■

지은이 / 김경동 · 김여진
펴낸이 / 전춘호
펴낸곳 / 철학과현실사
서울특별시 종로구 동숭동 1－45
전화 02－579－5908～9

■

등록일자 / 1987년 12월 15일(등록번호 제1－583호)

■

ISBN 978-89-7775-731-8 93330
*잘못된 책은 바꾸어 드립니다.
값 15,000원